100-BAGGER

CHRISTOPHER MAYER

CHRISTOPHER MAYER

100 BAGGER

AKTIEN, DIE SICH VERHUNDERTFACHEN – UND WIE MAN SIE FINDET

Börsenbuchverlag

Die Originalausgabe erschien unter dem Titel
100 Baggers: Stocks that Return 100-to-1 and How to Find Them
ISBN 978-1-6212916-5-7

Published by Laissez Faire Books, 808 St. Paul Street, Baltimore, Maryland

2. Auflage

Übersetzung: Rotkel e. K., Berlin
Gestaltung Cover: Daniela Freitag
Gestaltung und Satz: Sabrina Slopek
Lektorat: Elke Sabat
Druck: CPI books GmbH, Leck, Germany

ISBN 978-3-86470-955-5

Bibliografische Information der Deutschen Nationalbibliothek:
Die Deutsche Nationalbibliothek verzeichnet diese Publikation in der Deutschen Nationalbibliografie; detaillierte bibliografische Daten sind im Internet über <http://dnb.d-nb.de> abrufbar.

BÖRSEN MEDIEN
AKTIENGESELLSCHAFT

Postfach 1449 • 95305 Kulmbach
Tel: +49 9221 9051-0 • Fax: +49 9221 9051-4444
E-Mail: buecher@boersenmedien.de
www.boersenbuchverlag.de
www.facebook.com/plassenbuchverlage
www.instagram.com/plassen_buchverlage

IN GEDENKEN AN
THOMAS W. PHELPS,
AUTOR DES ERSTEN BUCHES
ÜBER 100-BAGGER

INHALT

KAPITEL 1

GESTATTEN: 100-BAGGER

In diesem Buch geht es um 100-Bagger. Das sind Aktien, die für jeden investierten Dollar 100 Dollar einbringen. Das bedeutet, dass sich eine Investition von 10.000 Dollar in eine Million Dollar verwandelt. In diesem Buch möchte ich Ihnen zeigen, wie Sie sie finden können.

Ich weiß, ich weiß. Das klingt nach einem ungeheuerlichen Unterfangen mit äußerst unwahrscheinlichen Erfolgsaussichten, so als ob man beim Poker einen Royal Flush erreichen wollte. Und ich hätte Ihnen vor nicht allzu langer Zeit wahrscheinlich zugestimmt. Aber dann habe ich angefangen, mich mit diesen 100-Baggern zu beschäftigen. Es lassen sich eindeutige Muster erkennen.

Schauen wir uns an, was dieses Buch Ihnen bieten wird:

- Sie lernen die wichtigsten Merkmale von 100-Baggern kennen. Es gibt nur wenige Wege, den Gipfel zu erklimmen, und wir werden diese im Folgenden aufzeigen.

- Sie werden erfahren, warum jeder das schaffen kann. Es ist wirklich eine Strategie für jedermann. Sie brauchen weder einen Master in Betriebswirtschaftslehre noch einen anderen Abschluss im Finanzwesen. Einige grundlegende Finanzkonzepte sind alles, was Sie brauchen.
- Ich werde Ihnen eine Reihe von „Krücken" oder Techniken vorstellen, die Ihnen helfen können, mehr aus Ihren Aktien und Investitionen herauszuholen.
- Der Schwerpunkt liegt immer auf der Praxis, und so gibt es viele Geschichten und Anekdoten, um wichtige Punkte zu veranschaulichen.

Sie sollten dieses Buch lesen, wenn Sie mehr aus Ihren Aktien herausholen wollen. Selbst wenn Sie nie auf einen 100-Bagger stoßen, wird dieses Buch Ihnen helfen, große Erfolge einzufahren und Sie von schwachen Aktien fernzuhalten, die im Niemandsland enden. Wenn Sie gern in Versorger-Aktien mit ihren begrenzten Vorteilen investieren, dann ist dieses Buch nichts für Sie.

Dieses Buch wird Ihr Denken über die Investition in Aktien verändern. Sie werden sie nie wieder auf dieselbe Weise betrachten. Ich hoffe, dass die Vorstellung der Möglichkeiten Sie inspiriert und begeistert.

Bevor ich näher darauf eingehe, wie Sie 100-Bagger finden, möchte ich Ihnen einige Hintergrundinformationen geben, die Ihnen helfen, das Ganze einzuordnen.

Die Geschichte dieses Buches beginnt im Jahr 2011. In jenem Jahr las ich die Rede des Investors Chuck Akre, die er auf einer Konferenz im selben Jahr gehalten hatte. (Akre ist ein großartiger Investor, und er wird uns im letzten Kapitel wieder begegnen.) Der Titel seines Vortrags lautete „An Investor's Odyssey: The Search for Outstanding Investments".

Hier ein Auszug daraus:

> 1972 las ich das Buch „100 to 1 in the Stock Market" von Thomas Phelps, das in *Barron's* rezensiert wurde. Darin stellt er eine Analyse von Investitionen vor, die das 100-Fache des Startpreises einbrachten. Phelps war ein Bostoner Vermögensverwalter, der meines Wissens zwar keinen besonderen Ruf genoss, aber er war sicherlich an etwas dran, was er in diesem Buch darlegte. Die Lektüre des Buches hat mir wirklich geholfen, mich auf das Thema der Aufzinsung zu konzentrieren. Außerdem kennen Sie sicher Peter Lynch, der ebenfalls aus Boston stammt und oft über Tenbagger gesprochen hat. Hier sprach Phelps über 100-Bagger. Worum ging es dabei? Phelps führte eine Reihe von Beispielen an, bei denen ein Anleger tatsächlich das 100-Fache seines Kapitals verdient hatte. Außerdem legte er einige der Merkmale dar, die diese Investitionen anwachsen ließen.

Ich hatte noch nie von diesem Buch gehört. Und ich habe alle Investmentklassiker und auch viele obskure Bücher gelesen. Also habe ich mir schnell ein Exemplar besorgt und angefangen zu lesen.

Es wurde zu einem meiner Lieblingsbücher über das Investieren. Im Dezember desselben Jahres setzte ich mich hin und schrieb die folgende Geschichte für die Leser meines Newsletters. Sie dient als Einführung in Phelps' Thematik und die Ideen, die wir in diesem Buch näher untersuchen werden.

Jedes Problem ist eine Investitionschance

„Jedes menschliche Problem ist eine Investitionsmöglichkeit, wenn man die Lösung vorhersehen kann", sagte mir der alte Herr. „Wer würde Schlösser kaufen außer Dieben?"

Ich habe gerade diesen bemerkenswerten Mann kennengelernt, der mit Weisheit über das Investieren glänzt, aber kaum über eine kleine

Gruppe von Fans hinaus bekannt ist. Sein Name ist Thomas Phelps, und er hat eine steile Karriere hinter sich. Er war Leiter des Washingtoner Büros des *Wall Street Journal*, Redakteur bei *Barron's*, Partner bei einem Maklerunternehmen, Leiter der Forschungsabteilung eines Fortune-500-Unternehmens und schließlich Partner bei Scudder, Stevens & Clark (inzwischen von der Deutschen Bank aufgekauft). Phelps ging nach einer abwechslungsreichen 42-jährigen Karriere auf den Märkten in Nantucket in den Ruhestand.

Auf seinem Weg hatte Phelps einige Dinge über das Investieren herausgefunden. Er führte eine faszinierende Studie über Aktien durch, die für jeden investierten Dollar 100 Dollar einbrachten. Ja, 100 zu 1. Phelps fand Hunderte solcher Aktien, die in jedem einzelnen Jahr verfügbar waren und mit denen man eine Rendite von 100 zu 1 hätte erzielen können – wenn man sie nur behalten hätte.

Dies war der Kernpunkt unseres Gesprächs: Der Schlüssel lag nicht nur darin, sie zu finden, sondern sie auch zu halten. Seine grundsätzliche Schlussfolgerung lässt sich mit „richtig kaufen und festhalten" zusammenfassen.

„Seien wir ehrlich", sagte er: „Ein großer Teil der Investitionen ist mit dem Instinkt vergleichbar, der einen Fisch dazu bringt, auf einen Köder zu beißen, weil er sich bewegt." Auch Anleger setzen auf das, was sich bewegt, und können nicht auf einer Aktie sitzen bleiben, die sich nicht weiterentwickelt. Sie verlieren auch die Geduld, wenn sich eine Aktie gegen sie richtet. Das führt dazu, dass sie zwar viel traden, aber nie in den Genuss wirklich hoher Renditen kommen.

Die Anleger sehnen sich nach Aktivität, und die Wall Street ist darauf aufgebaut. Die Medien befeuern das Ganze, indem sie es so aussehen lassen, als ob jeden Tag wichtige Dinge passieren. Hunderte von Millionen von Aktien wechseln in jeder Handelssitzung den Besitzer.

Die Investoren müssen jedoch zwischen Aktivität und Ergebnissen unterscheiden. „Als ich ein Junge war, machte ein Schreiner, der für meinen Vater arbeitete, diese weise Bemerkung: ‚Eine Menge Späne machen noch keinen guten Handwerker.'" Wie Sie sehen, ist Phelps ein Mann von volkstümlicher Weisheit.

„Die Anleger", so Phelps weiter, „wurden so sehr von der unsinnigen Idee überzeugt, die Performance von Jahr zu Jahr – oder sogar von Quartal zu Quartal – zu messen, dass viele von ihnen an die Decke gehen würden, wenn ein Anlageberater oder Portfoliomanager eine Aktie, die sich länger als ein oder zwei Jahre schlecht entwickelt hat, nicht loswerden würde."

Die Anleger sollten sich auf das Geschäft konzentrieren, nicht auf die Marktpreise. Phelps zeigte mir die Finanzhistorie einer langen Liste von Unternehmen – Gewinne pro Aktie, Eigenkapitalrenditen und Ähnliches. Keine Aktienkurse. Nach einem Beispiel fragte er: „Würde ein Geschäftsmann, der nur diese Zahlen sieht, in die Aktie ein- und dann wieder aussteigen? Das bezweifle ich." Aber wenn sie nur darauf gesessen hätten, wären sie reich.

Und das ist der springende Punkt. Phelps ist kein Freund des Verkaufs guter Unternehmen.

Er erzählte, wie sein Freund Karl Pettit – ein Industrieller, Erfinder und Investor – vor vielen Jahren seine IBM-Aktien verkaufte, um sein Maklerunternehmen zu gründen. Er hatte sie für eine Million Dollar verkauft. Diese Anteile sollten schließlich zwei Milliarden Dollar wert sein – mehr als er jemals mit seinem Maklergeschäft verdient hat.

Phelps erzählte mir die Geschichte, wie er 1954 seine Polaroid-Aktien verkaufte, um eine hohe Arztrechnung von 7.415 Dollar zu bezahlen. „Hier ist die Bestätigung des Verkaufs", sagte er. Als Erinnerung an seine Dummheit hatte er sie aufbewahrt. Weniger als 20 Jahre später waren seine Polaroid-Aktien 843.000 Dollar wert. Das war ein teurer Arztbesuch.

Phelps spricht sich auch gegen Market Timing aus. Er erzählte mir, wie er in seiner Laufbahn verschiedene Bärenmärkte vorausgesagt hatte. „Aber ich wäre viel besser dran gewesen, wenn ich mich nicht darauf konzentriert hätte, einen Bärenmarkt richtig vorherzusagen, sondern meine Aufmerksamkeit während des Rückgangs darauf gerichtet hätte, Aktien zu finden, die 10.000 Dollar in eine Million Dollar verwandeln würden."

Aufgrund seiner Baisse-Spekulation verpasste er Gelegenheiten, die sich im Verhältnis 100 zu 1 ausgezahlt hätten. „Der Rauch des Bärenmarktes steigt einem in die Augen", sagte er, und er mache uns blind für Kaufgelegenheiten, wenn wir uns zu sehr auf das Market Timing konzentrieren.

„Wer durch das Schwert lebt, wird durch das Schwert umkommen", fügte er hinzu. „Wenn erfahrene Anleger es ablehnen, auf Kursschwankungen an der Börse zu spekulieren, dann nicht, weil sie Geld nicht mögen, sondern weil die Erfahrung und die Geschichte sie davon überzeugt haben, dass man auf diese Weise kein dauerhaftes Vermögen aufbauen kann."

Phelps zeigte mir eine kleine Tabelle, aus der hervorging, um wie viel und wie lange eine Aktie im Wert steigen muss, um sich zu verhundertfachen:

Rendite	Jahre bis zum 100-Bagger
14 %	35 Jahre
16,6 %	30 Jahre
20 %	25 Jahre
26 %	20 Jahre
36 %	15 Jahre

Sie werden feststellen, dass dies sehr lange Haltedauern sind – insbesondere in einer Zeit, in der die durchschnittliche Haltedauer für Aktien in Monaten gemessen wird –, aber das ist der Punkt. Die größten Vermögen entstehen, wenn man die Zähne zusammenbeißt und durchhält.

Sie werden auch sehen, dass es eine ziemlich hohe Hürde ist, den 100-Bagger-Status zu erreichen. Sie brauchen ein hohes Wachstum über eine lange Zeit. Tractor Supply zum Beispiel verzeichnete ein jährliches Gewinnwachstum von 23 Prozent und wurde nach etwas mehr als zwölf Jahren zu einem 100-Bagger-Unternehmen. Später werden wir uns Monster Beverage ansehen, eine Aktie, die in nur zehn Jahren zu einem 100-Bagger wurde – eine bemerkenswerte Leistung, die eine jährliche Wachstumsrate von 50 Prozent erforderte.

Phelps riet, nach neuen Methoden, neuen Materialien und neuen Produkten zu suchen – nach etwas, das das Leben verbessert, Probleme löst und uns erlaubt, Dinge besser, schneller und billiger zu machen. Phelps' Stil hat auch eine bewundernswerte ethische Ader, denn er legte Wert darauf, in Unternehmen zu investieren, die etwas Gutes für die Menschheit tun. Dies erfordert einen Blick über die Zahlen der Vergangenheit hinaus.

„An der Wall Street gibt es ein Sprichwort, das besagt, dass eine Situation besser ist als eine Statistik", so Phelps. Sich nur auf veröffentlichte Wachstumstrends, Gewinnmargen und Kurs-Gewinn-Verhältnisse zu verlassen, ist nicht so wichtig, wie zu verstehen, wie ein Unternehmen in den kommenden Jahren Wert schaffen könnte.

Phelps fügte schnell hinzu, dass er nicht dafür plädiert, blindlings an Aktien festzuhalten. „Mein Rat, richtig zu kaufen und zu halten, soll unproduktiven Aktivitäten entgegenwirken", sagte er, „und nicht empfehlen, sie wegzulegen und zu vergessen."

Und was ist, wenn Sie keine 100-fache Rendite erzielen? Phelps' brillante Lehrmethode zielt darauf ab, Ihre Aufmerksamkeit auf die Macht des Zinseszinseffekts zu lenken und die alltäglichen Wellenbewegungen der Aktienkurse zu vergessen. Denn selbst wenn Sie nur einen Teil einer 100-fachen Wertsteigerung mitnehmen, könnten die Erträge schließlich Ihren Ruhestand finanzieren.

Es grenzt an eine Investitionstragödie, wenn man sich vorstellt, dass Menschen diese Aktien zwar besaßen, aber die Gewinne nicht ernteten, weil sie versuchten, den Markt zu timen beziehungsweise ein- und auszusteigen. Manchmal brauchen Aktien lange, um in Gang zu kommen.

Phelps hatte viele Beispiele für Aktien, die jahrelang dahindümpelten (oder fielen), aber dennoch die große Rendite von 100 zu 1 lieferten.

„Eine der Grundregeln des Investierens ist, dass man niemals, wenn man es vermeiden kann, eine Investitionsmaßnahme aus einem anderen Grund als dem des Investierens ergreifen sollte", rät Phelps. Verkaufen Sie nicht, nur weil der Kurs gestiegen oder gefallen ist oder weil Sie einen Kapitalgewinn erzielen müssen, um einen Verlust auszugleichen. Sie sollten nur selten verkaufen, und auch nur dann, wenn Sie eindeutig einen Fehler gemacht haben. Man kann argumentieren, dass jeder Verkauf ein Eingeständnis eines Fehlers ist, und je kürzer die Zeit ist, in der man die Aktie gehalten hat, desto größer ist der Fehler beim Kauf – so Phelps.

Ich liebe Phelps' Ideen. Sie sind schwer umzusetzen, ich weiß. Einige Menschen haben es aber getan. Er erzählte von den Erfahrungen einzelner Personen, ehemaliger Kunden und alter Geschäftspartner, die reich wurden, indem sie richtig kauften und durchhielten. Phelps wünscht sich, er hätte diese Erkenntnisse schon in jungen Jahren gewonnen.

Nun muss ich ein kleines Geständnis über Mr. Phelps ablegen.

Ich habe ihn nicht wirklich getroffen. Er starb 1992, nachdem er das hohe Alter von 90 Jahren erreicht hatte. Alle obigen Zitate stammen nicht aus einem Gespräch, sondern aus seinem Buch „100 to 1 in the Stock Market: A Distinguished Security Analyst Tells How to Make More of Your Investment Opportunities", das 1972 veröffentlicht wurde.

Im Jahr 2011 habe ich ein fast neuwertiges Exemplar für 22 Dollar erworben. Dieses in Vergessenheit geratene Buch sollte ein Klassiker sein. Lassen Sie sich nicht von der Unwahrscheinlichkeit einer 100-zu-1-Rendite abschrecken. Es geht vor allem darum, zu wissen, wie solche Renditen zustande gekommen sind und was Anleger tun müssen, um sie zu erzielen. Wenn Sie sich diesem Ziel ein wenig nähern, werden Sie sicherlich bessere Ergebnisse erzielen.

Phelps schrieb: „Nur eine kleine Änderung des Griffs und der Haltung eines Golfspielers kann sein Spiel verbessern, sodass ein wenig mehr Wertlegen auf den Kauf für die Ewigkeit, ein wenig mehr Entschlossenheit, nicht in Versuchung zu kommen, zu verkaufen ... Ihr Portfolio mächtig wachsen lassen kann. In ‚Alice im Wunderland' musste man schnell laufen, um stehen zu bleiben. An der Börse, so die These, muss derjenige, der richtig kauft, still stehen, um schnell zu laufen." Das ist ein hervorragender Rat.

Ich empfehle das Buch natürlich. Es ist ein Lesevergnügen und enthält viele gute Ideen, Analogien und Geschichten. Das Buch war lange Zeit vergriffen. Aber im Januar 2015 hat Echo Point Books den Titel neu aufgelegt und Sie können ihn problemlos bei Amazon kaufen. (Amazon ist übrigens ein 100-Bagger, den wir uns in Kapitel 5 ansehen werden.)

Weitermachen, wo Phelps aufgehört hat

Phelps' Buch war eine Studie über die 100-Bagger von 1932 bis 1971. Es handelt sich nicht um eine Studie über jeden 100-Bagger, denn er hat in seiner Studie die kleinsten Aktien ausgeschlossen. (Und ich bezweifle, dass selbst er die Mittel hatte, um jeden 100-Bagger zu identifizieren.) Es ist auch schwieriger, eine endgültige Liste zu erstellen, als man denken würde. So gibt es Komplikationen bei der Messung der Rendite. (Messen Sie zum Beispiel die Aktienkurse jährlich, vierteljährlich, täglich oder stündlich? Sie erhalten jedes Mal leicht abweichende Ergebnisse, da einige Aktien nur für einen kurzen Zeitraum die 100 erreichten.)

Dennoch listet sein Buch über 365 Aktien auf. Der letzte 100-fache Wertzuwachs startete im Jahr 1967 – das ist eine 100-fache Rendite in nur vier Jahren. Schließlich endete die Studie 1971.

Ich habe beschlossen, seine Studie zu aktualisieren.

In Zusammenarbeit mit Stephen Jones (String Advisors) habe ich eine Datenbank mit allen 100-Bagger-Aktien von 1962 bis 2014 erstellt – unter der Annahme, dass man die Dividenden reinvestiert und ebenfalls die kleinsten Aktien ausgenommen hat. Wir haben nach Aktien gesucht, die vor ihrem 100-fachen Anstieg eine Marktkapitalisierung von mehr als 50 Millionen Dollar nach heutigem Kurs hatten. Dies war ein gewaltiges Unterfangen. Mein Verlag hat mehr als 50.000 Dollar ausgegeben, nur um die Daten zu erhalten.

Mein Ziel war und ist einfach: Ich möchte herausfinden, was diese Aktien gemeinsam haben. Ich möchte erkennen, wie diese spektakulären Renditen zustande gekommen sind, um diese Erkenntnisse auf dem heutigen Markt nutzen zu können.

Meine neue Studie sollte eine Aktualisierung von Phelps' Arbeit sein. Ich erwartete, vieles von dem, was Phelps geschrieben hatte, bestätigen zu können. Ich war auch überzeugt, dass wir neue Erkenntnisse gewinnen würden, da unsere Rechenleistung die von Phelps bei Weitem übertraf.

Ursprünglich wollte ich auch ein neues Buch über die Studie schreiben, das den Titel „100-Bagger" tragen sollte. Ich wollte das Buch dem alten Herrn, Phelps, widmen.

Hier sind wir also.

Eine Strategie für jedermann für enorme Gewinne mit Aktien

Als ich jünger war, hatte ich genaue Vorstellungen davon, was eine gute Investition ausmacht. Sie war langfristig angelegt, konzentrierte sich auf die Fundamentaldaten und war gewissermaßen ein Ableger des berühmten Buches von Benjamin Graham und David Dodd mit dem Titel „Die Geheimnisse der Wertpapieranalyse", ein Werk, das den Erfolg von Warren Buffett und so vielen anderen großen Investoren ermöglicht hat. Wenn man nicht Teil dieser intellektuellen Tradition war, machte man einfach etwas falsch.

Jetzt sehe ich das nicht mehr so engstirnig. Ich gebe zu, dass es viele Möglichkeiten gibt, an den Märkten Geld zu verdienen, genauso wie es viele verschiedene Möglichkeiten gibt, eine wirklich gute Pizza zu backen. Nichtsdestotrotz hat eine wirklich gute Pizza, die fast jeder mit den richtigen Zutaten zubereiten kann, durchaus etwas für sich.

An den Märkten findet man alle Arten von verrückten Erfolgsgeschichten wie zum Beispiel die unglaublichen Market-Wizards-Trader – darunter Jim Rogers, Paul Tudor Jones und Michael Steinhardt – oder den kauzigen Tänzer Nicolas Darvas, der für sein Buch „Wie ich zwei Millionen Dollar an der Börse gewann" mit seinem ebenso seltsamen System bekannt ist. Sie haben mich aus vielen Gründen nie interessiert. Einer der Hauptgründe war: Sie kamen mir wie Fabelwesen vor. Die Gewinne waren enorm, aber der Prozess war nicht reproduzierbar – schon gar nicht für einen Normalbürger. Es fiel mir schwer zu glauben, dass jemand, der die Erkenntnisse solcher Finanzfreaks nutzt, wirklich etwas erreichen könnte. Ich stellte mir vor, dass ein solcher Weg eher in den Ruin führen würde.

Phelps war jedoch anders. Wie Sie im nächsten Kapitel sehen werden, kann jeder in einen 100-Bagger investieren – und viele normale Menschen haben das auch getan. Jeder kann sie finden – oder sich ihnen zumindest annähern. Wer wird sich schon beschweren, wenn er nur einen 50-Bagger oder gar einen 10-Bagger auftreibt? Die meisten Anleger, die ich kenne, sind begeistert, wenn sie ihr Geld binnen weniger Jahre verdoppeln.

Das Studium einiger der großen Erfolge und der Prinzipien, die hinter den 100-Baggern stehen, hilft bei den Bemühungen, heute Gewinneraktien zu finden – nicht nur 100-Bagger. Bevor wir uns damit befassen, was der Kern des Buches ist, möchte ich einige Elemente der Studie selbst erörtern.

Die Studie: 365 Aktien, die 10.000 Dollar in eine Million Dollar und mehr verwandelt haben

Unsere Studie förderte ebenfalls 365 Aktien zutage (zufällig genau die Zahl, die Phelps in seiner Studie für einen anderen Zeitraum ermittelt hatte). Dies sollte die Grundgesamtheit der Aktien sein, die ich in den sechs Monaten nach der Erstellung der Datenbank durchstöberte und untersuchte.

Ich möchte ein paar Worte darüber verlieren, was ich mir vorgenommen habe – und was ich nicht tun möchte.

Bei einer Studie wie dieser gibt es gravierende Einschränkungen oder Probleme. Zum einen betrachte ich nur diese extremen Erfolge. Durch den Hindsight Bias erscheinen die Dinge heute ganz offensichtlich. Außerdem gibt es einen Survivorship Bias, das heißt, andere Unternehmen, die zu einem bestimmten Zeitpunkt ähnlich aussahen, haben es nicht geschafft, einen 100-fachen Gewinn zu erzielen. Ich bin mir dieser und anderer Probleme bewusst. Sie sind schwer zu korrigieren.

Ein Statistiker, ein Leser des Newsletters, hat mir freundlicherweise seine Hilfe angeboten. Ich habe die Daten der 100-Bagger mit ihm geteilt. Er war fassungslos. Er erklärte seine Bedenken anhand einer kleinen Geschichte. So schrieb er mir:

> Nehmen wir an, ich möchte wissen, was Basketballspieler so groß macht. Also nehme ich DNA- und Blutproben von den Spielern der NBA-Teams. Hier fehlt etwas ganz Wesentliches: nämlich alle nicht großen Menschen!

Und das war natürlich richtig – bis zu einem gewissen Grad. Ich betrachtete nur die 100-Bagger, nicht die Aktien, die es nicht geschafft hatten. Was ich in diesem Buch vorstelle, sind jedoch keine statistischen Schlussfolgerungen, sondern eine Reihe von Grundsätzen, die Sie zur Ermittlung von Gewinnern nutzen können. Wenn Sie das Buch „Moneyball" von Michael Lewis gelesen haben, das sich mit den Grundsätzen hinter erfolgreichen Baseballspielern beschäftigt, wissen Sie, dass dies eine lohnende Übung ist.

Diese Grundsätze, die ich mit Ihnen teilen werde, sind unbestreitbar wahr und logisch, und Sie können ohne sie keine 100-Bagger erwerben. Dies wird Ihnen am Ende des Buches klar sein.

Wir müssen nur vorsichtig sein, welche Lehren wir aus jeglicher statistischen Analyse ziehen. Stattdessen habe ich eine Studie erstellt, die mehr dem Geist von Phelps' Originalwerk entspricht. Seine Arbeit war eher anekdotischer als statistischer Natur. Er verließ sich stark auf den gesunden Menschenverstand und auf grundlegende Wahrheiten. (Das erinnert mich an „The Outsiders" von William Thorndike, ein weiteres wichtiges Buch, auf das wir später noch zu sprechen kommen werden.)

Diese Studie ist in vielerlei Hinsicht nützlich, wie ich noch darlegen werde. Es handelt sich jedoch nicht um eine wissenschaftliche oder statistische Studie. Investieren ist wohl ohnehin mehr Kunst als Wissenschaft. Wenn es bei guten Investitionen nur um Statistiken ginge, dann wären die besten Investoren Statistiker. Und das ist nicht der Fall.

Wir sind auf der Suche nach Einsichten und Weisheiten, nicht nach strikten Gesetzen und Beweisen.

Dann wollen wir mal loslegen.

KAPITEL 2

JEDER KANN ES SCHAFFEN: WAHRE GESCHICHTEN

Da es geradezu magisch klingt, 10.000 Dollar in eine Aktie zu investieren und einige Jahre später eine Million Dollar herauszuholen, betonte Phelps, dass die Investition in 100-Bagger-Aktien für jeden erreichbar sei. Um diese Behauptung zu stützen, erzählte er Geschichten von Menschen, die dieses Kunststück bereits vollbracht haben.

Ich habe viele eigene Beispiele.

Als ich das 100-Bagger-Projekt ins Leben rief und darüber zu schreiben begann, erhielt ich viele E-Mails von Lesern, die einen 100-Bagger ergattert hatten. Die Menschen erzählten mir ihre Geschichten. Es lohnt sich, schon zu Beginn eine Auswahl davon vorzustellen, denn sie geben die Richtung vor. Gewöhnliche Menschen können es tatsächlich schaffen. Sie müssen nicht unbedingt einen Master in Betriebswirtschaftslehre haben oder bei einem Hedgefonds arbeiten. Und wie Sie sehen werden, sind die Lehren, die die Menschen aus ihren Erfahrungen gezogen haben, genau die, die dieses Buch weiter vertiefen wird.

Hier ist eine E-Mail:

> Als aktiver Investor und Trader mit 30 Jahren Erfahrung bin ich zu der Erkenntnis gelangt, dass diese 100-Bagger-Strategie und die dazugehörige Philosophie zeigen, wie man ein Leben lang investieren sollte. Wenn man als junger Mann nur dazu angehalten worden wäre, sich für diesen Kurs zu entscheiden. ... Wenn ich das nur gewusst hätte, als ich anfing, wäre ich nicht nur reicher, sondern meine Lebensqualität wäre in all den Jahren viel besser gewesen.
>
> Ich habe viele Erfolge und viele Katastrophen erlebt. Ich habe unzählige Tage vor dem Computerbildschirm verbracht, um Positionen und Trades zu beobachten. Im Laufe meiner Karriere als Investor und Spekulant war das einzige Geld, das ich behalten habe, in längerfristigen Anlagen angelegt.
>
> Meine Entdeckung beim Investieren und mein Rat an die Jüngeren bestehen also darin, die Märkte zu studieren und in langfristig ausgerichtete Unternehmen zu investieren, die das Potenzial haben, andere Unternehmen und Branchen bei Weitem zu übertreffen, und bei ihnen zu bleiben, solange das Thema aktuell ist. Vergessen Sie das Traden und nutzen Sie die Zeit, die Sie sonst mit der Beobachtung des Trades verbracht hätten, für Ihre Familie.
>
> Es scheint so einfach zu sein, aber nur wenige schaffen es tatsächlich.
>
> Hier ist ein gutes Beispiel dafür: Damals, im Januar 1992, las ich den *Barron's Roundtable* und Felix Zulauf empfahl das Unternehmen Potash of Saskatchewan (POT) als eine einzigartige Möglichkeit, an der Wachstumsstory Chinas teilzunehmen. ... Für mich machte das alles Sinn, und ich entschied mich für eine kleine Position. Die Aktie lief recht gut, ich erinnere mich, dass

ich sie für zwei Dollar pro Anteil gekauft hatte. Ich habe sie drei Jahre lang behalten und habe einen 4- bis 5-Bagger daraus gemacht. Ich war ziemlich beeindruckt von meinem scharfen Marktverstand. Irgendwann kam sie ins Stocken und ich verkaufte sie um 1996 herum, weil ich es leid war, dass sie auf der Stelle trat. Wohlgemerkt, die ursprüngliche Prämisse hat sich nie geändert, sie war immer intakt, aber ich sehnte mich nach neuer Action.

Hätte ich bis zum Blow-off im Jahr 2007 durchgehalten, hätte ich meinen 100-Bagger gehabt. Wenn man noch früher gekauft hätte, wäre es ein 200-plus-Bagger gewesen.

Die Lektion lautet also, dass man sich an das ursprüngliche Thema halten muss, und wenn es noch intakt ist, sollte man daran festhalten. Ich glaube, dass Ihr Projekt tatsächlich ein durchaus realisierbares Ziel ist. Man muss die Gemeinsamkeiten herausfiltern und nach viel Recherche mit Überzeugung seine Wetten platzieren und dann durchhalten.

Das ist eine gute Geschichte von jemandem, der seine Weisheit auf die harte Tour erlangt hat. Er spricht viele wichtige Themen für dieses Buch an. Ich werde die Mail meinen 16-jährigen Sohn und meine 13-jährige Tochter lesen lassen, damit sie wissen, dass es nicht nur Papa ist, der so etwas sagt.

Hier eine weitere E-Mail:

Ich erinnere mich, dass mein Vater, als ich ein Kind war, immer über meine Großmutter schimpfte, weil sie sich beklagte, dass sie aufgrund ihres grauen Stars nicht gut sehen könne. Er pflegte dann zu sagen: „Nun, sie scheint keine Schwierigkeiten zu haben, das Kleingedruckte im *Wall Street Journal* zu lesen, wenn sie ihre Esso-Aktien überprüft." Das war circa 1971, und irgendwie ist das immer noch in meinem Gedächtnis verankert.

> Wenn man nun denkt, dass dieses 100-Bagger-Ziel unerreichbar sei, dann stelle man sich einmal vor, ich hätte damals als kleines Kind einfach angefangen, ExxonMobil anzuhäufen. Dazu musste man weder ein Genie sein noch ein Stock-Picker-Gen besitzen. Kaufen Sie einfach die größte Öl-Aktie der Welt, die es schon seit hundert Jahren gibt. ... Setzen Sie einfach Ihre Scheuklappen auf und häufen Sie die Aktie ein Leben lang an. Kein Stress, kein Nervenkitzel, da das Unternehmen eine sehr konservative Bilanz hat, kein Hochseilakt. Was wäre also ein 1971 in Esso investierter Dollar heute wert? Nach meinen Berechnungen hätte man in all diesen Jahren 418 Dollar plus eine saftige Dividende kassiert.

Erstaunlich, nicht wahr? Alle haben eine solche Geschichte auf Lager. Na gut, noch eine, weil sie so interessant sind:

> Etwa 1969/1970 war auf einer Plakatwand in der Innenstadt von Seattle zu lesen: „Wird die letzte Person das Licht ausknipsen?" Ein Freund von mir hatte gerade ein Mehrfamilienhaus in Seattle verkauft und dabei rund 100.000 Dollar nach Steuern eingenommen. Er war der Meinung, dass es für Boeing nicht mehr schlimmer kommen konnte, und kaufte 10.000 Anteile zu 9,50 Dollar je Aktie. Nach etwa zehn Jahren erhielt er jährliche Dividenden beinahe in der Höhe dessen, was er für die Aktien bezahlt hatte. Mit all den Aktiendividenden und -splits, die im Laufe der Jahre ausgeschüttet wurden, war dies ein 100-plus-Bagger. Soweit ich weiß, hatte er im Jahr 2002 immer noch keine einzige Aktie verkauft.

Der Schlüssel ist die Vorstellung, dass Sie stillhalten müssen. Denken Sie an all die Gründe, Boeing seit 1970 zu verkaufen: Inflation, Kriege, Sorgen um die Zinssätze, wirtschaftliche Ängste. Die Liste der

Gründe für einen Verkauf ist immer lang. Aber wenn man die richtige Wahl getroffen hat, ist es dennoch besser, wenn man daran festhält.

Dies erinnert mich an eine Anekdote des außergewöhnlichen Investors Chris Mittleman, die er in einem seiner Aktionärsbriefe veröffentlichte. Ein Auszug erschien im Magazin *Value Investor Insight.* Genießen Sie diese Zeilen:

> Stellen Sie sich vor, ein Freund hätte Ihnen 1972 Warren Buffett vorgestellt und gesagt: „Ich habe in den letzten zehn Jahren ein Vermögen mit diesem Buffett gemacht. Du musst bei ihm investieren!" Sie informieren sich also über Warren Buffett und stellen fest, dass sein Investmentvehikel Berkshire Hathaway in der Tat eine herausragende Leistung erbracht hat und von etwa acht Dollar im Jahr 1962 auf 80 Dollar Ende 1972 gestiegen ist. Beeindruckt kauften Sie die Aktie am 31. Dezember 1972 zu 80 Dollar. Drei Jahre später, am 31. Dezember 1975, lag sie bei 38 Dollar, was einem Rückgang von 53 Prozent in einem Zeitraum entsprach, in dem der S&P 500 nur um 14 Prozent zurückging. Vielleicht hätten Sie sie zu diesem Zeitpunkt angewidert weggeworfen und nie wieder mit diesem Freund gesprochen. Doch innerhalb des nächsten Jahres stieg sie von 38 auf 94 Dollar. Am 31. Dezember 1982 waren es 775 Dollar und heute sind es 223.615 Dollar – eine jährliche Rendite von 20,8 Prozent in den vergangenen 42 Jahren.

Vielleicht drucke ich diesen Auszug aus und rahme ihn ein.

Jeder kann es also schaffen. Was Sie lernen müssen, ist, wie man richtig kauft und dann durchhält. Letzteres klingt einfach, ist aber in der Praxis schwierig. Im nächsten Kapitel biete ich Ihnen eine Hilfestellung an. Und später werden wir uns damit beschäftigen, wie man richtig kauft.

KAPITEL 3

DAS KAFFEE-DOSEN-PORTFOLIO

„Haben Sie schon einmal vom Kaffeedosen-Portfolio gehört?“ Ich habe mit Preston Athey, dem herausragenden Investor hinter dem Small-Cap Value Fund von T. Rowe Price, zu Mittag gegessen, als er mir diese Frage stellte.

Ich *hatte* davon gehört, was ihn, glaube ich, ein wenig überraschte, denn ich war erst zwölf Jahre alt, als die Idee aufkam, und es war keine Mainstream-Idee. Aber ich wusste alles darüber, denn das Kaffeedosen-Portfolio ist einer dieser Klassiker, die Finanzkenner nicht vergessen.

Ich möchte Ihnen etwas über das Kaffeedosen-Portfolio erzählen. Es ist eine hervorragende Stütze auf dem Weg zum 100-Bagger. Es wird Ihnen helfen, „durchzuhalten“.

Alles begann mit Robert Kirby, damals Portfoliomanager bei der Capital Group, einer der weltweit größten Vermögensverwaltungsgesellschaften. Er schrieb erstmals im Herbst 1984 im *Journal of Portfolio*

Management über die Idee mit der Kaffeedose. „Das Konzept des Kaffeedosen-Portfolios geht auf den Wilden Westen zurück, als die Menschen ihre wertvollen Besitztümer in einer Kaffeedose unter der Matratze aufbewahrten“, schrieb Kirby. „Der Erfolg des Programms hing ganz von der Klugheit und Voraussicht ab, mit der die Gegenstände ausgewählt wurden, die zu Beginn in die Kaffeedose kamen.“

Die Idee ist einfach: Sie suchen sich die besten Aktien aus und lassen sie zehn Jahre lang liegen. Mit einem solchen Portfolio entstehen Ihnen praktisch keine Kosten. Und es ist ganz offensichtlich einfach zu handhaben. Der größte Vorteil ist jedoch etwas subtiler und sinnvoller. Es funktioniert, weil es Ihre schlimmsten Instinkte davon abhält, sich selbst zu schaden. In seinem Artikel erzählte Kirby, wie seine Idee zustande kam.

„Die Idee mit der Kaffeedose kam mir erstmals in den 1950er-Jahren“, schrieb Kirby. Damals arbeitete er für eine große Firma, die Privatpersonen bei ihren Investitionen beriet. Er hatte eine Kundin, mit der er zehn Jahre lang zusammenarbeitete und deren Mann plötzlich verstarb. Sie erbte sein Aktienportfolio, das sie in Kirbys Obhut gab. Kirby sah sich das Portfolio an und schrieb:

> Ich war amüsiert, als ich feststellte, dass [ihr Ehemann] unsere Empfehlungen für das Portfolio seiner Frau heimlich übernommen hatte. Dann habe ich mir die Größe der Anlage angesehen. Ich war schockiert. Der Ehemann hatte unseren Ratschlägen eine kleine eigene Wendung gegeben: Den Verkaufsempfehlungen hatte er keinerlei Beachtung geschenkt. Stattdessen hatte er einfach rund 5.000 Dollar in jede Kaufempfehlung gesteckt. Dann legte er die Zertifikate in sein Bankschließfach und vergaß sie.

Dabei geschah etwas Wunderbares. Ja, es bedeutete, dass sein Portfolio eine Reihe von nicht erfolgreichen Aktien enthielt, die dann etwa 2.000 Dollar wert waren. Kleine Positionen. Aber er hatte auch ein paar

Beteiligungen, die am Ende jeweils 100.000 Dollar wert waren. Der Clou war jedoch, dass er eine Jumbo-Position in Höhe von 800.000 Dollar hatte, die allein den Gesamtwert des Portfolios seiner Frau überstieg. Kirby schrieb: „[Sie] stammte aus einer kleinen Beteiligung an einem Unternehmen namens Haloid; später stellte sich heraus, dass es sich dabei um eine Zillion Aktien von Xerox handelte."

Das ist eine inspirierende Geschichte, ein Triumph der Lethargie und Trägheit. Sie zeigt deutlich, wie das Kaffeedosen-Portfolio Sie vor sich selbst schützen soll – vor der Besessenheit, die Aktienkurse zu überprüfen, vor dem hektischen Kaufen und Verkaufen, vor dem Hadern mit der Wirtschaft und den schlechten Nachrichten. Es zwingt Sie, Ihren Zeithorizont zu erweitern. Sie tun nichts in Ihre Kaffeedose, von dem Sie nicht glauben, dass es eine gute 10-Jahres-Wette ist.

Der arme Kirby hatte das Konto der Ehefrau fleißig verwaltet – er verfolgte die Gewinnberichte, passte die Aktien an und nahm neue Positionen auf. Dabei wäre er besser dran gewesen, wenn er dem Credo des Müßiggängers gefolgt wäre und einfach bei seinen ursprünglichen Ideen geblieben wäre.

Warum können nicht mehr Menschen an etwas festhalten?

Phelps schrieb, dass die Anleger darauf konditioniert wurden, die Aktienkursentwicklung anhand der vierteljährlichen oder jährlichen Gewinne zu messen, nicht aber anhand der Unternehmensleistung. Ein denkwürdiges Beispiel, das er (neben vielen anderen) anführt, ist Pfizer, dessen Aktie von 1946 bis 1949 und erneut von 1951 bis 1956 an Boden verlor. „Leistungsorientierte Kunden hätten einem Anlageberater, der sie mit einem solchen ‚Hund' zusammengebracht hätte, die Ohren abgerissen", schrieb Phelps. Doch die Anleger, die von 1942 bis 1972 dabeiblieben, machten das 141-Fache ihres Einsatzes.

Phelps zeigte auf, dass man die Aktie nie verkauft hätte, wenn man nur die jährlichen Zahlen von Pfizer betrachtet hätte – ohne die Nachrichten, den Aktienmarkt, die Wirtschaftsprognosen und alles andere zu beachten. Das Unternehmen war durchweg profitabel und erwirtschaftete gute

Eigenkapitalrenditen, wobei die Gewinne zwar unregelmäßig, aber stetig stiegen.

Pfizer war eine gute Kaffeedosen-Aktie.

Ein extremes Kaffeedosen-Portfolio

Kaum etwas ist schwerer zu ertragen als das Ärgernis eines guten Beispiels.

– Mark Twain, „Pudd'nhead Wilson"

Um Ihnen ein extremes Beispiel zu geben: Stellen Sie sich vor, Sie halten 80 Jahre lang still.

Es gibt ein Portfolio, das das Kaffeedosen-Portfolio ungeduldig aussehen lässt: der Voya Corporate Leaders Trust Fund. Er war Gegenstand eines Artikels von Ross Kerber für *Reuters*. Die Schlagzeile lautete „Buy-and-Hold-Fonds floriert ohne neue Einsätze seit 80 Jahren".

Ich weiß, Sie haben kein Interesse daran, 80 Jahre lang Aktien zu halten. Ich auch nicht. In der Tat sind bereits zehn Jahre eine Menge. Ich weiß das. Das heißt aber nicht, dass wir nicht etwas aus der Geschichte lernen könnten.

Hierzu Kerber:

> Der Voya Corporate Leaders Trust Fund, der heute von einer Abteilung der Voya Financial Inc. verwaltet wird, kaufte 1935 in gleicher Höhe Aktien von 30 großen US-Unternehmen und hat seitdem keine neuen Aktien mehr aufgenommen.

Das heißt: kaufen und vergessen!

Das Interessante ist die Geschichte, die das Portfolio erzählt. Einige der Namen, die es 1935 enthielt, sind auch heute noch vertreten: DuPont, General Electric, Procter & Gamble und Union Pacific.

Es gibt aber auch Positionen, die durch Fusionen und/oder Ausgliederungen entstanden sind. So enthält es beispielsweise Berkshire Hathaway über eine ursprüngliche Beteiligung an der Atchison, Topeka and Santa Fe Railway. CBS ist über eine Beteiligung an Westinghouse Electric im Portfolio vertreten. Es besitzt Honeywell über eine Beteiligung an Allied Chemical.

Es hat Anteile an Foot Locker, weil darin eine Position von 1935 in F. W. Woolworth aufging. Es besitzt ExxonMobil und Chevron dank einer Investition in Rockefellers Standard Oil.

Es sind nur noch 21 Namen übrig, da einige von ihnen in den Himmel aufgestiegen sind, wie American Can und die Pennsylvania Railroad Co.

Bemerkenswert ist, dass der Fonds in den letzten 5- und 10-Jahres-Zeiträumen 98 Prozent seiner Konkurrenten geschlagen hat. Kerber schrieb:

> Im 5-Jahres-Zeitraum, der am 24. Februar [2015] endete, erzielte der Fonds eine durchschnittliche Rendite von 17,32 Prozent pro Jahr, einschließlich Gebühren, 1,03 Prozentpunkte besser als der S&P 500, so Morningstar. Im 10-Jahres-Zeitraum, der am 24. Februar endete, erzielte der Fonds eine durchschnittliche Rendite von 9,40 Prozent pro Jahr, einschließlich Gebühren, und damit 1,32 Prozentpunkte mehr als der S&P 500.

Tatsächlich hat er den S&P 500 seit 40 Jahren übertroffen. Die Website des Fonds geht nicht weiter zurück, aber ich frage mich, wie die Wertentwicklung seit der Auflegung des Fonds aussieht.

Es handelt sich um einen kostengünstigen Fonds mit einer Gebühr von nur 52 Basispunkten beziehungsweise 0,52 Prozent. (Die Gebühren der meisten Fonds sind dreimal so hoch.) Und dank des geringen Umschlags sind kaum Kapitalertragssteuern zu zahlen. (Der Fonds muss immer noch kaufen und verkaufen, um Rücknahmen zu bedienen und neue Investitionen zu tätigen.)

Alles in allem eine bemerkenswerte kleine Geschichte über die Kraft eines sorgfältig ausgewählten Aktienportfolios, das auf einer vernünftigen Anlagestrategie basiert.

Der ursprüngliche Sponsor des Fonds war Corporate Leaders of America. Heute, nach einer Reihe von Deals, ist er unter dem Dach von Voya angesiedelt. Der ursprüngliche Fonds hatte ein einfaches Mandat, wie es in einer Broschüre über die Geschichte des Fonds dargelegt wird:

> Die Gründer des Trusts kauften 1935 Aktien von 30 führenden Unternehmen zu gleichen Teilen und legten fest, dass diese niemals verkauft werden dürften. Die einzige Ausnahme bildeten Unternehmen, die in Konkurs gingen, fusionierten oder ausgegliedert wurden.

Solche Fonds werden nicht mehr aufgelegt. Doch in den Anfängen der Investmentfondsbranche sahen die meisten Fonds so ähnlich aus.

Der erste offene Investmentfonds Amerikas – und der Welt – war der Massachusetts Investors Trust (MIT), der 1924 gegründet wurde.

(Eine Nebenbemerkung: Offen bedeutet, dass Sie Anteile des Fonds zu einem Preis kaufen und verkaufen können, der dem Wert des Portfolios entspricht. Bevor der MIT aufkam, waren die Fonds geschlossen. Dies bedeutete, dass die Preise möglicherweise nicht dem zugrunde liegenden Wert des Portfolios entsprachen. Die Offenlegung war mangelhaft. Und wie Sie sich vorstellen können, haben die Sponsoren die Preise oft zu ihrem Vorteil manipuliert.)

Der MIT war etwas Neues auf dem Markt. Er versprach Transparenz und Fairness. Er versprach ein kostengünstiges professionelles Management für Kleinanleger. Er verfolgte eine vernünftige und konservative Anlagepolitik mit Schwerpunkt auf großen Dividendenwerten. Der MIT sollte diese Aktien nicht handeln, sondern kaufen und halten.

Wie der verstorbene großartige Professor Louis Lowenstein von der Columbia University schrieb:

> Die Transparenz und Flexibilität sowie die Sicherheit und der Komfort, die Kleinanlegern dadurch geboten wurden, machten den MIT zu einem einzigartigen amerikanischen Beitrag zum Finanzwesen. ... Gute Ideen entstehen in der Regel aus einfachen Anfängen: Es ist die Einfachheit des Konzepts, die sie letztlich erfolgreich macht. Dieses war brillant.

Lowenstein hat die Geschichte des MIT in seinem Buch „The Investor's Dilemma" gut beschrieben, das ich jedem, der in Investmentfonds investiert, sehr empfehlen kann. (Lowenstein ist auch der Autor meiner beiden Lieblingsbücher über Unternehmensfinanzierung: „Sense & Nonsense in Corporate Finance" und „What's Wrong with Wall Street".)

Wie Voya hielt auch der MIT lange Zeit an den Aktien fest. Im Jahr 1949 betrug die durchschnittliche Haltedauer 27 Jahre. (Beachten Sie, dass es sich hierbei um eine implizite Haltedauer handelt, die auf dem Umschlag des Fonds basiert. Im Jahr 1949 war der Fonds noch keine 27 Jahre alt.) Und das zog gleich gesinnte Investoren an. Die Rücknahmen betrugen weniger als drei Prozent pro Jahr. Die Gebühr betrug nur 40 Basispunkte (oder 0,4 Prozent). Bis 1960 sank die Gebühr auf nur noch 19 Basispunkte.

Aber im Gegensatz zu Voya hat diese Geschichte ein trauriges Ende. Die Geschichte des MIT veranschaulicht auch eine andere alte Binsenweisheit: Die Wall Street macht aus guten Ideen oft schlechte. Die einfache, brillante Idee des offenen Investmentfonds wurde bald korrumpiert und in einen weiteren Geldbringer für die Wall Street verwandelt.

Das Problem des MIT bestand aus Sicht der Wall Street darin, dass niemand damit Geld verdienen konnte – außer den Anlegern des Fonds. Irgendwie überzeugte also jemand den MIT, 1969 einen externen Manager einzustellen. Davor hatte der MIT seine eigenen Manager im Haus. Dies war der Anfang vom Ende.

Mit einem externen Verwalter begannen die Gebühren zu steigen. 1969 stiegen die Gebühren um das 36-Fache, während sich das verwaltete Vermögen nur um das 7-Fache erhöhte. Der externe Manager verwaltete den Fonds auch aggressiver und handelte häufiger. Ein trauriger Niedergang setzte ein. 2004 kaufte Blackrock den Fonds und fusionierte ihn mit anderen. Den MIT gab es nicht mehr.

Der typische Fonds kostet heutzutage viel Geld, wird viel zu viel gehandelt und hinkt dem Markt hinterher. Lowenstein schreibt in seinem Buch, dass der durchschnittliche Fonds 160 Aktien habe und diese jedes Jahr umschichte. Das ist kein Investieren. Aber die Wall Street verdient Geld.

Das Establishment will nicht, dass Sie nur auf sorgfältig ausgewählten Aktien sitzen bleiben. Es will, dass Sie Gebühren zahlen. Es will Ihnen etwas verkaufen.

Das bringt uns wieder zurück zum Voya-Fonds. Die Geschichte des MIT lässt es umso unglaublicher erscheinen, dass der Voya-Fonds so lange überlebt hat, ohne seinen ursprünglichen Auftrag zu verletzen. Es ist ein besonderer Fonds, ein Stück Amerika.

Okay, vielleicht halten Sie Aktien nicht 80 Jahre lang. Und vielleicht ist selbst mein Kaffeedosen-Ansatz mit seiner zehnjährigen Haltedauer schon zu langfristig für Sie.

Aber es gibt sicher einige junge Menschen in Ihrem Leben, mit denen Sie die Weisheit langfristiger Investitionen teilen können. Erzählen Sie ihnen von der Idee mit der Kaffeedose. Erzählen Sie ihnen die Geschichte des Voya-Fonds. Machen Sie sie mit den Machenschaften der Wall Street vertraut.

Zu diesen extremen Haltezeiten schrieb mir ein Leser Folgendes:

> Ich denke also, dass diese Kaffeedose eine gute Möglichkeit ist, meinen Kindern und Enkeln ein Vermögen zu hinterlassen. Ich bin 66 Jahre alt, und Investitionen mit einer Laufzeit von 35 Jahren (ich weiß, dass Sie die Kaffeedose für zehn Jahre halten, aber es hat den Anschein, dass sie umso besser wird, je länger man sie halten kann) sind jetzt wahrscheinlich keine gute Idee. Ich war fasziniert von dem

Fonds, der 1935 in einen Aktienkorb investierte und ihn nie wieder anrührte. Ich bin mir nicht sicher, wie man das jetzt machen würde, aber es ist eine Strategie, die uns vor uns selbst bewahrt.

Die Frage lautet: Wie würden Sie vorgehen, um Firmen für eine 35-Jahres-Kaffeedose ausfindig zu machen? Als ich mir Ihre Liste mit den besten Wertentwicklungen ansah, waren fast alle länger als 25 Jahre erfolgreich. Wenn ich 1970 versucht hätte, langfristige Investitionen zu tätigen, hätte ich vermutlich in Aktien wie Sears, GE, US Steel, Westinghouse, Exxon und andere Dow-Mitglieder investiert. Einige wären in Ordnung gewesen, wie GE und Exxon, aber es hätte keine Investitionen in Walmart, Apple, Microsoft und so weiter gegeben, und einige wären schlecht gewesen. Wäre es besser, Aktien von klugen Investoren wie Buffett zu kaufen und diese zu halten? Die Kehrseite der Medaille ist, dass es in 35 Jahren keinen der heutigen Schlauberger mehr geben wird.

Die aufgeworfenen Fragen sind schwer zu beantworten, vor allem jetzt, da sich die Dinge so schnell ändern. Schauen Sie sich zum Beispiel die durchschnittliche Lebensdauer eines Unternehmens im S&P-500-Index an. Sie ist jetzt kürzer als 20 Jahre. Sehen Sie sich hierzu die Tabelle auf der nächsten Seite an.

1958 betrug die durchschnittliche Lebensspanne 61 Jahre. Die Dinge haben sich also sehr verändert. Innosight schätzt, dass bei dem derzeitigen Tempo bis 2027 75 Prozent der derzeitigen Aktien im S&P ersetzt werden. Das Ausscheiden aus dem S&P 500 bedeutet nicht den Tod des Unternehmens. Aber wenn es nicht zu einer Übernahme kommt, wirft S&P Sie in der Regel nur raus, wenn Sie in Schwierigkeiten sind – wie Circuit City, New York Times, Kodak oder Bear Stearns. Oder sie werfen Sie raus, wenn Sie zu klein werden – was eine andere Art ist zu sagen, dass Sie zu wenig geleistet haben. (Obwohl aussortierte Aktien im ersten Jahr nach ihrem Ausscheiden in der Regel eine Outperformance zeigen – mit Ausnahme derer, die aufgekauft wurden.)

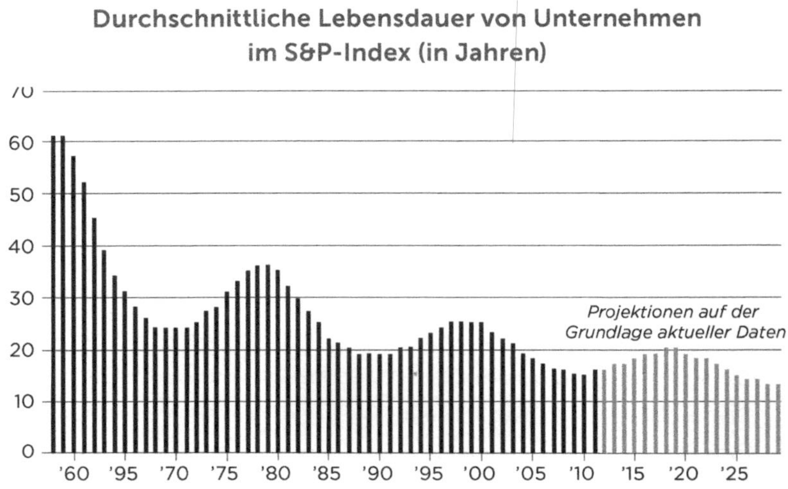

Jahr (jeder Datenpunkt stellt einen gleitenden 7-Jahres-Durchschnitt der durchschnittlichen Lebensdauer dar)

Ich zeige Ihnen noch ein weiteres Schaubild, um etwas zu verdeutlichen. Hier ist die durchschnittliche Lebensdauer der Vermögenswerte von US-Firmen, aufgeschlüsselt nach Sektoren, für das Jahr 2013:

	Lebensdauer der Anlage
Informationstechnologie	6,6
Gesundheitswesen	11,4
Verbrauchsgüter	12,4
Basiskonsumgüter	15,1
Industrieunternehmen	15,4
Telekommunikationsdienste	16,1
Energie	17,6
Werkstoffe	18,6
Versorgungsunternehmen	29,4

Diese Tabelle stammt aus einem Bericht von Michael Mauboussin, der 2014 veröffentlicht wurde und den Titel „A Long Look at Short-Termism" trägt. Mauboussin ist Anlagestratege und Autor mehrerer viel beachteter Bücher und Forschungsarbeiten. Er schrieb: „Die durchschnittliche Lebensdauer von Unternehmen in den USA verkürzt sich." Und immer mehr Unternehmen sind in Branchen mit kürzerer Lebensdauer tätig. Mauboussin schlussfolgerte:

> Kürzere Laufzeiten von Vermögenswerten deuten auf kürzere Zeithorizonte hin, über die Manager investieren sollten, was die Geschäftswelt angemessen widerspiegelt. Die Führungskräfte vieler Technologieunternehmen können beispielsweise nicht über Jahrzehnte hinweg planen, wie es ein Versorgungsunternehmen kann, weil das Tempo des Wandels einfach zu schnell ist.

35 Jahre sind also wahrscheinlich ein zu langer Zeithorizont für die Planung. Dies führt zu gewissen Spannungen mit der 100-Bagger-Idee. Es besteht eine Spannung zwischen dem Halten und der potenziell zerstörerischen Wirkung der Zeit. Nichts ist von Dauer.

Im nächsten Kapitel werden wir uns ansehen, auf welche Arten von Unternehmen wir uns konzentrieren sollten. Wir sind mit der Idee der Kaffeedose allerdings auch noch nicht fertig.

Die größte Hürde, um das 100-Fache Ihres Geldes zu verdienen

Der Grund, warum ich zu Beginn viel Zeit darauf verwende, Ihnen die Macht langfristiger Investitionen zu zeigen, ist, dass dies wirklich wichtig ist. Die größte Hürde auf dem Weg zu einer 100-fachen Vervielfachung Ihres Geldes in einer Aktie – oder auch nur zu einer Verdreifachung – kann die Fähigkeit sein, die Höhen und Tiefen zu ertragen und durchzuhalten.

Die Kaffeedose ist eine narrensichere Methode, um sich vor diesem unangenehmen Auf und Ab zu schützen.

Und ich bin mir sicher, dass Sie in Ihrer Zeit einige große Bewegungen auf dem Gesamtmarkt erlebt haben. Der Drang, einen schnellen Gewinn zu erzielen oder einen „Verlierer" loszuwerden, ist groß. Wir sind wie die kleinen Kinder in diesen berühmten Experimenten, die nicht widerstehen können, das vor ihnen liegende Marshmallow zu essen, auch wenn ihnen zwei versprochen werden, wenn sie fünf Minuten warten.

Selbst von den besten Investoren gibt es Geschichten, in denen sie nicht warten konnten. Eine der besten stammt von Warren Buffett. Ein Leser und Freund von mir schickte mir das folgende Beispiel aus Buffetts Brief an die Aktionäre von Berkshire Hathaway aus dem Jahr 1995:

> Ich begann mich 1966 für Disney zu interessieren, als die Marktbewertung weniger als 90 Millionen Dollar betrug, obwohl das Unternehmen 1965 rund 21 Millionen Dollar vor Steuern verdient hatte und mehr Bargeld als Schulden besaß. In Disneyland sollte bald das 17 Millionen Dollar teure „Pirates of the Caribbean"-Fahrgeschäft eröffnet werden. Stellen Sie sich meine Begeisterung vor – ein Unternehmen, das zum Preis von fünf Fahrgeschäften erhältlich ist!
>
> Beeindruckt davon kaufte Buffett Partnership Ltd. eine beträchtliche Menge an Disney-Aktien zu einem splitbereinigten Preis von 31 Cent pro Aktie. Diese Entscheidung mag brillant erscheinen, wenn man bedenkt, dass die Aktie jetzt für 66 Dollar verkauft wird. Aber Ihr Vorsitzender war der Aufgabe gewachsen, sie zunichtezumachen: Im Jahr 1967 verkaufte ich die Aktie zu 48 Cent.

Er verbuchte einen Gewinn von 55 Prozent, aber das war ein teurer Verkauf!

Das Problem ist nicht nur, dass wir ungeduldig sind. Die Reise ist oft nicht einfach. Das erinnert mich an eine Geschichte aus dem Jahr 2012 vom Fondsmanager Dan Oliver bei Myrmikan Capital. Er wies darauf hin, dass Apple von seinem Börsengang im Jahr 1980 bis zum Jahr 2012 ein 225-Bagger war.

Aber …

Diejenigen, die durchhielten, mussten von der Spitze bis zum Tiefpunkt einen Verlust von 80 Prozent hinnehmen – zweimal! Der große Sprung von 2008 kam nach einem Rückgang um 60 Prozent. Und es gab mehrere Rückgänge um 40 Prozent. Viele große Gewinner haben auf ihrem Weg ähnlich schreckliche Verluste erlitten.

Der Autor Barry Ritholtz hat in einer Kolumne in der *Washington Post* viele weitere Beispiele angeführt. Netflix, das seit 2002 zu den 60-Baggern gehört, verlor an einem einzigen Tag 25 Prozent seines Wertes – viermal! An seinem schlechtesten Tag fiel es um 41 Prozent. Und es gab einen viermonatigen Zeitraum, in dem der Wert um 80 Prozent fiel.

Und doch kann man nicht einfach alles halten. Viele große Gewinner sind pleitegegangen. Ritholtz nannte einige davon: Lehman Brothers, WorldCom, Lucent und JDS Uniphase. Ich bin sicher, dass uns noch mehr einfallen würden.

Es braucht also Geduld, eine geschickte Aktienauswahl und – wie bei den meisten Dingen im Leben – etwas Glück. (Diejenigen, die die ganze Zeit an Apple festgehalten haben, konnten nicht wissen, dass es den iPod, das iPhone oder das iPad geben würde. Diese Produkte existierten in der Geschichte von Apple jahrzehntelang nicht.)

Hier kann die Idee eines Kaffeedosen-Portfolios helfen. Sie müssen nicht Ihr ganzes Geld in ein Kaffeedosen-Portfolio stecken. Sie nehmen nur einen Teil, von dem Sie wissen, dass Sie ihn zehn Jahre lang nicht brauchen werden. Ich wette, dass die Endergebnisse die von allem anderen, was Sie tun, übertreffen werden.

Eine Kaffeedose für die Apokalypse

Man könnte meinen, dass ein Kaffeedosen-Portfolio von einer optimistischen Sichtweise abhängt, wie sie Warren Buffett in seinem Jahresbrief 2015 zum Ausdruck brachte.

Das ist nicht der Fall. Man kann ein ziemlich düsteres Bild von der Welt haben, und trotzdem würde ich Ihnen empfehlen, ein Kaffeedosen-Portfolio aufzubauen. Im Folgenden werde ich erklären, warum.

Doch zunächst ein paar Worte zu Buffetts Optimismus.

Ich habe seinen Jahresbrief gelesen. Ich habe auch viele Kommentare zu diesem Schreiben gelesen. Eine der interessantesten Kritiken stammt von der SNL-Financial-Kolumnistin Ada Lee. Sie schreibt:

> Der größte Fehler des Briefes ist derselbe wie im letzten Jahr: Buffett äußert sich zu optimistisch über die Aussichten Amerikas in einer Art und Weise, die geradezu dazu angetan zu sein scheint, genau die Art von Selbstgefälligkeit zu erzeugen, die das größte Risiko für diese optimistische Sicht darstellt.

In dem Brief schreibt Buffett, dass er „eine ‚Wette' auf den immer weiter steigenden Wohlstand in den USA immer als eine nahezu sichere Sache angesehen hat. Wer hat denn in den letzten 238 Jahren jemals davon profitiert, gegen Amerika zu wetten?"

Darauf hat Lee eine gute Antwort:

> Niemand. Leider ist diese Art von Aussage nur bis zu dem Tag völlig richtig, an dem sie völlig falsch wird. Man hätte dasselbe über Athen bis zum Beginn des Peloponnesischen Krieges sagen können oder über Rom während der Herrschaft von Augustus oder sogar über die Sowjetunion bis etwa 1980, wonach viele Menschen unermesslich davon profitierten, gegen diese Staaten zu wetten.

Damit ist der Boden bereitet, um über eine Zukunft nachzudenken, die vielleicht nicht ganz so wohlhabend sein wird. Was sagen uns vergangene Katastrophen über den Erhalt von Vermögen?

Viele haben versucht, hierauf eine Antwort zu finden. Der erste Mann, der mir einfiel, war der verstorbene Barton Biggs. Er war lange

Zeit Stratege bei Morgan Stanley und später Hedgefonds-Manager und Autor. („Hedgehogging" ist sein bestes und lesenswertestes Buch.)

Aber Biggs war eine Art „Katastrophist". Die Zeiten der großen Zerstörungen von Reichtum in der Geschichte, in denen die vier Reiter der Apokalypse ihr Unwesen trieben, haben ihn fasziniert. Er war besorgt, dass sich die Katastrophen wiederholen könnten. Er stellte die zeitlose Frage: „Wie bewahrt man Wohlstand in Zeiten, in denen die Apokalyptischen Reiter unterwegs sind?"

Es war eine der beiden Fragen, die ihn, wie er selbst sagt, „lange beschäftigt" haben. Die andere Frage war, ob der Aktienmarkt weise urteilt oder nur ein „dummer Konsens der Massen" ist.

Eines seiner Bücher, „Wealth, War and Wisdom", befasste sich ausdrücklich mit diesen Fragen vor dem Hintergrund der Geschichte des Zweiten Weltkriegs, einem seiner Steckenpferde.

In Bezug auf die Weisheit der Massen stellte Biggs fest, dass die Aktienmärkte der Welt „überraschend gute Intuitionen an den epischen Wendepunkten zeigten. Wie ein altes Sprichwort sagt: Wenn kommende Ereignisse ihre Schatten werfen, fallen sie oft auf die NYSE."

Er schrieb:

- „Der britische Aktienmarkt erreichte seinen Tiefpunkt ... im Jahr 1940 kurz vor der Schlacht um Großbritannien";
- „Ende Mai 1942 wurde der US-Markt durch die epische Schlacht um Midway für immer verändert" und:
- Der deutsche Markt „erreichte seinen Höchststand auf dem Höhepunkt des deutschen Angriffs auf Russland, kurz bevor die vorrückenden deutschen Patrouillen Anfang Dezember 1941 die Turmspitzen von Moskau erblickten".

„Das waren die drei großen Impulsänderungen des Zweiten Weltkriegs", schrieb er, „obwohl sie damals von niemandem außer den Aktienmärkten als solche erkannt wurden."

Ich muss zugeben, dass das erstaunliche Intuitionen sind. Es ist leicht, den Markt als verrückt abzutun, wenn er nicht mit einem übereinstimmt, aber Biggs machte deutlich, dass das kollektive Urteil des Marktes klüger sein kann, als wir uns eingestehen. Auf jeden Fall berührt dies die zweite Frage, die ich für besonders wichtig halte.

Bei der zweiten Frage ging es darum, wie man den Wohlstand bewahren kann, wenn die Apokalyptischen Reiter unterwegs sind. Um Antworten zu finden, grub sich Biggs durch eine Menge Leid aus der Zeit des Zweiten Weltkriegs. Sie finden in seinem Buch Kapitelüberschriften und Unterüberschriften wie „Erhaltung des Reichtums in Zeiten der Cholera“, „Landraub in Polen“, „Beschlagnahmung von Ländereien in Ungarn“, „Diebstahl von Land und Wertsachen in der Tschechoslowakei“ und „Vergewaltigung und Raub durch die Rote Armee“.

Und dennoch empfahl selbst der Katastrophist Biggs, 75 Prozent des Vermögens in Aktien anzulegen.

Dies liegt zum Teil daran, dass sein eigenes Verständnis der Geschichte von Katastrophen einen solchen Schritt rechtfertigte – Aktien waren immer noch oft die beste Möglichkeit, die Kaufkraft über Jahre hinweg zu erhalten, selbst im zerstörten Deutschland. Aber auch, weil er verstanden hat, dass die beste Möglichkeit, sein Vermögen zu vermehren, darin besteht, Dinge zu besitzen. Sie wollen Eigentümer sein.

Wenn Sie Aktien besitzen, sind Sie Teilhaber an einem echten Unternehmen – mit echten Menschen, die versuchen, die Dinge zu verstehen, und mit echten Vermögenswerten und echten Gewinnen. Der Besitz von Vermögenswerten ist Ihr bester langfristiger Schutz vor Unglücksfällen.

Aber was macht man mit den anderen 25 Prozent?

Biggs empfahl, einen viel kleineren Teil des Vermögens in eine Ranch oder einen Familienbetrieb zu investieren. Er plädierte für einen sicheren Zufluchtsort, gut ausgestattet mit Saatgut, Dünger, Konserven, Wein, Medikamenten, Kleidung und so weiter.

Dieser Survival-Kram ist nicht mein Thema. Ich möchte nur darauf hinweisen, dass im Falle eines echten Zusammenbruchs Ihr Portfolio wahrscheinlich Ihre geringste Sorge sein wird. Aber zumindest bei einer Katastrophe wie dem Zweiten Weltkrieg waren Aktien die beste Wahl.

Kommen wir also auf die Idee mit der Kaffeedose zurück und denken wir an eine Kaffeedose für Katastrophisten.

Erstens muss Ihre Kaffeedose keine Aktien enthalten. Sie könnten, wenn Sie wollten, Ihre Kaffeedose mit Gold füllen. Ich würde das nicht tun, aber der Punkt ist, dass die Idee mit der Kaffeedose nicht Ausdruck eines Buffett'schen Optimismus für Amerika ist. Sie können in Ihre Kaffeedose tun, was Sie wollen.

Der Kern der Idee mit der Kaffeedose besteht darin, dass man sich damit vor sich selbst schützen kann – vor den Emotionen und der Volatilität, die einen dazu bringen, zum falschen Zeitpunkt zu kaufen oder zu verkaufen. Bullish oder bearish spielen dabei keine Rolle.

Wenn Sie ein Bär sind und auf eine Kaffeedose verzichten, sagen Sie damit im Grunde, dass Sie in den nächsten zehn Jahren eine Reihe besserer kurzfristiger Entscheidungen treffen werden, als wenn Sie Ihre heutigen besten Ideen halten würden. Das scheint unwahrscheinlich, wenn man alle Untersuchungen bedenkt, die zeigen, dass die meisten Anleger zu viel handeln und dass dies ihre Rendite beeinträchtigt.

Anders ausgedrückt: Die Theorie hinter der Kaffeedose besagt, dass eine Reihe von kurzfristigen Entscheidungen wahrscheinlich schlechter ist als eine einzige Entscheidung heute. Vielleicht wird es nicht so kommen, aber das ist unabhängig davon, ob Sie glauben, dass die Welt in zehn Jahren weniger wohlhabend sein wird.

Wenn es der Welt in zehn Jahren schlechter geht, wird sich das auf alle Strategien auswirken. Es ist nicht so, dass man sagen kann: „Ich glaube, die Vereinigten Staaten werden das nächste Argentinien sein, und deshalb werde ich die Kaffeedose nicht benutzen." Die Schlussfolgerung ergibt sich nicht aus der Prämisse. Sie müssen dann immer noch entscheiden, was Sie tun wollen.

Und wie ich bereits gesagt habe, müssen Sie nicht Ihr gesamtes Vermögen in eine Kaffeedose stecken. Ich habe den Leuten gesagt, dass sie nur einen Teil ihres Geldes in eine Kaffeedose stecken müssen. Das muss nicht die einzige Strategie sein, die Sie verfolgen, aber es kann eine von mehreren sein.

Zusammenfassend lässt sich sagen, dass die Angst vor der Apokalypse Sie nicht davon abhalten sollte, ein Kaffeedosen-Portfolio aufzubauen.

Eine Fußnote zum Kaffeedosen-Portfolio

Ich liebe das Konzept der Kaffeedose. Und einer der Gründe dafür ist, dass jeder es nutzen kann. Das passt perfekt zur Idee der 100-Bagger, denn wenn man wirklich 100-Bagger haben will, muss man den Aktien etwas Zeit geben. Dazu später mehr, aber seit 1962 gab es nur 20 Aktien – von den 365 in meiner Studie erfassten –, die innerhalb von zehn Jahren einen solchen Erfolg hatten.

Aber wenn Sie Ihren Aktien Zeit zum Reifen geben, können die Ergebnisse verblüffend sein. Und wenn man darüber nachdenkt, ist es eigentlich gar nicht so schwer, einfach nicht zu verkaufen. Ich muss noch ein paar Geschichten von echten Menschen erzählen, die dem Verkauf widerstanden und ein kleines Vermögen angehäuft haben.

> Hier ist eine Kaffeedosen-Geschichte für Sie. Mein Bruder und ich waren 1998 Erben von je 2.000 Aktien von Praxair. Ich glaube, sie waren damals etwa 34.000 Dollar wert. Ich habe die Dividenden nicht reinvestiert (ich wünschte, ich hätte es getan), sondern den „Kaufpreis" jedes Jahr um den Betrag der erhaltenen Dividenden angepasst.
>
> Ich hörte mit der Anpassung auf, als der kalkulatorische Preis auf 1,20 Dollar pro Aktie gefallen war (ich wollte nicht, dass er

unter null fällt). Der Preis liegt jetzt bei etwa 126 Dollar, sodass das Kriterium der 100-fachen Steigerung erfüllt ist, auch wenn der Aktienkurs selbst nicht um das 100-Fache gestiegen ist. Die Aktien wurden von meinem Vater wahrscheinlich zu einem Preis nahe der 1-Dollar-Marke gekauft ... Der Gesamtwert liegt jetzt bei über einer Viertelmillion.

Ich finde diese Geschichten inspirierend. Ich mag auch die alltägliche Art der Geschichten. Der oben genannte Briefschreiber ist kein angesagter Hedgefonds-Manager. Er ist ein ganz normaler Mensch, der eine Aktie gehalten hat.

Hier eine weitere Geschichte:

Ich interessiere mich sehr für das Kaffeedosen-Szenario, weil es meiner persönlichen Erfahrung nach die einzige Möglichkeit ist, wirklich Geld zu verdienen.
Ich habe im Laufe der Jahre zwei Treffer gelandet und einen großen Fehlschlag erlitten, die Investitionen vom Typ Kaffeedose gewesen wären.

Mein erster Treffer war eine Investition von 200 Aktien in ein kleines Start-up-Unternehmens namens Micros Systems. Ich habe 1,30 Dollar für die Aktien bezahlt. Das Unternehmen wuchs und teilte sich mehrmals, seit ich es 1981 oder 82 gekauft hatte, und wurde letztes Jahr von einem großen Technologieunternehmen aufgekauft. Ich erhielt 54.000 Dollar für meine Aktien.

Der zweite Treffer waren Aktien von General Electric im Wert von 3.500 Dollar. ... Ich war drei Jahre lang Angestellter und investierte über Lohnabzüge, die GE verdoppelte. Diese Investition wuchs auf über 125.000 Dollar an. ... Das Entscheidende war, zu kaufen und es dabei zu belassen.

Der einzige große Fehler war Teléfonos de México. Im Jahr 82 kaufte ich 600 Aktien davon und verkaufte sie, als sie sich

> verdoppelten. Das war ein großer Fehler. Wenn ich sie in Ruhe gelassen hätte, nun ja …

Man sollte meinen, dass diese Strategie mehr Anklang findet, als sie es tatsächlich tut. Denn wer will schon einen Großteil seiner Zeit damit verbringen, auf Tickersymbole zu schauen, ängstlich blinkende Lichter auf einem Bildschirm zu beobachten und das Auf und Ab des Marktes zu verfolgen?

Es scheint mir besser zu sein, zu wissen, was man besitzt, und es dann auch wirklich zu besitzen, so wie man es mit einem Mietobjekt tun würde. Dann können Sie Ihr Leben weiterleben, ohne sich über den täglichen oder monatlichen Wert Ihres Portfolios den Kopf zu zerbrechen.

Die folgende Geschichte greift einen wichtigen Aspekt des Themas 100-Bagger auf:

> In Bezug auf die 100-Bagger dachte ich, Sie wären vielleicht an meiner einzigen Erfahrung mit einem 100-Bagger interessiert. 1987 habe ich zu gleichen Teilen in zehn Hightech- oder Biotech-Unternehmen investiert, die eine fabelhafte Investment-Story hatten und die, wenn sie ihre Produkte oder Software tatsächlich auf den Markt bringen könnten, große Gewinner sein würden. Ich habe versucht, sie einigermaßen klug auszuwählen, aber neun der zehn sind komplett untergegangen, und das in einer relativ kurzen Zeit. Es gab unzählige Probleme, aber die meisten hatten mit der Unterkapitalisierung zu tun. Die zehnte Aktie, ein Start-up namens Amgen, war ein Volltreffer und machte nicht nur die anderen neun Gesamtverluste wett, sondern brachte auch das 800-Fache meiner Gesamtinvestition ein, bevor ich sie verkaufen musste, um meine Kinder 94 aufs College zu schicken. Ich wünschte, ich hätte sie noch.
>
> Zwei Dinge sind für mich wichtig: Sie müssen eine spannende Story auswählen (oder eine Führungspersönlichkeit oder ein Land

> oder ...) und Sie müssen Geld einsetzen, dessen Verlust Sie sich leisten können, denn Sie müssen bereit sein, alles zu riskieren. Wirklich alles.

Das ist ein guter Punkt, den man wiederholen sollte. Mit einer Kaffeedose können Sie bei einer einzigen Position möglicherweise alles verlieren. Die Idee ist jedoch, dass die Rendite des gesamten Kaffeedosen-Portfolios solche Katastrophen mehr als wettmacht.

Ich empfehle Ihnen, mit Ihrer Kaffeedose kein Start-up-Risiko einzugehen. Ich würde mich an etablierte Unternehmen halten, die eine lange Wachstumsphase vor sich haben und in der Lage sind, ihr Kapital mit einer hohen Rate zu vermehren.

Da Sie nun wissen, dass Sie langfristig halten sollten, lassen Sie uns nun überlegen, in welche Art von Aktien Sie investieren wollen. Schauen wir uns die 100-Bagger an.

KAPITEL 4

STUDIEN ÜBER 100-BAGGER

Neben dem ausgezeichneten Buch von Phelps gibt es eine Reihe von weiteren Studien über 100-Bagger. Ich weiß nicht, ob ich alle gefunden habe, aber ein paar habe ich gefunden. Zumindest bei zwei von ihnen war Phelps eine Inspiration.

Es gibt natürlich unzählige Studien über Aktien, die sich besser entwickeln als andere. Aber hier konzentriere ich mich speziell auf die 100-Bagger oder ähnliche Phänomene.

Ich möchte einige davon hervorheben, weil sie eine gute Grundlage für die folgenden Ausführungen bilden. Und viele der hier aufgedeckten Grundsätze werde ich später noch erläutern. Nur wenige Wege führen zu 100-Baggern, und diese Wegbereiter – darunter auch Phelps selbst – haben dazu beigetragen, das Gebiet abzustecken.

Tonys 100-Bagger

Ein Kollege namens Tony von TS Analysis veröffentlichte eine informelle 15-seitige Studie mit dem Titel „An Analysis of 100-Baggers“. Sie können sie kostenlos online finden. „Ich bin kein Anlageberater oder Finanzanalyst“, schreibt Tony, „nur ein Typ, der gern Aktien analysiert.“

Er hat sich 19 solcher 100-Bagger angesehen. Dann zog er vier Schlussfolgerungen, die ich im Folgenden wiedergebe:

- Die stärksten Kursschwankungen traten in der Regel in längeren Phasen steigender Gewinne auf, die mit einem Anstieg des Kurs-Gewinn-Verhältnisses einhergingen.
- Diese Perioden der KGV-Expansion scheinen oft mit Perioden des beschleunigten Gewinnwachstums zusammenzufallen.
- Einige der attraktivsten Gelegenheiten bieten sich bei angeschlagenen, vergessenen Aktien, die vielleicht nach Jahren der Verluste wieder in die Gewinnzone zurückkehren.
- In solchen Zeiten des schnellen Kursanstiegs können die Aktienkurse hohe Kurs-Gewinn-Verhältnisse erreichen. Das sollte einen nicht unbedingt davon abhalten, die Aktie weiter zu halten.

Hansen Natural (jetzt Monster Beverage) ist ein klassisches Beispiel für diese Punkte.

Tony zeigte, wie die Gewinnwachstumsraten von einem negativen Wert im Jahr 2001 auf null Prozent im Jahr 2002 stiegen. Von da an stiegen die Erträge vierteljährlich um 20 Prozent, 40 Prozent und dann um 100 Prozent. Im Jahr 2004 beschleunigte sich das vierteljährliche Gewinnwachstum auf 120 Prozent, dann auf 150 Prozent, 170 Prozent und schließlich auf 220 Prozent im vierten Quartal.

In der Zwischenzeit hatte sich auch das Kurs-Gewinn-Verhältnis erhöht. Im Jahr 2001 lag der Gewinn bei nur vier Cent pro Aktie und das KGV der Aktie bei 10. Im Jahr 2006 lag der Gewinn bei etwa einem Dollar pro Aktie und das KGV bei 50.

Überlegen Sie sich das. Die Erträge stiegen um das 25-Fache, aber da der Markt diese Erträge mit einem höheren Multiplikator bewertete, stiegen die Aktien um das 125-Fache. (Wir werden uns im nächsten Kapitel ausführlicher mit Monster Beverage befassen.)

Wachstum, Wachstum und noch mehr Wachstum sind die Antriebskräfte dieser großen Unternehmen.

Auf der Website des Microcap Club wurde kürzlich von Chip Maloney eine gute Fallstudie über einen 100-Bagger veröffentlicht. Sie veranschaulicht Tonys Grundsätze und es lohnt sich, sich ein wenig mit ihr zu beschäftigen. Maloney prüfte MTY Foods, einen kanadischen Franchisegeber von Schnellrestaurants wie Thai Express, Extreme Pita und TCBY.

Im Jahr 2003 hatte MTY Foods eine Marktkapitalisierung von fünf Millionen Dollar. Jeder Dollar, der damals in MTY Foods investiert wurde, war im Jahr 2013 100 Dollar wert. Die Frage, die Maloney stellt, habe ich mir beim Schreiben dieses Buches auch immer wieder gestellt: Wie wurde dieser 100-Bagger eigentlich zu einem 100-Bagger?

In diesem Fall beginnt die Geschichte mit Stanley Ma, der im Jahr 2003 Präsident des Unternehmens wurde. MTY hatte ein Fast-Food-Franchising-Geschäft. Und Ma „war der Unternehmer, der 1987 als Neueinwanderer in Kanada das allererste Restaurantkonzept des Unternehmens, Tiki Ming – Chinese Cuisine, ins Leben rief“.

Das Bemerkenswerteste daran ist, dass Ma 20 Prozent des Unternehmens kaufte, als er Präsident wurde. Insgesamt besaß er 29 Prozent des Unternehmens. Als Eigentümer-Unternehmer wollte er die Aktie zum Laufen bringen.

Maloney führt eine Reihe von Gründen an, warum MTY erfolgreich war. Es beginnt mit Ma. Aber auch auf vielen anderen Ebenen zeigte sich eine bemerkenswerte Entwicklung. Hier sind einige Attribute, die ich aus Maloneys ausführlicherer Liste ausgewählt habe:

- Die Aktie wurde für das Zweifache des voraussichtlichen Gewinns gehandelt (billig!).
- Das Geschäft war ein Goldesel mit einer Bruttomarge von 70 Prozent.
- Großes Potenzial – MTY war nur ein winziger Teil der Fast-Food-Industrie.

Ma erschuf neue Restaurantkonzepte (insgesamt 5) und kaufte andere (19). Die Namen und Details sind nicht wichtig. Wichtig ist, dass MTY mit diesen neuen und übernommenen Konzepten die Zahl der Standorte erhöhen konnte. Diese Unternehmen erwirtschafteten hohe Gewinne. Die Entnahme dieser Gewinne und ihre Reinvestition schufen also ein Schwungrad schnell wachsender Umsätze und Erträge. Die Tabelle auf der nächsten Seite, „MTYs Weg zum begehrten 100-Bagger-Status", zeigt dies deutlich.

Maloney macht hier eine interessante Beobachtung:

Der Gewinn pro Aktie stieg um das 12,4-Fache. Aber wenn das Unternehmen seinen Gewinn nur um das 12,4-Fache steigern konnte, wie konnte die Aktie dann um das 100-Fache wachsen? Die Antwort liegt in der Entwicklung des Kurs-Gewinn-Verhältnisses (KGV). Die Anleger zahlten für MTY etwa das 3,5-Fache des Gewinns, als das Unternehmen 2003 zum Sterben zurückgelassen wurde. Im Jahr 2013 zahlten sie das optimistischere 26-Fache des Gewinns.

MTYs Weg zum begehrten 100-Bagger-Status

	Einnahmen (Mio. Dollar)	EPS	Anzahl der Standorte	Aktienkurs
2003	11,50 $	0,10 $	260	0,34 $
2004	15,50 $	0,19 $	420	2,50 $
2005	18,62 $	0,27 $	527	3,85 $
2006	22,40 $	0,33 $	784	6,40 $
2007	30,53 $	0,48 $	825	12,63 $
2008	34,24 $	0,52 $	1.023	7,34 $
2009	51,50 $	0,64 $	1.570	9,15 $
2010	66,90 $	0,81 $	1.727	14,40 $
2011	78,50 $	0,84 $	2.263	15,30 $
2012	96,20 $	1,15 $	2.199	22,25 $
2013	101,40 $	1,34 $	2.590	34,34 $
Wachstum	7,8 x	12,4 x	9 x	100 x

Also noch einmal: Sie brauchen ein enormes Ertragswachstum. Aber erst die Kombination aus steigenden Gewinnen und einem höheren Multiplikator auf diese Gewinne führt zu langfristig explosiven Renditen. Und in diesem Fall war der Zeitraum gar nicht so lang – nur zehn Jahre.

Ich bezeichne diese beiden Faktoren – Gewinnwachstum und ein höherer Multiplikator auf diese Gewinne – als die „Zwillingsmotoren" der 100-Bagger. Wir werden noch einmal auf diesen Punkt zurückkommen.

MICRO CAPS UND 100-BAGGER

Nach der üblichen Definition ist ein Micro Cap eine Aktie mit einer Marktkapitalisierung von weniger als 300 Millionen Dollar. Micro Caps dominieren den Markt in Bezug auf die Anzahl der Aktien. In den Vereinigten Staaten gibt es etwa 16.000 öffentlich gehandelte Aktien. Etwa 7.360 liegen unter 500 Millionen Dollar.

Im Folgenden wird die Aufteilung der Marktkapitalisierungen aus dem Buch „Microcap Superstars" von Dave Gentry dargestellt:

- 7.360 unter 500 Millionen Dollar
- 6.622 unter 250 Millionen Dollar
- 5.713 unter 100 Millionen Dollar
- 5.053 unter 50 Millionen Dollar

Das bedeutet, dass mindestens 40 Prozent der Unternehmen auf dem Markt Micro Caps sind. Das ist ein riesiges Gebiet, das es zu erkunden gilt. Und dort irgendwo befinden sich die großen Unternehmen von morgen. Ich sage das Offensichtliche, aber viele große Unternehmen haben klein angefangen. Gentry nennt unter anderem die folgenden:

- Starbucks begann 1971 in Seattle mit einem kleinen Laden, in dem Kaffeebohnen verkauft wurden, und ist heute 76 Milliarden Dollar an der Börse wert.
- Apple begann 1976 in einer Garage mit einer Investition von 10.000 Dollar und ist heute 766 Milliarden Dollar wert.
- Subway begann mit einem einzigen Sandwichladen in Bridgeport, CT, und einer Investition von 1.000 Dollar – und erzielt heute an über 35.000 Standorten einen Umsatz von über neun Milliarden Dollar.

Sie verstehen, was ich meine. Kleine Unternehmen können auf das 10- oder 20-Fache wachsen und trotzdem klein bleiben. Sie können sogar 100-Bagger werden. Im Gegensatz dazu hat Apple heute eine Marktkapitalisierung von 766 Milliarden Dollar. Wir können davon ausgehen, dass es nicht um das 10- oder 20-Fache und schon gar nicht um das 100-Fache steigen wird.

Die Alchemie hinter den 100-Baggern

Ich konzentriere mich auf den US-Markt, aber ich habe mich gefragt, wie eine solche Studie auf anderen Märkten aussehen könnte.

Glücklicherweise gibt es eine solche Studie. Eine Firma namens Motilal Oswal hat eine Studie über 100-Bagger in Indien erstellt. Die Autoren des im Dezember 2014 veröffentlichten Berichts haben sich ebenfalls von Phelps' Arbeit inspirieren lassen und ihm ihren Bericht gewidmet.

Es ist ein schöner Bericht, und er enthält viel Weisheit. „Nur sehr wenige Anleger können sich vorstellen, dass sich ihre Aktieninvestition um das 100-Fache vervielfacht“, schreiben sie. „Noch weniger erleben tatsächlich einen 100-fachen Anstieg des Preises ihrer Aktie(n). Der Grund dafür ist, dass ein solcher 100-facher Anstieg länger als drei, fünf oder sogar zehn Jahre dauern kann. Und das Halten von Aktien über diesen Zeitraum hinaus erfordert Geduld.“

Das stimmt, wie Sie inzwischen wissen. In diesem Diagramm sind die Renditen und die Jahre, die für das Erreichen des 100-Bagger-Status erforderlich sind, übersichtlich dargestellt.

Erforderliche Jahre für einen 100-fachen Anstieg bei unterschiedlichen Raten

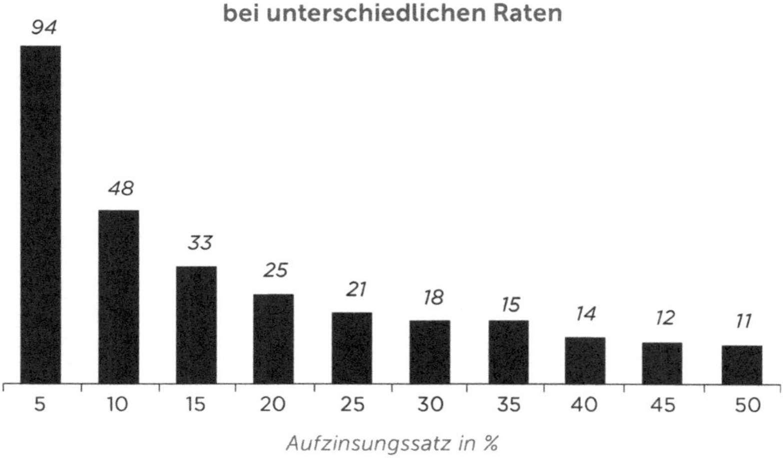

Man muss eine Aktie nicht 20 Jahre lang halten, um einen 100-Bagger zu bekommen. Aber die Idee ist, Ihnen die Macht des langfristigen Zinseszinseffekts zu zeigen. Um diese Kraft nutzbar zu machen, braucht es einige Zeit.

Die Oswal-Studie ergab, dass es in Indien in den letzten 20 Jahren 47 dauerhafte 100-Bagger gab. Sie schloss flüchtige, blasenartige Aktien aus. Schockierend ist, dass der indische Aktienmarkt als Ganzes im Vergleich zu 1979 eine 100-fache Steigerung aufweist. „Der BSE Sensex hat eine Basis von 100 für das Jahr 1979", heißt es im Oswal-Bericht. „Der Sensex erreichte im Februar 2006 erstmals die Marke von 10.000 Punkten." Das ist eine 100-fache Steigerung in 27 Jahren oder 19 Prozent jährlich. Während ich dies schreibe, steht der Sensex bei 27.000.

Am interessantesten finde ich die Schlussfolgerungen von Oswal.

Schließlich geht es hier darum, die Erkenntnisse aus der Studie zu nutzen, um heute 100-Bagger zu finden. Auf der Grundlage meiner Arbeit (und der von Phelps) fällt es leicht, Oswal zuzustimmen, wenn sie schreiben, der wichtigste Faktor sei „WACHSTUM in all seinen Dimensionen – Umsatz, Marge und Bewertung".

Die meisten 100-Bagger hatten in diesen Bereichen enorme Wachstumskurven. Die Untersuchung von 100-Baggern läuft also auf eine Untersuchung des Wachstums hinaus: Was verursacht das Wachstum? Und wie hält das Wachstum an, bis die Aktie schließlich als 100-Bagger bezeichnet werden kann? Wie die Grafik zeigt, erreicht man dieses Ziel bei einer jährlichen Rendite von 21 Prozent in etwa 25 Jahren. (Das ist ungefähr der Durchschnitt der 100-Bagger in meiner Studie.)

Aber es gibt auch noch andere Faktoren. „Unsere Analyse der 100x-Aktien legt nahe, dass ihre Essenz in der Alchemie von fünf Elementen liegt, die das Akronym SQGLP bilden", schrieben sie:

- S – Die Größe (Size) ist klein.
- Q – Die Qualität sowohl des Unternehmens als auch des Managements ist hoch.

- G – Das Wachstum (Growth) der Erträge ist hoch.
- L – Langlebigkeit sowohl in Q als auch in G
- P – Der Preis verspricht gute Renditen.

Die meisten dieser Elemente sind recht objektiv, mit Ausnahme der Bewertung des Managements. „Letztendlich ist allein das Management der Alchimist der 100-Bagger", so die Schlussfolgerung. „Und diejenigen, die die Kunst der Bewertung des Alchemisten beherrschen, werden von der Börse mit Gold belohnt."

Das ist einer der Gründe, warum ich mich auf Menschen konzentriere, worauf wir in einem späteren Kapitel noch näher eingehen werden. Wenn Sie in Spitzenunternehmer und inhabergeführte Firmen investieren, haben Sie einen großen Vorteil. Und wenn Sie dieses Talent mit den anderen Elementen mischen, sind Sie auf dem besten Weg zu großen Erträgen, wenn nicht sogar zu einem 100-fachen Gewinn.

Den 48-seitigen Bericht über die indischen 100-Bagger können Sie kostenlos online abrufen. Suchen Sie einfach nach „Motilal Oswal 100x" und Sie werden sofort fündig.

Martellis 10-Baggers

Eine weitere Studie, die mir von ihrem Autor zugesandt wurde, ist eine 45-seitige Präsentation mit dem Titel „10x Return Stocks in the Last 15 Years" von Kevin Martelli von Martek Partners. Martelli präsentierte sie auf dem Value-Investing-Seminar in Trani, Italien, am 17. und 18. Juli 2014.

Obwohl er sich nicht auf 100-Bagger konzentriert, fand er seine Inspiration an der gleichen Stelle wie ich: in Thomas Phelps' Buch „100 to 1 in the Stock Market". Martelli zitierte George F. Baker (1840–1931), der in Phelps' Buch erwähnt wird und die Idee zusammenfasst:

> Um mit Aktien Geld zu verdienen, muss man „den Weitblick haben, sie zu sehen, den Mut, sie zu kaufen, und die Geduld, sie zu halten". Laut Phelps ist „Geduld die seltenste der drei Eigenschaften".

Die Studie von Martelli untersuchte, wie der Titel schon sagt, die 10-Bagger der letzten 15 Jahre. Er sichtete rund 21.000 börsennotierte Unternehmen mit einer Marktkapitalisierung von mindestens 100 Millionen US-Dollar.

In dieser Stichprobe entdeckte er 3.795 Aktien (18 Prozent der ursprünglichen Stichprobe), die eine 10-fache Rendite erzielten.

Er fand, wie auch ich, dass viele unberechenbar waren. Also wählte er „mit einem hohen Maß an Subjektivität" eine Stichprobe von „100 vorhersehbaren Multibagger-Aktien aus, bei denen ein rationaler und langfristig orientierter Anleger eine ‚vernünftige Chance' hätte, sie zu identifizieren, zu kaufen und langfristig zu halten".

Es ist eine gute Studie. Einige Schlussfolgerungen:

- Es gibt keine Zauberformel, um langfristige Multibagger zu finden.
- Ein niedriger Einstiegspreis im Verhältnis zum langfristigen Gewinnpotenzial des Unternehmens ist entscheidend.
- Klein ist gut: 68 Prozent der Multibagger in der ausgewählten Stichprobe wurden zu ihrem Tiefststand mit einer Marktkapitalisierung von weniger als 300 Millionen Dollar gehandelt. (Es waren Micro Caps.)
- Um gute Aktien zu kaufen, hat man oft viel Zeit.
- Geduld ist entscheidend.

Ich möchte hinzufügen, dass viele der von ihm ausgewählten Aktien über Top-Management-Teams verfügten, die gute Entscheidungen darüber trafen, wie die Unternehmensressourcen investiert werden sollten. Oft war ein Großaktionär oder ein Unternehmensgründer beteiligt. Mit deren Hilfe kann das Unternehmen die Wachstumshürde überwinden.

Ein interessantes Beispiel hierfür ist AutoZone. In Martellis Studie war es ein 24-Bagger, obwohl es nur ein geringes Wachstum von zwei bis fünf Prozent verzeichnete. Dennoch kaufte AutoZone riesige Mengen an Aktien zurück, was ein jährliches Wachstum des Gewinns pro Aktie von 25 Prozent ermöglichte.

Mit diesem Thema werden wir uns in Kapitel 11 näher befassen.

Heisermans Ertragstreppe

Eine weitere Studie stammt von Hewitt Heiserman Jr. und trägt den Titel „Ben Graham and the Growth Investor“. Heiserman übermittelte mir seine 50 Folien umfassende Präsentation. Er begann damit, dass er die Attraktivität einer Investition in einen starken Wachstumswert und das Halten der Investition hervorhob. Einige Vorteile dieser Strategie sind die folgenden:

- Sie können Kapitalgewinne aufschieben.
- Sie können weniger handeln.
- Sie müssen sich keine Gedanken über das „Timing“ machen.

Heisermans Studie ist keine 100-Bagger-Studie, sein Schwerpunkt liegt stattdessen auf Wachstumswerten, die zu Multibaggern wurden.

Aber was ist mit all den Studien, die zeigen, dass Value-Investitionen besser sind als Growth-Investitionen?

Nun, das liegt an den Fallstricken. Ein offensichtlicher Fallstrick ist, dass Anleger oft zu viel für Wachstum bezahlen. Man könnte meinen, dass man sich bei 100-Baggern keine Gedanken über den Preis machen muss, den man zahlt. Ein einfaches Gedankenexperiment zeigt jedoch, dass dies nicht ganz richtig ist.

Nehmen wir an, wir haben zwei Unternehmen, A und B. Beide beginnen mit einem Gewinn von einem Dollar pro Aktie. Beide werden in ihrem 20. Jahr einen Gewinn von 20 Dollar pro Aktie erzielen. Und nehmen wir an, am Ende des 10. Jahres werden beide Aktien für 500 Dollar pro Aktie gehandelt, was dem 25-Fachen des Gewinns entspricht.

Nehmen wir an, Sie können A im ersten Jahr für das Fünffache des Gewinns oder fünf Dollar pro Aktie kaufen. Und B können Sie für das 50-Fache des Gewinns kaufen, also für 50 Dollar. Nach 20 Jahren haben Sie mit A einen 100-Bagger. Die Erträge sind um das 20-Fache und das Kurs-Gewinn-Verhältnis um das 5-Fache gestiegen. Mit dieser Kombination erhalten Sie einen 100-Bagger.

B wird nach 20 Jahren ein 10-Bagger sein. Das ist nicht schlecht, aber viel schlechter als ein 100-Bagger. Eine Investition von 10.000 Dollar in A wird sich nach 20 Jahren in eine Million Dollar verwandeln. Eine Investition von 10.000 Dollar in B wird zu 100.000 Dollar.

Es scheint also zwar so, dass der gezahlte Preis keine Rolle spielt. Sicherlich würden sich nur wenige über einen 10-Bagger beschweren. Die wirklich große Rendite wird jedoch erzielt, wenn sowohl das Ertragswachstum als auch ein steigender Multiplikator gegeben sind. Idealerweise sollten beide für Sie arbeiten.

Mein Gedankenexperiment mag extrem sein, aber es soll verdeutlichen, dass man nicht einfach wahllos teure Wachstumsaktien kaufen und erwarten kann, dass man damit 100-fache Gewinne erzielt.

Ein weiterer Fallstrick ist, dass die Einnahmen für sich genommen viele Einschränkungen aufweisen. Heiserman zeigt das Folgende:

1. Bei den Erträgen werden die Investitionen in das *Anlagevermögen* nicht berücksichtigt, das heißt, wenn die Investitionsausgaben höher sind als die Abschreibungen, wird der Nettomittelabfluss nicht berücksichtigt.
2. Bei den Erträgen werden die Investitionen in das Betriebskapital nicht berücksichtigt. Wenn also Forderungen und Vorräte

schneller wachsen als Verbindlichkeiten und antizipative Passiva, wird der Nettomittelabfluss nicht berücksichtigt.

3. *Immaterielle wachstumsfördernde Initiativen* wie F&E, Werbung und Mitarbeiterschulungen sind Ausgaben (das heißt keine Investitionen), auch wenn der Nutzen über mehrere Rechnungsperioden anhält.
4. Das *Eigenkapital* ist kostenlos, obwohl die Eigentümer Opportunitätskosten tragen müssen. (Mit anderen Worten: Unternehmen können 50 Dollar ausgeben, um einen Dollar an Einnahmen zu erzielen. Wenn Sie nur auf den Gewinn pro Aktie schauen, werden Sie die Kosten für die Erzielung dieses Gewinns ignorieren.)

Der Punkt ist, dass man sich nicht nur auf die Einnahmen konzentrieren kann.

Ich möchte in diesem Buch nicht auf die Einzelheiten der Buchhaltung und der Wertpapieranalyse eingehen. Zum einen gibt es viele grundlegende Bücher, in denen Sie lernen können, warum das oben Gesagte wahr ist. Phelps empfahl Benjamin Grahams und David Dodds „Die Geheimnisse der Wertpapieranalyse“ für diejenigen, die ein Lehrbuch zur Wertpapieranalyse suchen. Und 43 Jahre später ist diese Empfehlung immer noch gut. Zum anderen geht es bei der Suche nach 100-Baggern nicht um die Wertpapieranalyse an sich.

Die konzeptionelle Kraft ist wichtiger. Keine noch so gute Wertpapieranalyse kann Ihnen sagen, dass eine Aktie ein 100-Bagger sein kann. Es braucht Visionen und Vorstellungskraft und einen vorausschauenden Blick dafür, was ein Unternehmen erreichen und wie groß es werden kann. Investieren ist eine reduktionistische Kunst, und derjenige, der die Dinge auf das Wesentliche reduzieren kann, gewinnt.

Die Wertpapieranalyse kann die Blindgänger aussortieren – jene Unternehmen, die keinen Wert schaffen, obwohl sie ein großes

Gewinnwachstum aufweisen. Im weiteren Verlauf des Buches werde ich Anregungen für die Lösung dieser Probleme anbieten.

Aber lassen Sie uns auf Heiserman zurückkommen. Heiserman fand eine Reihe großartiger Beispiele für Multibagger. Es liest sich wie eine „Greatest Hits“-Sammlung der Börse: Microsoft, Cisco, Dell, Chico's, Google, Paychex, Hansen und andere.

Er sagt, dass die Erträge immer höher zu steigen scheinen – wie auf einer Treppe.

All diese Studien zeigen uns, dass frühere Multibagger lange Zeit ein starkes Wachstum verzeichneten.

Im nächsten Kapitel werden wir uns ansehen, was ich herausgefunden habe, als ich mir die Daten der 100-Bagger aus den Jahren 1962 bis 2014 ansah.

KAPITEL 5

DIE 100-BAGGER DER LETZTEN 50 JAHRE

An diesem Punkt unserer Studie haben wir bereits viel gelernt. Ich habe Sie mit dem bemerkenswerten Thomas Phelps und einigen seiner Weisheiten und Ideen bekannt gemacht. Sie haben auch gesehen, wie gewöhnliche Menschen die hohen Renditen eines 100-Baggers erreichen können, indem sie einfach gute Aktien halten. Und wir haben die Grundzüge eines 100-Baggers skizziert.

Ein 100-Bagger ist das Ergebnis von Zeit und Wachstum. Um einen 100-Bagger zu erzielen, müssen Sie eine Qualitätsaktie mehrere Jahre lang halten. Ich betone gern die harte mathematische Realität, wenn es darum geht, 10.000 Dollar in eine Million Dollar zu verwandeln. Es gibt noch eine weitere Tatsache, die Sie über das Muster der 100-Bagger-Renditen wissen sollten.

Wenn Sie eine Aktie kaufen, die 25 Jahre lang eine jährliche Rendite von etwa 20 Prozent abwirft, erhalten Sie Ihren 100-Bagger. Wenn

Sie aber im 20. Jahr verkaufen, erhalten Sie „nur" einen etwa 40-Bagger – vor Steuern. Die letzten fünf Jahre werden Ihre Gesamtrendite mehr als verdoppeln (vorausgesetzt die jährliche Rendite bleibt konstant). Sie müssen also warten.

Das soll Sie nicht entmutigen. Sie können auch in weniger als 20 Jahren hohe Renditen erzielen. Aber ich möchte Sie dazu motivieren, groß zu denken.

Nebenbei bemerkt ist das Halten die steuereffizienteste Art zu investieren, da Sie keine Steuern auf etwaige Gewinne zahlen – stattdessen können Sie die Gewinne steuerfrei vermehren. Nehmen wir ein Beispiel von Chuck Akre, den ich im ersten Kapitel erwähnt habe.

Nehmen wir an, Mr. Jones und Mr. Smith investieren 1977 jeweils eine Million Dollar in Berkshire Hathaway – eine superstarke Aktie, der in diesem Buch mit Kapitel 9 ein eigenes Kapitel gewidmet ist. Weiter nehmen wir an, dass Jones seine Gewinne einfahren möchte. Also verkauft er die Aktien, nur um sie am nächsten Tag wieder zu kaufen. Nehmen wir an, Jones hat eine kombinierte Steuerschuld von 33 Prozent auf Bundes- und Staatsebene. Smith hingegen lässt die Aktie laufen.

Nach 18 Jahren verkaufen beide ihre Anteile endgültig und zahlen ihre Steuern. Smith hat jetzt 3,4-mal mehr als Jones. Steuern sind wichtig, und 100-Bagger-Investitionen sind steuereffizient.

Also zurück zu den 100-Baggern.

Denken Sie daran, dass Sie Wachstum brauchen – und zwar viel davon –, eine Tatsache, die ich immer wieder wiederholen werde. Wie wir gesehen haben, braucht man es idealerweise sowohl in Bezug auf die Größe des Unternehmens als auch auf den Multiplikator, mit dem der Markt die Aktie bewertet – die Zwillingsmotoren, wie ich sie nenne.

Das bedeutet, dass Sie keine Versorger-Aktien oder große, reife Unternehmen wie McDonald's, Walmart oder IBM kaufen und in nächster Zeit (wenn überhaupt) mit einem 100-Bagger rechnen können. Um herauszufinden, was zu einem 100-Bagger wird, muss man sowohl gut wissen, was man nicht kaufen sollte, als auch, was man kaufen sollte. Das Spektrum dessen, was nicht funktionieren wird, ist groß. Wenn Sie große Teile dieses Spektrums eliminieren, wird Ihre Suche nach 100-Baggern einfacher.

Auf dieser Grundlage sind wir nun bereit, die 100-Bagger der letzten 50 Jahre zu betrachten – eigentlich 52 Jahre, aber 50 klingt schöner –, und wir können die schwierige Frage beantworten: „Wie können wir die nächsten 100-Bagger finden?"

Beginnen wir mit einigen wichtigen Informationen über die 365 100-Bagger, die ich anhand der Daten von Compustat (die bis ins Jahr 1962 zurückreichen) ausfindig gemacht habe.

Das Erste, was ich Ihnen zeigen möchte, ist die enorme Vielfalt der Namen. (Die gesamte Liste und die Gesamtrenditen der Unternehmen finden Sie im Anhang.) Hier finden Sie zum Beispiel die zehn besten Performer:

Unternehmen	Datum	Gesamtrendite	Jahre bis zum 100-Bagger
Berkshire Hathaway	30.9.1965	18.261	19,0
Kansas City Southern	31.12.1972	16.931	18,2
Altria Group Inc	31.12.1962	15.120	24,2
Walmart Stores Inc	31.10.1970	12.382	12,5
Hollyfrontier Corp	31.10.1966	12.279	21,2
Franklin Resources Inc	31.12.1981	11.363	4,2
Forest Laboratories-CL A	31.12.1972	7.874	11,5
TJX Companies Inc	31.10.1962	6.946	28,5
Southwest Airlines	31.12.1971	5.478	9,5
Newmarket Corp	31.12.1962	5.077	22,8

Berkshire ist eine Kategorie für sich, und wir werden uns in Kapitel 9 näher damit befassen.

Kansas City Southern ist eine Eisenbahngesellschaft. Sie ist seit 1974 um mehr als das 16.000-Fache gestiegen. Aus einer Investition von

10.000 Dollar wurden dort in 40 Jahren 160 Millionen Dollar. Ich hätte nie gedacht, dass eine Eisenbahn-Aktie so weit oben auf dieser Liste auftauchen würde. Die fünfte Aktie auf der Liste ist ein Öl- und Gasunternehmen, das jetzt hauptsächlich als Raffinerieunternehmen tätig ist. Es ist ein 12.000-Bagger.

Einige der anderen Namen sind nicht so überraschend. Walmart ist eine Aktie, die Sie sich wahrscheinlich schon denken konnten. Und denken Sie daran, das ist nur die Spitze. Es gibt 365 Aktien, die seit 1962 unsere 100-Bagger-Schwelle erreicht haben.

Das Vorkommen von 100-Baggern scheint an keine bestimmte Branche gebunden zu sein. So finden sich hier Einzelhändler, Getränkehersteller, Lebensmittelverarbeiter, Technologieunternehmen und viele andere Unternehmensbereiche. Das Einzige, was sie gemeinsam zu haben scheinen, ist der Gegenstand der Studie: Sie ergaben eine Rendite von mindestens 100 zu 1.

Es lohnt sich auch, die Größe dieser Unternehmen zu Beginn ihres Aufstiegs zu berücksichtigen. Wie ich bereits sagte, zögere ich, aus den Statistiken Verallgemeinerungen zu ziehen. Und deshalb konzentriere ich mich mehr auf anekdotische Beweise und die Ideen oder Theorien hinter den 100-Baggern. Nach dieser Warnung füge ich hinzu, dass der Median des Umsatzes für die 365 Namen zu Beginn bei etwa 170 Millionen Dollar und die durchschnittliche Marktkapitalisierung bei etwa 500 Millionen Dollar lag.

Das ist in zweierlei Hinsicht interessant: Erstens räumt es mit dem Mythos auf, dass man mit winzigen Unternehmen beginnen müsse, um einen 100-Bagger zu bekommen. Es stimmt, es sind kleine Unternehmen. Aber ein Umsatz von 170 Millionen Dollar ist in jeder Zeit ein beachtliches Ergebnis. Es handelt sich nicht um winzige 50-Cent-Aktien, die keine oder kaum Einnahmen erzielen.

Zweitens implizieren diese Zahlen ein durchschnittliches Preis-Umsatz-Verhältnis von fast 3, was in keiner Weise klassisch günstig ist. Wenn man diese 100-Bagger durchgeht, findet man Aktien, die billig aussehen, aber noch häufiger findet man Aktien, die *allein aufgrund der vergangenen Ergebnisse* nicht billig erscheinen.

Sie müssen also nach vorn schauen, um 100-Bagger zu finden. Man muss seinen Verstand trainieren, nach vielversprechenden Ideen Ausschau zu halten und darüber nachzudenken, wie groß ein Unternehmen werden könnte. Das bedeutet nicht, dass man einen riesigen Markt ansprechen muss, auch wenn das hilfreich ist. Auch ein kleines Unternehmen kann zu einem 100-Bagger werden, wenn es eine Nische beherrscht. Polaris stellt Schneemobile her und war ein 100-Bagger.

Trotz gelegentlicher Ausnahmen sollten Sie sich auf Unternehmen konzentrieren, die nationale oder internationale Märkte abdecken. Weitaus häufiger als Nischenunternehmen stehen Unternehmen wie Comcast, Aflac, Dollar General, ADP und Lockheed Martin auf der Liste der 100-Bagger. Diese Unternehmen beherrschen inzwischen große Bereiche, obwohl sie alle klein angefangen haben.

Im Jahr 1982 hatte Aflac einen Umsatz von nur 585 Millionen Dollar. Im Jahr 2002, als das Unternehmen bereits zu den 100-Baggern zählte, erzielte Aflac einen Umsatz von 10,2 Milliarden Dollar. Das Kurs-Umsatz-Verhältnis von Aflac stieg übrigens von etwa 1,7 auf 5,4. Es hatte also die Zwillingsmotoren: das Wachstum des Umsatzes und der Multiplikatoren. Die Umsätze stiegen um das 17-Fache und das Preis-Umsatz-Verhältnis stieg um das 3-Fache. In Kombination und unter Einbeziehung reinvestierter Dividenden haben sie die Aktie um das 100-Fache gesteigert. Selbst wenn man die Dividenden ausklammert, wurde Aflac zwei Jahre später, im Jahr 2004, zu einem 100-Bagger.

Ein weiteres interessantes Schaubild zeigt, wie lange diese Aktien gebraucht haben, um zu 100-Baggern zu werden. Die durchschnittliche Dauer betrug 26 Jahre. Das war auch der Medianwert. Ich habe hier die Daten über die Zeit bis zum 100-Bagger in 15-Jahres-Schritte aufgeteilt.

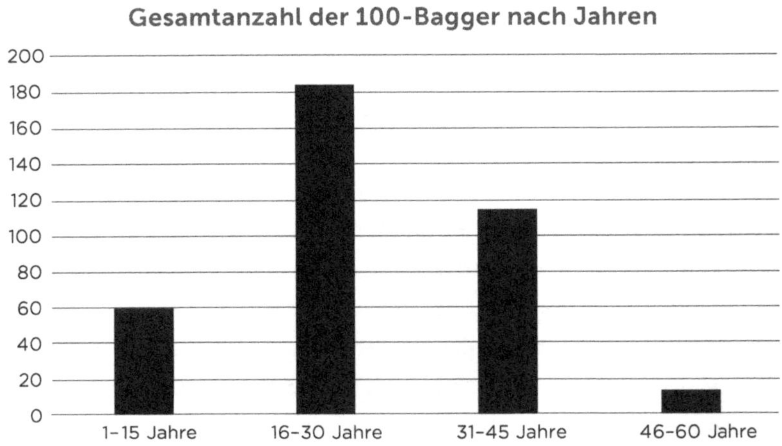

Die schnellsten 100-Bagger

Unternehmen	Jahre bis zum 100-Bagger
Franklin Resources Inc	4,2
Pharmacyclics Inc	5,0
Nexstar Broadcasting Group	5,0
Questcor Pharmaceuticals Inc	5,0
Biogen Idec Inc	5,5
Time Warner Inc	6,0
Valeant Pharmaceuticals Intl	6,5
Dell Inc	7,2
L Brands Inc	7,3
Qualcomm Inc	7,3
Cisco Systems Inc	7,3
Emc Corp/MA	7,7
Henry (Jack) & Associate	8,3
Vector Group Ltd	8,5
Edwards (A G) Inc	8,7
Hasbro Inc	9,5
Monster Beverage Corp	9,5
Southwest Airlines	9,5
Home Depot Inc	9,7
NVR Inc	9,7

Fallstudien

Schauen wir uns einige Fallstudien zu 100-Baggern an. Auf diese Weise lässt sich sehr anschaulich darstellen, was nötig war, um das 100-Fache zu erreichen.

Bei diesen Fallstudien wurde ich von den Analysten von Agora Financial unterstützt: Alejandro Lopez de Haro, Matthew Goodman (aka „Yoda“) und Thompson Clark. Sie werden sie unten kennenlernen.

Monster Beverage

Wir beginnen mit einem ausführlichen Blick auf Monster Beverage, den berühmten Hersteller von Energydrinks und anderen Getränken. Monster wurde in weniger als zehn Jahren zu einem 100-Bagger. Es erreichte diese Marke 2006 und entwickelte sich bis Ende 2014 zu einem 700-plus-Bagger.

Yoda, einer der drei oben genannten Analysten, hat eine Fallstudie über Monster erstellt. Die Geschichte beginnt mit zwei eingewanderten Unternehmern. Hilton Schlosberg und Rodney Sacks kamen aus Südafrika nach Kalifornien. Beide sollten Milliardäre werden.

Hilton und Rodney zahlten 1992 14,5 Millionen Dollar für Hansen's Natural Soda and Apple Juice, berichtet Yoda. Hansen hat eine lange Geschichte, die bis in die 1930er-Jahre zurückreicht. Was mit dem Verkauf frischer, unpasteurisierter Säfte begann, wurde ironischerweise später vom Enkel des Gründers in ein Unternehmen umgewandelt, das haltbare, pasteurisierte Säfte verkaufte.

Hansen's hatte kein Bestsellerprodukt. In weiten Teilen des Landes hatte das Unternehmen nicht einmal einen Vertrieb. Aber Hilton und Rodney wollten, dass es ein Marketing- und Markenkonzern ohne eigene Produktion wird – wie Coca-Cola. Bereits in ihrer Erklärung von 2001 wurde klargestellt, dass „sich das Unternehmen auf die Vermarktung von kohlensäurehaltigen Funktionsgetränken, insbesondere Energydrinks, konzentriert“.

„Ihre anfängliche Einführung von Hansen Energy wurde schnell populär, ging aber in Flammen auf, als Red Bull zu der Größe wurde, die wir heute kennen", schreibt Yoda. „Es ließ Hansen im Staub zurück, sorgte aber für Erkenntnisse, die später einige ihrer besten Entscheidungen hervorbringen sollten."

Zum einen beschlossen sie, ihr Angebot zu verschlanken. In den Jahren 1999 und 2000 war die Liste der Produkte, die sie im Angebot hatten, fast absurd, wie Yoda erzählt:

> Typische Limonaden in 14-Unzen-Glasflaschen, Diätdrinks in 8,2-Unzen-Dosen, 13,5-Unzen-Smoothies in Glasflaschen, 64-Unzen-Smoothies in PET-Plastikflaschen, 11,5-Unzen-Dosen mit Premium-Funktions-Smoothies, Lizenzierung von Marken und Warenzeichen, reiner Fruchtsaft in Glasflaschen, Multivitamingetränke für Kinder in aseptischen 8,45-Unzen-Verpackungen, „Goldstandard"-Grüntee in eigenen 20-Unzen-Flaschen, Lebensmittelriegel, GVO-freies Müsli etc., etc., etc. (etc.!!!)!

2002 führten sie Monster Energy ein, das sich zu einem Schwerpunkt entwickelte. Und im Jahr 2003 hieß es in einer Telefonkonferenz: „Wir haben uns in diesem Jahr bei neuen Produkten etwas zurückgehalten."

„Sie waren sehr geschickt darin, wie sie es angegangen sind", schreibt Yoda. „So enthüllte ihr Jahresbericht 2002, dass ‚in Verbindung mit der Entwicklung neuer Produkte und Geschmacksrichtungen unabhängige Lieferanten einen großen Teil der Kosten der Produktentwicklung tragen, wodurch wir in der Lage sind, neue Produkte und Geschmacksrichtungen zu relativ niedrigen Kosten zu entwickeln'."

Ohne interne Fertigung war es für sie ein Leichtes, verschiedene Produkte in unterschiedlichen Verpackungen zu testen, da sie sich nicht mit dem Zeit- und Kostenaufwand für den Betrieb einer Fabrik herumschlagen mussten. „Sie waren der festen Überzeugung, dass breit aufgestellte Marken erfolgreiche Marken sind", schreibt Yoda. „Wie sich später herausstellen sollte, war die Verpackung ein wichtiger Teil ihres Erfolgs."

Wie bereits erwähnt, hatte Hansen's einen großartigen Start mit Hansen Energy, seinem 8-Unzen-Angebot, bevor es gegen Red Bull den Kürzeren zog. Yoda entdeckte in der Gewinnmitteilung für das 4. Quartal 2003 die Antwort auf eine Frage. Die Frage lautete, ob die Anleger eine Wiederholung des Erfolgs von Monster erwarten sollten.

Das Management sagte:

> Erstens denke ich, dass wir in den letzten sieben Jahren viel gelernt haben ... Als wir mit Energydrinks anfingen, konkurrierten wir zunächst mit Red Bull. Damals war das Unternehmen so klein, dass wir wahrscheinlich nicht genug Personal und Marketing für die Marke hatten ... Im Nachhinein betrachtet hätten wir wahrscheinlich mehr investieren sollen ... [Red Bull] hat viele Jahre lang im Verhältnis zum Umsatz unverhältnismäßig viel Geld auf dem Markt ausgegeben, um die Marke zu etablieren, *und sie haben gute Arbeit geleistet*. (Hervorhebung von Yoda)

Mit der Einführung von Monster hat Hansen's seinen Fehler nicht wiederholt. Sehen Sie sich nur die Zahl der Vertriebs- und Marketingmitarbeiter an, die ab 2002 (als Monster eingeführt wurde) eingestellt wurden:

	2001	2002	2003	2004	2005	2006
Vertriebs- und Marketingmitarbeiter	66	63	114	217	363	591

„Sie gaben viel Geld für Werbeaktionen, Marketingkampagnen und Mitarbeiter im Bereich Vertrieb und Marketing aus", schreibt Yoda. „Monster und Rockstar stiegen etwa zur gleichen Zeit in die Kategorie der 16-Unzen-Getränke ein. Als einer der beiden Pioniere hat Monster diese Chance erkannt und ergriffen."

Natürlich hat Hansen's seine Zeit und sein Geld nicht „nur" für Branding, Marketing und die Einführung neuer Produkte ausgegeben. Das Unternehmen befasste sich auch intensiv mit Fragen zum Produktvertrieb und den verschiedenen Möglichkeiten, die Verbraucher zu erreichen und bei den Einzelhändlern wertvolle Regalfläche zu ergattern.

„In den Anfangsjahren wäre es in vielerlei Hinsicht angemessen, sie als Thinktank zu bezeichnen", schreibt Yoda. „Sie haben versucht, die Verbraucher auf verschiedenen Wegen zu erreichen. Für ihr Juice-Slam-Produkt sind sie eine Partnerschaft mit Costco eingegangen. Mit ihrem E2O Energy Water versuchten sie, direkt an Privatkunden zu verkaufen. Sie haben sogar das niedrigste Angebot für ein WIC-Programm [Women, Infants, and Children; ein US-amerikanisches Ernährungsprogramm für Frauen, Säuglinge und Kinder] (ähnlich wie bei Lebensmittelmarken) abgegeben, das ihnen das Exklusivrecht zur Herstellung von 100 Prozent der zugeteilten Apfelsäfte und gemischten Fruchtsäfte einräumt, die im Rahmen des Programms in WIC-zugelassenen Lebensmittelgeschäften angeboten werden."

Durch den WIC-Vertrag kamen sie in Lebensmittelgeschäfte, die die Produkte des Unternehmens zuvor nicht im Sortiment hatten. Mit anderen Worten: Er öffnete Türen für die Produkte von Hansen's und für Möglichkeiten, die Marke bekannt zu machen.

Als sie beschlossen, eine neue Energydrink-Linie, Lost Energy, auf den Markt zu bringen, experimentierten sie erneut. Anstatt über ihren regulären Vertriebsweg zu gehen, beschlossen sie, das Netzwerk von Dr. Pepper und 7 Up zu nutzen.

Sie nutzten auch die Vorteile ihrer Markenidentität. „Ihre Studien haben gezeigt, dass die Konsumenten von 16-Unzen-Energydrinks in der Regel Männer sind", schreibt Yoda. Kein Wunder angesichts der schwarzen Dose und des Designs des Buchstabens M, der aussah wie von Bärenkrallen in die Dose geritzt. Sie fanden auch heraus, dass die Verwendung von Wörtern wie „zuckerfrei" oder „Diät" zusammen mit hellen/weißen/silberfarbenen Dosen als feminin wahrgenommen wurde, so die Daten.

Als sie daher ihr Diät-Monster-Getränk einführten, behielten sie die schwarze Dose, färbten das M blau und nannten das Getränk Lo-Carb. Es war ein sofortiger Erfolg.

Ein weiterer genialer Aspekt von Monster Lo-Carb war, dass es sich viel leichter verkaufen ließ, da Monster selbst bereits sehr beliebt war. Sie fanden heraus, dass die einzige Möglichkeit, einen Regalplatz für ein zweites Produkt zu bekommen, darin besteht, dafür zu sorgen, dass das erste Produkt sehr gefragt ist. „Und ohne Regalfläche für ihre Produkte sind sie nur ein paar Leute mit Ideen", schreibt Yoda, „und einem Lager voller Getränke. Monster Lo-Carb war eine der ersten Produkteinführungen, die wirklich fast ohne Werbeunterstützung auskam."

Dies alles war Teil der Bemühungen, eine Marke zu schaffen, was bei Getränken besonders wichtig ist. All das begann sich in Form eines raschen Umsatzwachstums auszuzahlen:

	2002	2003	2004	2005	2006
Bruttoumsatz	112.885	135.655	224.098	415.417	696.322
Nettoumsatz	92.046	110.352	180.341	348.886	605.774
Anteil des Netto- vom Bruttoumsatz in %	81,54 %	81,35 %	80,47 %	83,98 %	87,00 %
Anteil des Bruttogewinns vom Nettoumsatz in %	34,80 %	39,70 %	46,30 %	52,30 %	52,30 %

„Aber es gibt einen noch aufregenderen Teil", schreibt Yoda. „Wenn man eine Marke hat, die sich durchsetzt, wächst und eine gewisse Größe erreicht, beginnen sich die Kosten langsam zu amortisieren." Zwei Dinge sind zu beachten:

1. Der Nettoumsatz stieg auf einen höheren Prozentsatz des Bruttoumsatzes. Dies spiegelt die Werbeaktionen (Rabatte) wider, die Monster nicht mehr anbieten musste, da Monster nun eine bekannte Marke war, die die Einzelhändler führen wollten.

2. Der prozentuale Anteil des Bruttogewinns am Nettoumsatz stieg ebenfalls, da die Abpacker und Vertriebspartner begannen, sie als gute Kunden zu betrachten und ihnen entsprechend vorteilhafte Konditionen anzubieten.

„Das sind ziemlich wirkungsvolle Faktoren, die zu dem dramatischen Anstieg des Aktienkurses geführt haben", schreibt Yoda. „Schauen Sie sich an, wie sich diese zusätzliche Marge auf das Endergebnis auswirkt."

	2002	2003	2004	2005	2006
Betriebseinkommen	5.293	9.826	33.886	103.443	158.579
Nettogewinn	3.029	5.930	20.387	62.775	97.949
EPS	0,04	0,07	0,22	0,65	0,99
Langfristige Schulden	3.837	602	583	525	303
Eigenkapital Investoren	28.371	35.050	58.571	125.509	225.084
ROE	10,68 %	16,92 %	34,81 %	50,02 %	43,52 %

Anmerkung: Mit ROE („Return on Equity") ist die Eigenkapitalrendite (Nettogewinn geteilt durch das Eigenkapital der Investoren) gemeint.

Bei aller detaillierten Finanzanalyse in dieser Fallstudie ist das Wesentliche genau hier in dieser Tabelle zu finden. Sie sehen einen raschen Anstieg der Umsätze, steigende Gewinne und eine steigende Eigenkapitalrendite. (Wir werden in Kapitel 6 auf die Eigenkapitalrendite eingehen.) Wenn es eine erkennbare Formel für das Auftreten von 100-Baggern gibt, dann ist es diese.

Sie hätten die Aktien 2004 kaufen können, als die Story schon weit fortgeschritten war, und hätten trotzdem das 100-Fache Ihres Geldes verdient. Sie hätten nicht all die umfangreichen finanziellen Analysen durchführen müssen, die hier zu sehen sind. Wahrscheinlich hätte es sogar geholfen, wenn Sie es nicht getan hätten, denn viele kluge Finanzfachleute sagten damals, es würde nicht funktionieren. Aber dazu gleich mehr.

„Anhand der obigen Tabelle lässt sich die Qualität des Unternehmens leicht erkennen", schreibt Yoda. „Warum sind dann nicht alle reich geworden? Nur sehr wenige Menschen haben die Story von Anfang an verfolgt."

	Q2'03	Q3'03	Q4'03	Q1'04	Q2'04
Anzahl der Analysten bei Telefonkonferenzen	1	1	3	4	8

Und selbst wenn man die Story kannte, musste man durchhalten – auch wenn das nach außen dumm wirkte und selbst erfahrene Leute einem sagten, dass es nicht funktionieren würde.

Der Value Investors Club ist eine viel beachtete Aktienanalyse-Plattform, auf der viele fachkundige Leute vertreten sind. 2005 bewertete ein unter einem Pseudonym auftretender Autor Hansen's als Short – er wettete also gegen das Unternehmen. Dieser Nutzer hatte den VIC-Wettbewerb dreimal gewonnen – was nach Yodas Meinung „einer der besten Rekorde überhaupt" sein müsse.

Es war also kein Unbekannter, der Hansen's verdammte.

„Der Post wurde von dieser angesehenen Gruppe von Investoren gut aufgenommen", schreibt Yoda. „Einer meldete sich sogar zu Wort: ‚Kein strategischer Akteur wird dieses Unternehmen kaufen. Es handelt sich um einen deutlich überbewerteten, marginalen Akteur in einem Trendgeschäft, der eine sehr durchschnittliche Marke ohne Vertriebsvorteil hat. ...' Der Autor bewertete die Aktie mit einem splitbereinigten Kurs von 6,31 Dollar. Hansen wurde nie wieder so niedrig gehandelt wie 6,31 Dollar und innerhalb von zwölf Monaten lag die Aktie bei 26 Dollar!"

Im Jahr 2012 änderte das Unternehmen seinen Namen in Monster Beverage, sein heutiges Markenprodukt.

Betrachtet man die historischen Ergebnisse, so ist es interessant festzustellen, dass Monster trotz seines Rufes als „Überflieger" nie wirklich teuer wurde. Das Kurs-Gewinn-Verhältnis stand nie im Widerspruch zu seiner Wachstumsrate.

	2005	2006	2007	2008	2009	2010	2011	2012	2013	2014
KGV	28x	30x	29x	30x	17x	23x	30x	28x	35x	39x
EPS-Wachstumsrate in %	218 %	60 %	36 %	-27 %	99 %	3 %	34 %	22 %	5 %	42 %

Monster zeigt uns die Kraft eines hohen Umsatzwachstums und des Aufbaus einer Marke sowie die wirksame Mischung aus hohem Umsatzwachstum, steigenden Gewinnspannen und steigender Eigenkapitalrendite. Es zeigt auch, wie unabhängig im Denken man sein musste. Es gab keinen Mangel an klugen Leuten, die einem sagten, warum Monster nicht funktionieren würde.

Aber es hat funktioniert – und zwar auf spektakuläre Weise.

Amazon

Als Nächstes ist ein Name an der Reihe, den man nicht groß vorstellen muss: Amazon.

Der Online-Einzelhandels-Riese war mehr als zweimal ein 100-Bagger. Thompson Clark, einer der bereits erwähnten Analysten, hat die Fallstudie über Amazon erstellt, und was er herausgefunden hat, wird Sie überraschen. Er hat den Code geknackt, der Amazon so großartig macht.

Amazon war ein Unternehmen, das man von Anfang an hätte kaufen können. Der Aktienhandel begann im Mai 1997. Bereinigt um die Aktiensplits lag der effektive Kaufpreis bei 1,50 Dollar. „Bevor das Jahrhundert zu Ende war, hatten Sie Ihren 100-Bagger", schreibt Thompson Clark. „Die Aktien erreichten im April 1999 einen Höchststand von 221 Dollar. Ihr Gewinn betrug stolze 14.633 Prozent. Ein 146-Bagger."

Aber diese Rendite war so flüchtig, dass sie für die Zwecke unserer Studie – die Jahresenddaten verwendet – nicht „zählt". Einen so hohen Preis sollte Amazon erst in mehr als einem Jahrzehnt wieder erreichen. „Wie Sie sich vorstellen können, wurde Amazon von der Dotcom-Pleite nicht verschont", so Thompson. „Die Aktien fielen auf den Boden der Tatsachen zurück und erreichten bis Mitte 2001 einstellige Werte."

Durch die Linse unserer Studie betrachtet, hat Amazon etwa 13 Jahre gebraucht, um zu einem 100-Bagger zu werden. Und im Mai 2015 erzielte das Unternehmen einen Zuwachs von 28.300 Prozent, also einen 283-fachen Gewinn.

Wie hat Amazon das also geschafft?

Beginnen wir mit Jeff Bezos, denn in diesem Fall war einer der großen Eigentümer-Unternehmer am Ruder. Bezos ist derzeit 51 Jahre alt und besitzt 18 Prozent des Unternehmens, dessen CEO und Vorstandsvorsitzender er ist.

„Es gibt auch keine Anzeichen dafür, dass er gehen wird", schreibt Thompson. In einem Interview mit dem *Business Insider* aus dem Jahr 2014 sagte Bezos vielleicht in Anlehnung an Mr. Buffett: „Ich laufe immer noch zur Arbeit." Er liebt, was er tut.

Er hatte das Unternehmen gegründet, als er 30 Jahre alt war. Zuvor hatte er bei D. E. Shaw gearbeitet, einer Gesellschaft für Investmentmanagement. Wichtig ist, dass er kein Programmierer wie Bill Gates ist. Wie Thompson sagt: „Er ist in vielerlei Hinsicht ein Wall-Street-Typ."

„Im Grunde versteht er zwei Dinge", schreibt Thompson. „Er weiß, dass der Wert eines Unternehmens die Summe seiner zukünftigen freien Cashflows ist, die auf die Gegenwart zurückdiskontiert werden. Und er versteht die Kapitalallokation und die Bedeutung der Rendite des investierten Kapitals."

Letzteres ist, wie wir gesehen haben – und später noch mehr sehen werden – entscheidend für einen 100-Bagger. Thompson stellt einige gute Beweise für Bezos' Denken zusammen und hebt die wichtigsten Sätze hervor:

- Aus Bezos' Aktionärsbrief von 1999: „Jedes der zuvor genannten Ziele trägt zu unserem langjährigen Ziel bei, das beste, profitabelste und *kapitalrenditestärkste* langfristige Franchise-Unternehmen aufzubauen."
- Aus Bezos' erstem Aktionärsbrief aus dem Jahr 1997: „Marktführerschaft kann sich direkt in höheren Einnahmen, höherer Rentabilität, größerer Kapitalumlaufgeschwindigkeit und entsprechend höheren Renditen für das investierte Kapital niederschlagen. Unsere Entscheidungen spiegeln diese Ausrichtung konsequent wider."

Er war unermüdlich und langfristig orientiert. „Jedes Jahr", fügt Thompson hinzu, „fügt er am Ende des aktuellen Aktionärsbriefs jenen von 1997 bei. Der Punkt, den er zu betonen versucht: Es geht um Langfristigkeit."

Wir alle wissen, dass Amazon den Onlinehandel dominiert. Die Frage ist: Hätten Sie ein stichhaltiges Argument für den Kauf von Amazon auf der Grundlage der Fundamentaldaten finden können, bevor das Unternehmen zu einem 100-Bagger wurde?

Thompson plädiert für ein klares Ja. Und ich stimme mit seiner Argumentation überein.

Bevor ich dazu komme, möchte ich mit einer übergeordneten Beobachtung beginnen. Thompson teilte ein Diagramm, das ich wirklich bemerkenswert fand und über das ich mehrere Minuten lang nachdachte, während mir die Implikationen durch den Kopf schossen. Das nachstehende Schaubild zeigt das Wachstum des elektronischen Handels als Prozentsatz des gesamten US-Einzelhandelsumsatzes.

Prozentualer Anteil des elektronischen Handels am gesamten US-Einzelhandelsumsatz, 1998–2014

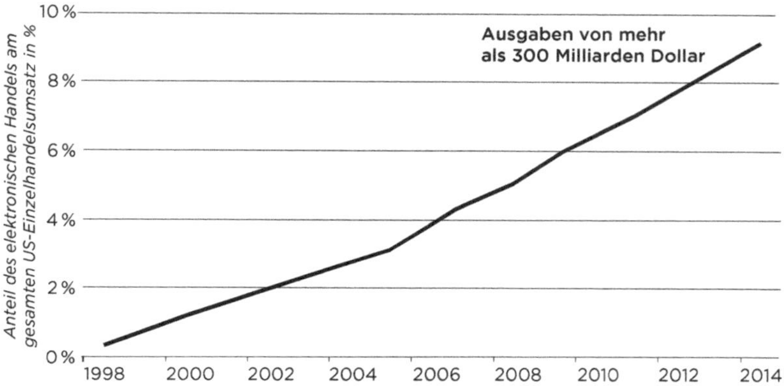

Heute scheint es fast selbstverständlich zu sein, aber war es 1998 oder 2002 so schwer vorstellbar, dass die Internetverkäufe eines Tages mehr als nur zwei Prozent des Einzelhandelsumsatzes ausmachen würden? Wenn ich das sehe, frage ich mich, wo ich mit meinen Gedanken war. (Ich habe Amazon nie besessen, obwohl ich seine Dienste intensiv nutze.)

Und das Unglaubliche daran ist, dass auch heute noch nur neun *Prozent* aller US-Einzelhandelsumsätze über das Internet abgewickelt werden. Amazon hat angefangen, als dieser Anteil fast null war. Ist es heute noch weit hergeholt, zu glauben, dass die Internetverkäufe 35 Prozent oder sogar die Hälfte des gesamten Einzelhandelsumsatzes ausmachen könnten? Vielleicht hat dieser 100-Bagger noch einen weiten Weg vor sich.

Aber kommen wir auf die Analyse von Thompson zurück.

„Zunächst gilt es, einen wichtigen Mythos über Amazon zu zerstreuen", schreibt Thompson. „Die einhellige Meinung ist ziemlich klar: Amazon macht kein Geld. Ist das wahr? Auf keinen Fall."

Erinnern Sie sich an den ersten Aktionärsbrief von Bezos aus dem Jahr 1997. Er betonte die Rentabilität des investierten Kapitals und

Investitionen in die Zukunft. Amazon tut dies unter anderem, indem es viel für Forschung und Entwicklung ausgibt – was eine Form von Investition ist.

„Ich habe mir die vergangenen Ergebnisse von Amazon angesehen", schrieb Thompson. „Die übrigens fantastisch sind. Die Umsätze sind seit 1997 jährlich um mehr als 40 Prozent gestiegen."

Hier sehen wir also wieder die wichtigen Zutaten: Wachstum, Wachstum und nochmals Wachstum!

„Wenn man sich das von Amazon gemeldete Betriebsergebnis ansieht, sieht es nicht profitabel aus", so Thompson weiter. „Bei einem Umsatz von 88 Milliarden Dollar im Jahr 2014 erwirtschaftete Amazon ein mickriges Betriebsergebnis von 178 Millionen Dollar. Das ist eine hauchdünne operative Marge von 0,20 Prozent."

„Zählt man jedoch die F&E-Ausgaben wieder dazu, ergibt sich ein völlig anderes Bild. Im Jahr 2014 gab Amazon 9,2 Milliarden Dollar für Forschung und Entwicklung aus. Rechnet man dies zum Betriebsergebnis hinzu, erzielte Amazon 2014 ein bereinigtes Betriebsergebnis von 9,4 Milliarden US-Dollar. Das entspricht einer operativen Marge von 10,6 Prozent."

„Sehr beeindruckend. Und was noch beeindruckender ist, ist die Beständigkeit dieses Trends."

Thompson erstellte eine Tabelle, die Sie auf der nächsten Seite finden.

Es mag verrückt klingen, F&E wieder hinzuzurechnen, aber es geht darum, F&E in diesem Fall als eine Investition zu betrachten. (In Buchhaltungskreisen wird seit Langem darüber diskutiert, wie F&E zu behandeln ist. Sollte sie mit dem Umsatz verrechnet werden? Oder sollte sie in der Bilanz wie eine Immobilie aktiviert und im Laufe der Zeit in Teilen abgeschrieben werden?)

	1996	1997	1998	1999	2000	2001	2002
Verkäufe	$ 15,75	$ 148	$ 609	$ 1.639	$ 2.761	$ 3.122	$ 3.933
Wachstum (in %)		838,06 %	312,30 %	189,13 %	68,45 %	13,07 %	25,98 %
Betriebseinkommen	-6	-32	-109	-605	-863	-412	64
Betriebseinkommen (in %)	-38,10 %	-21,66 %	-17,90 %	-36,91 %	-31,26 %	-13,20 %	1,63 %
Plus: F&E	2	13	46	159	269	241	215
Bereinigtes EBIT	-4	-19	-63	-446	-594	-171	279
Bereinigtes Betriebs-einkommen (in %)	-25,40 %	-12,86 %	-10,34 %	-27,21 %	-21,51 %	-5,46 %	-7,09 %

	2003	2004	2005	2006	2007	2008	2009
Verkäufe	$ 5.264	$ 6.921	$ 8.490	$ 10.711	$ 14.835	$ 19.166	$ 24.509
Wachstum (in %)	33,84 %	31,48 %	22,87 %	26,18 %	38,50 %	29,19 %	27,88 %
Betriebseinkommen	270	440	432	389	655	842	1129
Betriebseinkommen (in %)	5,13 %	6,36 %	5,09 %	3,63 %	4,42 %	4,39 %	4,61 %
Plus: F&E	257	263	451	662	818	1033	1240
Bereinigtes EBIT	527	723	883	10,51	1473	1875	2369
Bereinigtes Betriebs-einkommen (in %)	10,01 %	10,45 %	10,40 %	9,81 %	9,93 %	9,78 %	9,67 %

	2010	2011	2012	2013	2014
Verkäufe	$ 34.384	$ 48.077	$ 61.093	$ 74.452	$ 88.968
Wachstum (in %)	40,29 %	39,82 %	27,07 %	21,87 %	19,52 %
Betriebseinkommen	1406	862	676	745	178
Betriebseinkommen (in %)	4,09 %	1,79 %	1,11 %	1,00 %	0,20 %
Plus: F&E	1734	2909	4564	6585	9275
Bereinigtes EBIT	3140	3771	5240	7310	9453
Bereinigtes Betriebs-einkommen (in %)	9,13 %	7,81 %	8,58 %	9,82 %	10,62 %

„Mein übergeordneter Punkt ist einfach, dass Amazon profitabel hätte sein können, wenn es gewollt hätte“, schreibt Thompson. „Wenn es Gewinne hätte ausweisen wollen, hätte es das tun können. Das war nicht der Fall. Der Laie, der sich für den Kauf von Amazon-Aktien interessieren könnte, würde sich sicherlich davon abschrecken lassen, dass das Unternehmen nie profitabel war. Nun, wenn man die F&E herausrechnet – und damit die Investitionen – sieht man, wie profitabel es wirklich war.“

Er hat erkannt, dass man diese F&E-Kosten über einen bestimmten Zeitraum abschreiben muss, so wie ein Unternehmen die Kosten für seine Ausstattung abschreiben würde. Es gibt eine Forschungs- und Entwicklungskomponente, die unerlässlich ist, um Amazon am Laufen zu halten, aber es gibt auch eine Wachstumskomponente, die dazu beiträgt, künftige Umsätze zu generieren. „Wie ist die Mischung zwischen Wachstums- und Instandhaltungskomponente der F&E", fragt Thompson. „Keine Ahnung, aber es ist eine wichtige Frage, die es wert ist, diskutiert zu werden."

Für die Zwecke dieser Übung betrachten wir F&E einfach als eine Investition, die Amazon tätigt, um sein Geschäft auszubauen. Wie Thompson feststellt, liegt die Betriebsmarge ohne F&E seit 2003 bei fast genau zehn Prozent. „Hätte ein kluger fundamentaler Investor jemals ein Argument für Amazon gefunden?", fragte Thompson. „Sicher."

Gehen wir zurück ins Jahr 2003:

- 21,94 Dollar Aktienkurs
- Unternehmenswert = 8,3 Milliarden Dollar
- Umsatz 2002: 3,9 Milliarden Dollar
- Gewinn vor Zinsen und Steuern 2002, ohne F&E = 279 Millionen US-Dollar
- Bereinigte operative Marge 2002 = 7 Prozent
- EV/EBIT = 33, ein extrem hoher Multiplikator

„Zu diesem Zeitpunkt", fügt Thompson hinzu, „war allerdings nur ein winziger Bruchteil der Vereinigten Staaten online. Und ein noch kleinerer Teil der Einzelhandelsumsätze wurde online getätigt. Mit anderen Worten: Die Startbahn war enorm." (Siehe die Grafik auf Seite 81.)

„Nehmen wir an, Sie rechnen mit einem Umsatzwachstum von 30 Prozent pro Jahr", fährt Thompson fort. „Ihr Umsatzziel für 2005 wäre

7,6 Milliarden Dollar. Setzen Sie eine Marge von zehn Prozent an, was dem Trend des EBIT ohne F&E entspricht. Sie würden Amazon genau zum 10-Fachen des Betriebsergebnisses von 2005 ohne F&E kaufen. Das ist ein sehr konservatives Vielfaches."

Ich werfe hier ein, dass dies nicht einfach gewesen wäre, aber es wäre möglich gewesen, darüber nachzudenken.

„Zusammen mit den Gewinnen stieg auch der Aktienkurs", erklärt Thompson Clark. „Ihre Investition von 21,94 Dollar war bis Februar 2006 auf 43,92 Dollar gestiegen. Das ist eine Verdoppelung in drei Jahren, was einer jährlichen Wachstumsrate von 26 Prozent entspricht. Und im gleichen Zeitraum hätten Sie den S&P 500, der nur halb so stark gestiegen war, um 50 Prozent oder 14,3 Prozent pro Jahr geschlagen.

Im Jahr 2006 ging es auf eine lange Reise. Wenn Sie bis Mai 2015 an den Aktien festgehalten hätten, hätten Sie einen 15-Bagger oder eine annualisierte Rendite von 26 Prozent erzielt. Wieder einmal sehr beeindruckend."

Es wäre also nicht einfach gewesen, mit Amazon einen 100-Bagger zu erzielen. Man hätte schon sehr früh davon überzeugt sein müssen, dass die Idee funktionieren würde. Und man hätte einen erschütternden Niedergang miterleben müssen, bei dem das Unternehmen mehr als 80 Prozent seines Wertes verloren hat.

Aber man hätte auch viele Gelegenheiten gehabt, es zu diesen niedrigen Kursen zu kaufen, sodass man zwar keinen 100-fachen Gewinn erzielt hätte, aber leicht das 50-Fache hätte erzielen können. Und Amazon ist noch lange nicht fertig.

Man musste Bezos vertrauen, und man musste in seine Denkweise eingeweiht sein. Wenn er wollte, könnte Bezos die Ausgaben für Forschung und Entwicklung kürzen und Amazon würde in Geld schwimmen. Stattdessen investiert er das Geld und schafft neues Wachstum.

Thompson fasst es folgendermaßen zusammen:

> Wenn man Bezos vertraut, ist es in Ordnung, dass das Unternehmen hauchdünne Gewinnspannen hat. Im Jahr 2014 lag die operative Marge bei 0,20 Prozent. Rechnet man jedoch die F&E hinzu, erhält man eine bereinigte Betriebsmarge von zehn Prozent. In der obigen Tabelle habe ich gezeigt, wie bemerkenswert beständig dieser Trend ist.
>
> Eine grundsätzliche Argumentation für Amazon zu finden und einen 100-Bagger zu bekommen, wäre sehr schwer. Am besten war es, beim Börsengang zu kaufen und ausschließlich auf wachsende Einzelhandelsumsätze zu setzen. Die Grafik zu den Internetverkäufen und das Vertrauen in Bezos sind der Schlüssel zu Ihrer These.
>
> Ich vertrete die Ansicht, dass man Amazon im Februar 2003 auf der Grundlage von rückläufigen Zahlen und konservativen Annahmen hätte kaufen können. Das hätte Ihre Gewinne auf das 15-Fache oder 26 Prozent mit Zinseszins im Jahr 2014 gebracht.

Thompson geht noch weiter und meint, dass Amazon auch heute noch ein guter Kauf sein könnte. Ich gebe seine Analyse in der nebenstehenden Tabelle wieder. Basierend auf dem aktuellen Kurs ergibt seine Analyse eine Rendite von 127 Prozent beziehungsweise eine durchschnittliche jährliche Rendite von 31 Prozent in den nächsten drei Jahren.

„Der wichtigste Punkt, den es zu vermitteln gilt", so Thompson abschließend, „ist, dass die Kapitalrendite extrem wichtig ist. Wenn ein Unternehmen weiterhin mit hohen Renditen reinvestieren kann, steigen die Aktien (und die Erträge) ... so entsteht dieser parabolische Effekt."

Das ist ein Punkt, auf den wir immer wieder zurückkommen werden.

Preis am 28.5.25 Unternehmenswert	427 $ 196.807 $
Ergebnisse 2014 Verkäufe Bereinigtes Betriebseinkommen Bereinigte operative Marge	 88.988 $ 9.453 $ 11 %
Annahmen: Umsatzwachstum von 20 % pro Jahr Bereinigte operative Margen erreichen 15 %	
Verkäufe operative Marge EBIT **2017 EV/EBIT**	153.771 $ 15 % 230.656 $ **8,5 %**
2017 Bewertung Bereinigtes EBIT Multiplikatoren Beizulegender Zeitwert Ausstehende Aktien Beizulegender Zeitwert je Aktie Preis heute **Upside** # Perioden CAGR	 23.066 $ 20 461.313 $ 476 969 $ 427 $ **127 %** 3 31 %

An dieser Stelle möchte ich noch einige weitere Fallstudien anführen, die zwar weniger finanzielle Details enthalten, aber dennoch das wesentliche Merkmal von 100-Baggern verdeutlichen: Sie brauchen eine lange Anlaufzeit, um zu wachsen. Alejandro, einer der bereits erwähnten Analysten, hat die folgenden Fallstudien erstellt.

Electronic Arts

Ein amerikanischer Unternehmer namens Trip Hawkins gründete Electronic Arts (EA), nachdem er 1982 seinen Posten als Director of Strategy and Marketing bei Apple Computer verlassen hatte. Das Unternehmen mit Sitz in Redwood City, Kalifornien, entwickelt und veröffentlicht Videospiele.

EA wurde in nur 14 Jahren zum 100-Bagger-Unternehmen. Diese Marke knackte es im Jahr 2004 – und der Erfolg riss nicht ab. Alejandro hat die Recherche zu EA durchgeführt.

„Die Videospielindustrie ist noch relativ jung (40 Jahre oder so) und nach wie vor unglaublich wettbewerbsfähig“, schreibt Alejandro. „Die Gründungsmitglieder dieser Multimilliarden-Dollar-Industrie sind ins Wanken geraten und wurden von neuen Akteuren überholt.“

Er weist darauf hin, dass die Gründungstitanen wie Atari und Sega nicht mehr so stark dominieren, wie sie es einst taten. Selbst Nintendo hat einen Teil seines Wettbewerbsvorteils an neue Wettbewerber verloren.

„Sony (PlayStation) und Microsoft (Xbox) sind die dominierenden Akteure auf dem Konsolenmarkt geworden“, schreibt Alejandro. „Aber sie sehen sich einer zunehmenden Konkurrenz von Spieleentwicklern gegenüber, die den Weg nicht über die Konsolen gehen. Letztere erreichen die Verbraucher stattdessen über das Internet oder über Apps direkt.“

„Deshalb“, so Alejandro weiter, „ist es äußerst interessant, Electronic Arts, einen amerikanischen Videospielentwickler, und seinen Weg zum 100-Bagger-Status zu analysieren. Sein Erfolg gibt Aufschluss darüber, wie man erfolgreich sein kann, wenn man mit der Ungewissheit sowohl der Technologie als auch der unbeständigen menschlichen Vorlieben konfrontiert ist.“

EA schien dies zu schaffen, indem es einen Hit nach dem anderen landete und sich wichtige Lizenzen für wertvolle Franchises sicherte und so die Konkurrenz fernhielt.

Zunächst kann man die Unberechenbarkeit dieses Marktes an seiner schwankenden Rentabilität erkennen. Die Gewinnspannen und die Kapitalrenditen schwankten von Jahr zu Jahr, je nach den Hits und Misserfolgen der Spiele und den neuen oder aktualisierten Veröffentlichungen.

EAs wilde Gewinnfahrt

Datum	Gewinnspanne	ROA
31.12.90	8,5 %	13,2 %
31.12.91	10 %	17,5 %
31.12.92	10,6 %	17,3 %
31.12.93	10,6 %	17,2 %
31.12.94	11 %	156 %
31.12.95	8,7 %	10,7 %
31.12.96	76 %	8,5 %
31.12.97	7,9 %	8,7 %
31.12.98	5,8 %	7 %
31.12.99	9,6 %	11,5 %
31.12.00	0,8 %	0,8 %
31.12.01	2,3 %	2,1 %
31.12.02	14,2 %	14,4 %
31.12.03	17,6 %	14,9 %
31.12.04	18,5 %	13,2 %
31.12.05	9 %	6 %
31.12.06	2,7 %	1,7 %

„Anders als viele der heutigen Tech-Unternehmen“, schreibt Alejandro, „konzentrierte sich EA auf seinen Gewinn. Eines der ersten Beispiele für die Fähigkeit von EA, seine Gewinnspannen zu schützen, bestand darin, bestehende Vertriebspartner zu umgehen. Stattdessen entschieden sie sich dafür, direkt mit den Einzelhändlern zu handeln, was ihnen bessere Margen einbrachte.“

EA experimentierte mit verschiedenen Formen der Verpackung. So verwendete EA in den frühen 1980er-Jahren Verpackungen im Stil eines Albums für *M.U.L.E.* und *Pinball Construction Set.* „Diese Art der Verpackung wurde von EA eingeführt, weil man mit dem Stil des Plattenalbums Kosten sparen konnte“, so Alejandro.

EA konzentrierte sich auch darauf, Spiele für alle Konsolen zu entwickeln, und ließ daher das teure und wettbewerbsintensive Segment der Konsolen-Hardware außen vor. Die Führungskräfte von EA sehen diese Strategie auch heute noch als Grundlage ihres Geschäftserfolgs.

Wie auch immer man das bewerten will, EA hat die richtigen Knöpfe gedrückt. Im Jahr 1990 betrug der Umsatz nur 96 Millionen Dollar. Im Jahr 2004 war er auf 3,1 Milliarden Dollar gestiegen. Das ist ein Anstieg um das 32-Fache. Der Multiplikator, den der Markt auf diese Verkäufe legte, explodierte ebenfalls – von 2,7 im Jahr 1990 auf 13 im Jahr 2004.

Auch die Erträge stiegen. Die Einnahmen beliefen sich 1990 auf acht Millionen Dollar. Im Jahr 2004 beliefen sie sich auf 586 Millionen Dollar. Das ist eine 73-fache Steigerung. Und das Kurs-Gewinn-Verhältnis stieg von ungefähr 12 auf 32.

Um diese Zahlen zu erreichen, brauchte EA mehr als eine intelligente Verpackung und Spiele für alle Konsolen. Es musste Spiele entwickeln, die die Leute wollten.

„Die Gründer von EA wählten diesen Namen, so heißt es, weil sie ihre Spiele als eine Art von Kunst bewerben wollten“, schreibt Alejandro. „Kunst im Sinne von Hollywood, denn manche glauben, dass der Name tatsächlich vom legendären Studio United Artists inspiriert wurde.“

EA behandelte seine Spieleentwickler wie Rockstars. Das Unternehmen gab ihnen persönliche Anerkennung für die Entwicklung eines Spiels. Dies „geschah angeblich nicht nur durch finanzielle Anreize, sondern auch durch PR-Aktivitäten, bei denen sie zusammen mit ihrer Arbeit gefeiert wurden“, sagt Alejandro. Er fährt fort: „Die Albumcover der Spiele aus den 1980er-Jahren verstärken auch die Vorstellung, dass diese Spiele und ihre Schöpfer mehr waren als Freaks, die die Fähigkeit hatten, spaßige Bilder auf einem Bildschirm zu erzeugen. Dieser Fokus auf Qualität hat zu einigen sehr erfolgreichen Spielen geführt.“

Dies gilt insbesondere für den Sportbereich, wo EAs Franchise im Grunde konkurrenzlos ist. Ich bin in den 1980er-Jahren aufgewachsen und kann mich noch gut an den Slogan „EA Sports – If it's in the game, it's in the game!" erinnern und wie wir im College stundenlang *Madden Football* gespielt haben.

„Der Realismus ihrer Spiele hat im Grunde die meisten anderen Sportspiele auf dem Markt überflügelt", schreibt Alejandro. „Dies hat wiederum dazu geführt, dass sie die Exklusivrechte für die Entwicklung von Spielen für mehrere professionelle Ligen sowie für deren Spieler besitzen. Die Serien Madden NFL, NBA Live, FIFA, NHL und PGA Tour werden alle seit den späten 80er- und frühen 90er-Jahren unter dem Label EA Sports produziert. FIFA, ihre erfolgreichste Sportserie, hat 2010 die Marke von 100 Millionen verkauften Exemplaren geknackt."

EA hatte auch andere Hit-Franchises: *SimCity, Battlefield* und die *Need for Speed*-Reihe. „So viele erfolgreiche Franchises unter einem Dach zu haben, ist genau der Grund, warum dieses Unternehmen seit seiner Gründung kontinuierlich gewachsen ist", so Alejandro abschließend.

EA ist in vielerlei Hinsicht faszinierend. Das Unternehmen befindet sich in einer scheinbar wankelmütigen Branche, aber es gelang ihm, eine Kultur zu schaffen, die erfolgreiche Spiele hervorbrachte. Und Sie sehen hier, was Sie bei fast allen 100-Baggern sehen werden: ein explosives Wachstum der Umsätze. Hinzu kommt, dass EA gesunde, wenn auch schwankende Erträge und Gewinnspannen hatte.

In diesem Fall musste man an die Vision glauben und groß denken. Auch das ist eine Voraussetzung für einen 100-Bagger.

Comcast

Ralph Roberts verwandelte das ehemals kleine Kabelunternehmen aus Mississippi in den Branchen-Riesen, den wir heute als Comcast kennen. Die Wurzeln der Geschichte reichen bis in die 1960er-Jahre zurück. Im Nachruf des *Wall Street Journal* auf Roberts (der im Juni 2015 starb) heißt es:

> Damals war das Kabelfernsehen noch ein kleines Geschäft mit Gemeinschaftsantennen und aufgereihten Kabeln. Roberts erfuhr davon durch ein zufälliges Treffen mit einem Kabelsystembesitzer, der einen kriselnden Kabelbetreiber in den Südstaaten loswerden wollte. Roberts witterte seine Chance und tätigte 1963 seine erste Akquisition: einen Kabelnetzbetreiber, der 1.200 Anwohner in Tupelo, Mississippi, belieferte.

Die Aktien wurden 1972 an der Nasdaq notiert und sind seither um mehr als 100.000 Prozent gestiegen. Dies ist ein seltener Fall, in dem wir mit Ralph Roberts einen großartigen Gründer/Unternehmer haben.

Und dann haben wir mit seinem vierten Sohn Brian Roberts, der 1990 Präsident und 2002 CEO wurde, einen zweiten fähigen Unternehmer.

Für die Zwecke unserer Studie haben wir die Uhr mit den Tiefstständen im Jahr 1981 gestartet. Von diesem Zeitpunkt an dauerte es fast 18 Jahre, bis der Verhundertfacher erreicht war.

Comcast ist eine interessante Fallstudie, denn wie bei Amazon gab es keine stetig wachsenden Erträge. In der Tat meldete Comcast häufig Verluste, da das Unternehmen viel in den Aufbau seiner Kabelsysteme investierte.

Man musste über die gemeldeten Zahlen hinausschauen, um den Wert seines Teilnehmernetzes zu verstehen. Stammkunden, die Monat für Monat und Jahr für Jahr zahlten, bildeten das Rückgrat jedes Comcast-Investitionsplans.

Sie haben zwar keine Gewinne gesehen, dafür aber ein Umsatzwachstum und einen Zuwachs an Kunden.

„In den 1980er- und 1990er-Jahren erlebte Comcast aufgrund verschiedener Übernahmen ein erhebliches Wachstum", schreibt Alejandro. „So verdoppelte sich beispielsweise durch den Kauf eines 26-prozentigen Anteils an Group W Cable im Jahr 1986 die Zahl der Kunden von Comcast auf eine Million. Durch die Übernahme der amerikanischen

Aktivitäten von Maclean-Hunter im Jahr 1994 erreichte Comcast insgesamt 3,5 Millionen Kunden und wurde zum drittgrößten Anbieter in den Vereinigten Staaten."

So sollte es weitergehen. 1995 erwarb Comcast E. W. Scripps Co. für 1,575 Milliarden Dollar. Letzteres war ein Unternehmen mit Kabelkunden, wodurch die Gesamtzahl der Kunden von Comcast auf 4,3 Millionen anstieg.

„Comcast begann auch, sein Geschäftsportfolio zu diversifizieren", schreibt Alejandro. Im Jahr 1995 erwarb das Unternehmen für 2,1 Milliarden Dollar eine Mehrheitsbeteiligung an *QVC*, einem Fernsehsender für Homeshopping.

Comcast wurde auch ein Akteur in der Mobilfunk- und Internetbranche. „Zuerst mit dem Kauf der American Cellular Network Corporation, einem regionalen Mobilfunkdienst, für 230 Millionen Dollar im Jahr 1988", schreibt Alejandro. „Die zweite Diversifizierung fand 1996 mit der Einführung des @HomeNetwork statt, das Internetdienste anbot."

Diese Bemühungen brachten Comcast 1997 eine Investition von einer Milliarde Dollar von Microsoft ein. „Comcasts integrierter Ansatz bei der Kabelverteilung, der Programmgestaltung und der Telekommunikation ergänzt diese Vision der Verbindung von PCs und Fernsehern. Die heutige Ankündigung wird die Integration von Breitbandleitungen und Inhalten verbessern, um das Angebot für die Verbraucher zu erweitern", sagte Microsoft-Gründer Bill Gates in einer Pressemitteilung.

Die Übernahmen wurden fortgesetzt. Zwei große davon waren die Übernahme des Kabelnetzes von AT&T im Jahr 2001 und die Übernahme von NBCUniversal im Jahr 2011.

Das Netz von Comcast wurde zu einer wichtigen Datenautobahn für das Internet, was das Wachstum noch weiter vorantrieb. Sie können sehen, wie die Umsätze von Comcast in den späten 1990er- und frühen 2000er-Jahren zu steigen begannen.

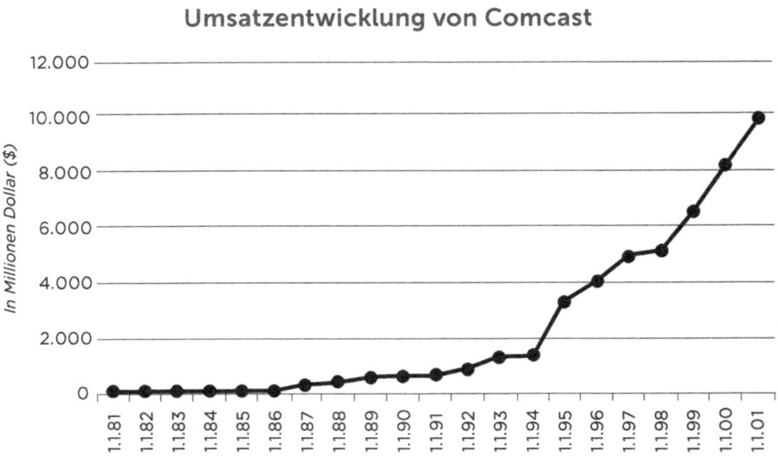

Am interessantesten ist, dass dies immer noch der Anfang der Geschichte war. Comcast konnte seinen Umsatz seit 2001 mehr als versechsfachen, da das Unternehmen weiter expandierte und andere Unternehmen übernahm.

„Zu den großen Übernahmen in dieser Zeit gehören: AT&T Broadband, Adelphia (50-50 mit TIME Warner Cable) und eine 51-prozentige Beteiligung an NBCUniversal", schreibt Alejandro.

Ein Anleger hätte trotz des schlimmen Absturzes durch das Platzen der Börsenblase 2000 weiter halten müssen. Comcast-Aktien haben vom Höchststand bis zum Tiefststand im Jahr 2002 etwa die Hälfte ihres Wertes eingebüßt. Doch dann ging es wieder einmal los.

Ein Anleger, der bis 2014 an der Aktie festgehalten hat, erhielt einen 188-Bagger. Dies ist nur eine kurze Fallstudie, aber sie zeigt einmal mehr die Macht des Umsatzwachstums und der Fähigkeit, über die ausgewiesenen Gewinne hinaus zu sehen.

Um einen 100-Bagger zu erzielen, braucht man eine Vision, Hartnäckigkeit und oft auch die Überzeugung von einer Idee, die in den Finanzzahlen noch nicht offensichtlich ist.

Pepsi

Pepsi eignet sich vielleicht besser als typisches Beispiel für einen 100-Bagger, den man entdecken kann. Es handelt sich um ein einfaches Unternehmen mit guten Gewinnspannen, das immer weiter in große Märkte hineinwuchs.

Pepsi ist eine weitere Aktie, die sowohl in der Studie von Phelps als auch in meiner eigenen Studie auf der Liste der 100-Bagger steht. In Phelps' Buch beginnt die Geschichte mit der Loft Inc., die 1941 PepsiCo aufkaufte und deren Namen übernahm. (Es gibt hier eine Menge interessanter Hintergrundinformationen, die uns aber zu weit vom Thema abbringen würden. Doch hier noch eine kleine Randnotiz: Pepsi meldete zweimal Konkurs an, 1923 und 1931.) Hätten Sie die Aktie 1938 gekauft, hätte Ihre Kostenbasis laut Phelps 75 Cent pro Aktie betragen. Dieser Anteil war 1971 427 Dollar wert – eine 569-fache Vervielfachung in 33 Jahren.

In unserer Studie setzt die Geschichte im Jahr 1962 ein. „Der in New York ansässige Softdrink- und Snack-Riese brauchte ab 1962 28,5 Jahre, um den 100-Bagger-Status zu erreichen", schreibt Alejandro. „Tatsächlich gab es von 1962 bis in die späten 1980er-Jahre keine Anzeichen dafür, dass die Aktie ein 100-Bagger sein könnte."

Doch dann begann eine gewaltige internationale Expansion. Bis 1985 war Pepsi in fast 150 Ländern vertreten. „Dazu gehören auch China", schreibt Alejandro, „das im selben Jahr seine Tore für das Unternehmen öffnete, sowie seit einem Jahrzehnt zuvor die Sowjetunion. Das waren zwei im Entstehen begriffene Märkte, die PepsiCo in den nächsten Jahrzehnten eine Menge Geld einbringen würden."

Gleichzeitig führte das Unternehmen neue Produkte ein und baute sein Snack-Geschäft weiter aus. „1982", schreibt Alejandro, „entwickelte Pepsi seine Slice-Marke, die Limonaden mit einem geringen Anteil an Fruchtsaft herstellte. Dies hat einen neuen Markt geschaffen und damit den Marktanteil in der Getränkeindustrie erhöht."

Im Jahr 1986 stieg das Unternehmen in den Fast-Food-Bereich ein und übernahm KFC und Taco Bell. 1989 erwarb PepsiCo die in Großbritannien ansässigen Unternehmen Walkers Crisps und Smith Crisps, führende Snack-Firmen im Vereinigten Königreich.

Die Liste der internationalen Hits wurde immer länger, so Alejandro:

- Im Jahr 1990 unterzeichnete PepsiCo das größte Handelsabkommen seiner Geschichte mit der Sowjetunion. Im selben Jahr gewann PepsiCo eine Mehrheitsbeteiligung an Gamesa, dem größten Kekshersteller in Mexiko.
- Im Jahr 1994 expandierte PepsiCo auch nach Vietnam. Damit war es der erste große Erfrischungsgetränkehersteller, der mit der Produktion und dem Vertrieb in diesem Land begann. Das Unternehmen ging auch eine Partnerschaft mit Starbucks ein, um in den Vereinigten Staaten fertige Kaffeegetränke anzubieten.
- 1998 schloss Pepsi ein Kooperationsabkommen mit Empresas Polar SA aus Venezuela und wurde zum größten Chips-Händler in Lateinamerika. Diese Vereinbarung war Teil des Plans aus dem Jahr 1995, die Lay's-Produkte auf weiteren 20 Märkten in der ganzen Welt einzuführen.

Auch die Liste der Akquisitionen von neuen Marken wurde fortgesetzt: Aquafina im Jahr 1997, Tropicana im Jahr 1998.

In finanzieller Hinsicht bin ich von zwei Fakten angetan. Der erste ist Pepsis konstant hohe Bruttogewinnspanne von 57 Prozent oder mehr. Wie wir später in Kapitel 12 sehen werden, ist dies ein Hinweis auf die Wettbewerbsposition von Pepsi.

Und zweitens war das Umsatz- und Gewinnwachstum im Laufe der Zeit bemerkenswert – wie wir es erwartet haben. Der Umsatz im Jahr 1962 betrug nur 192 Millionen Dollar. Im Jahr 2014 belief er sich auf über 64 Milliarden Dollar. Und dabei ist die eventuelle Ausgliederung von Yum! Brands noch gar nicht berücksichtigt. Ebenso stiegen die Nettogewinne von 15 Millionen Dollar auf über sechs Milliarden Dollar.

In dem von der Studie abgedeckten Zeitraum hat PepsiCo mehr als das 1.000-Fache an Gewinn erzielt.

Gillette

Gillette brauchte fast 32 Jahre, um ein 100-Bagger zu werden. Sie kennen das Unternehmen als Hersteller von Rasierklingen. „Gillette", schreibt Alejandro, „das seit zehn Jahren zu Procter & Gamble gehört, hat schätzungsweise einen Anteil von 70 Prozent am Rasierklingenmarkt."

Das 1901 gegründete Unternehmen hatte schon früh großen Erfolg. Interessanterweise hat auch Phelps Gillette in sein Buch aufgenommen. Die Aktie war von 1943 bis 1971 ein 100-Bagger. Im Jahr 1943 betrug der Preis nur 4,75 Dollar, und bis 1971 stieg er auf 364 Dollar pro Aktie. „In der Juli-Ausgabe 1962 von *Fortune* wurde es zum drittprofitabelsten Unternehmen in Amerika gekürt", schreibt Alejandro.

„Bei meiner Untersuchung von 100-Baggern", fährt Alejandro fort, „habe ich festgestellt, dass der ständige Wunsch, ein Unternehmen zu vergrößern, eine Schlüsseleigenschaft ist." Er fand diese Eigenschaft in der gesamten Geschichte von Gillette. Das Unternehmen expandierte ständig in neue Märkte und entwickelte neue Produkte. Alejandro fand den Einsatz von Technologie bei Gillette wichtig:

> Dies gelang ihnen unter anderem durch den klugen Einsatz von Technologie bei der Entwicklung und Vermarktung von Produkten. Während der gesamten Unternehmensgeschichte zeigten die Führungskräfte von Gillette ein Verständnis für Technologie, das ihnen einen Vorteil gegenüber ihren Konkurrenten verschaffte. Wie Darwin sagte: „Nicht die Stärksten oder Intelligentesten werden überleben, sondern diejenigen, die am besten mit dem Wandel umgehen können."

Gillette nutzte zum Beispiel schon früh die Fernsehwerbung für sich.

„Im Jahr 1944, als das Fernsehen von den Marken weitgehend ignoriert wurde, wagten die Führungskräfte von Gillette einen Versuch", schreibt Alejandro. Dadurch wurde der Bekanntheitsgrad der Marke Gillette erheblich gesteigert. Gillette gab auch nicht nur Geld für Werbung aus, sondern verfolgte die Verkäufe anhand von Daten. Letztendlich stellte Gillette fest, dass dies in den Anfangsjahren zur Steigerung der Verkaufszahlen beigetragen hatte.

„Ein weiterer technologischer Schritt, der Gillette zugutekam, war die Entscheidung, kontinuierlich an der Verbesserung der Klingen zu arbeiten", so Alejandro. „Sie taten dies sogar, als es noch keine Anzeichen für ein Konkurrenzprodukt gab, das ihnen einen Teil des Marktes hätte wegnehmen können."

Dies lag zum Teil daran, dass sie treue Kunden fanden, die bereit waren, mehr für eine Klinge zu zahlen, die etwas besser war als die, die sie bisher benutzten. Alejandro zitiert einen Satz von Peter K. Hoffman, Präsident der Gillette-Pflegeabteilung, aus dem Jahr 2001: „Die Geschichte hat gezeigt, dass es einen Teil des Marktes gibt, der auf unsere nächste Innovation gespannt ist." Das hat Gillette schon früh erkannt.

Die Fokussierung auf Forschung und Entwicklung erwies sich für die Konkurrenten als schwer überwindbarer Burggraben – auch wenn das Unternehmen nicht als Erstes auf dem Markt war. Gillette konnte sein eigenes Patentportfolio nutzen, um die Klingen der Konkurrenten auszuschalten.

„Zum Beispiel", schreibt Alejandro,

> führte Tiny Wilkinson Sword Ltd. aus London 1962 einen Satz beschichteter Klingen aus rostfreiem Stahl ein und hatte damit großen Erfolg. Die Nutzer gaben an, dass sie mit diesem Produkt mindestens ein Dutzend glatte Rasuren erzielen konnten, während sie mit den Kohlenstoffstahlklingen von Gillette nur drei oder vier schafften.

> Die Klinge von Wilkinson hätte Gillettes dominante Position ernsthaft beeinträchtigen können. Allerdings hatten die Gillette-Forscher das Edelstahl-Beschichtungsverfahren bereits patentiert, bevor Wilkinson ein Patent erhalten konnte. Gillette erhielt also für jede von Wilkinson verkaufte rostfreie Klinge eine Lizenzgebühr. Dies machte Wilkinson zu schaffen.
>
> Ein Jahr nach dem „Wilkinson-Schock" führte Gillette 1963 eine eigene Klinge aus rostfreiem Stahl ein. Ihr Preis lag unter dem von Wilkinson und seinen amerikanischen Konkurrenten. Damit beherrschten sie erneut den Markt und brachten ein paar Jahre später einen weiteren Satz leicht verbesserter Klingen heraus.

Gillette war und ist ein großartiges Unternehmen. Und doch …

Betrachtet man die ersten Jahrzehnte von Gillette als börsennotiertes Unternehmen, so ist es schwierig, Anzeichen dafür zu finden, dass das Unternehmen eines Tages ein 100-Bagger sein würde. In den ersten 20 Jahren hat sich die Aktie nicht sonderlich entwickelt. Sie ist um etwa 40 Prozent gestiegen. Das war's.

Wenn Sie all Ihre Dividenden genommen und wieder angelegt hätten, hätten Sie für jede 100 Dollar, die Sie investiert haben, etwa 340 Dollar erhalten. Das ist viel besser, aber für zwei Jahrzehnte auch nicht so toll. Das sind etwa 6,5 Prozent auf Jahresbasis – eine langsame Entwicklung. Erinnern Sie sich daran, dass Sie selbst bei einer jährlichen Rendite von zehn Prozent 48 Jahre brauchen, um einen 100-Bagger zu erreichen. Das Tempo von Gillette betrug nur zwei Drittel davon.

„Und das, obwohl der Nettogewinn in diesem Zeitraum kontinuierlich gestiegen ist", so Alejandro. „Dieser wuchs um das 3,5-Fache." Das liegt zum Teil an der Bewertung. Gillette kam nicht in den Genuss der „Zwillingsmotoren". Die Erträge stiegen, aber der Multiplikator auf diese Erträge schrumpfte tatsächlich. Im Jahr 1962 wurde die Aktie mit dem 20-Fachen des Gewinns gehandelt, aber zwei Jahrzehnte später wurde die Aktie nur noch mit dem 10-Fachen des Gewinns gehandelt.

Aber auch die sinkenden Gewinnmargen und die sinkende Kapitalrendite von Gillette haben dazu beigetragen:

Datum	Gewinnspanne	ROA
31.12.62	16,4 %	23,8 %
31.12.63	14,0 %	23,2 %
31.12.64	12,6 %	18,6 %
31.12.65	12,5 %	19,4 %
31.12.66	12,6 %	20,6 %
31.12.67	13,2 %	16,2 %
31.12.68	11,3 %	15,4 %
31.12.69	10,8 %	14,7 %
31.12.70	9,9 %	13,0 %
31.12.71	8,6 %	11,2 %
31.12.72	8,7 %	11,0 %
31.12.73	8,1 %	10,7 %
31.12.74	7,0 %	8,8 %
31.12.75	5,7 %	7,8 %
31.12.76	5,2 %	7,2 %
31.12.77	5,0 %	6,7 %
31.12.78	5,5 %	7,3 %
31.12.79	5,6 %	7,2 %
31.12.80	5,4 %	7,3 %
31.12.81	5,4 %	7,0 %
31.12.82	6,0 %	8,0 %
31.12.83	6,7 %	8,6 %

Mit anderen Worten: Es waren immer mehr Verkäufe und immer mehr Vermögenswerte erforderlich, um einen bestimmten Dollar an Gewinn zu erzielen. Die Eigenkapitalrendite, eine weitere wichtige Kennzahl, die wir in Kapitel 6 betrachten werden, ging ebenfalls zurück. Im Jahr 1962 brachte sie 31 Prozent für jeden investierten Dollar, 1982 waren es nur noch 18 Prozent.

Trotz der vielen Vorteile lief das Geschäft von Gillette offensichtlich nicht mehr so gut wie 1962. Hierfür gab es mehrere Gründe.

„Gillette musste zeitweise die Preise seiner Produkte senken, um konkurrenzfähig zu sein“, schreibt Alejandro, „so wie sie es bei der Wilkinson-Edelstahlklinge getan haben. Auch die Kosten für Forschung und Entwicklung in Verbindung mit den Ausgaben für die kontinuierlichen Produkteinführungen von Gillette (sowohl im Inland als auch weltweit) erforderten einen erheblichen Kapitaleinsatz.“

Erst als Gillette diese Trends umkehrte, begann der wahre Marsch in Richtung 100-Bagger-Dasein. Auch die Bewertung hatte ihren Tiefpunkt erreicht. Zu der Zeit, als die Aktie zu einem 100-Bagger wurde – von 1964 bis Mitte 1995 – lag das Kurs-Gewinn-Verhältnis bei satten 28. Auch der Umsatz und das Ergebnis stiegen schneller. Ab 1982 stieg der Umsatz in den folgenden 15 Jahren jährlich um fast elf Prozent. Die Erträge stiegen im gleichen Zeitraum sogar noch schneller, nämlich um fast 15 Prozent.

Und zweifellos trug ein gesünderes wirtschaftliches Umfeld dazu bei, dass die Ergebnisse in den 1980er- und 1990er-Jahren besser waren als in den 1970er-Jahren. Dennoch sind solche Dinge nicht vorhersehbar, und deshalb empfehle ich (sowie Phelps und andere), sich nicht als Wirtschaftsprognostiker zu versuchen. Dazu werde ich in späteren Kapiteln mehr sagen.

Die Fallstudie von Gillette unterstreicht mehrere Dinge, die wir bisher gelernt haben – zum Beispiel die Bedeutung von Wachstum. In dieser Hinsicht war Gillette wohl leichter zu erkennen als Amazon oder Comcast. Das Unternehmen konnte seine Gewinnspannen aufrechterhalten und erzielte eine üppige Eigenkapital- und Vermögensrendite.

Die Gillette-Fallstudie zeigt auch, wie die Bewertung im Laufe der Zeit einen großen Unterschied macht, wenn sich die Aktie von einem niedrigeren zu einem höheren Gewinnmultiplikator bewegt.

Allerdings sollten Sie lieber einen angemessenen Preis für ein schnell wachsendes, ertragreiches Unternehmen (wie Monster) zahlen als einen billigen Preis für ein mittelmäßiges Unternehmen. Eine kleine Rechnung zeigt, warum. Peter Lynch führt in seinem Buch „Der Börse einen Schritt voraus“ ein Beispiel an:

> Unter sonst gleichen Bedingungen ist ein 20-prozentiger Wachstumswert, der zum 20-Fachen des Gewinns verkauft wird (ein KGV von 20), ein viel besserer Kauf als ein 10-prozentiger Wachstumswert, der zum 10-Fachen des Gewinns verkauft wird (ein KGV von 10). Dies mag esoterisch klingen, aber es ist wichtig zu verstehen, was mit den Gewinnen der schneller wachsenden Unternehmen geschieht, die den Aktienkurs antreiben.

Hier ist die Rechnung:

	Unternehmen A (20 % Gewinnwachstumsrate)	Unternehmen B (10 % Gewinnwachstumsrate)
Basisjahr	1,00 $	1,00 $
1	1,20 $	1,10 $
2	1,44 $	1,21 $
3	1,73 $	1,33 $
4	2,07 $	1,46 $
5	2,49 $	1,61 $
7	3,58 $	1,95 $
10	6,19 $	2,59 $

Sie können sehen, wie radikal unterschiedlich die Situation bei den schnell wachsenden Unternehmen nach fünf, sieben und zehn Jahren ist. Wenn beide Aktien ihr KGV beibehalten, wird Unternehmen A bei 6,19 Dollar landen und Ihnen einen 5-Bagger bescheren. Unternehmen B wird 2,59 Dollar erreichen, was etwas mehr als einem Verdoppler entspricht. Selbst wenn die Aktie mit einem KGV von 20 auf ein KGV von 10 fallen würde, hätten Sie am Ende immer noch viel mehr Geld – das Dreifache.

Phelps erinnert uns daran, dass „gute Aktien selten ohne Freunde“ sind. Daher sind sie selten billig im üblichen Sinne. Lassen Sie sich von einem scheinbar hohen Anfangswert nicht von einer großartigen Aktie abschrecken.

Zusammenfassung

Diese Art der Analyse lässt sich beliebig fortsetzen. Wir könnten für jeden der 365 100-Bagger eine Fallstudie erstellen. Das wäre eine schwierige Lektüre. Ich werde also nicht zu viel Zeit auf Fallstudien verwenden.

Davon haben wir uns bereits genug angesehen. Und es zeichnet sich ein Grundmuster ab, auf das ich am Ende des Buches zurückkommen werde.

Ich möchte nochmals betonen, dass ich den statistischen Ansatz hier nicht sehr ernst nehme. Ich bin versucht, mehr Zahlen darüber zu nennen, wie ein typischer 100-Bagger aussah. Aber das wäre so, als würde man Ihnen den Durchschnittspreis für Immobilien in Columbus, Ohio, nennen. Dieser sagt nicht viel aus, denn es gibt Wohnimmobilien, Gewerbeimmobilien, Industrieimmobilien und so weiter. Die Bevölkerung ist zu vielfältig. Die Zahl hat nichts zu bedeuten. Dasselbe gilt für 100-Bagger.

In den nächsten Kapiteln möchte ich jedoch näher auf die Qualitäten eingehen, auf die Sie bei diesen großen Gewinnern achten sollten.

KAPITEL 6

DER SCHLÜSSEL ZUM 100-BAGGER

Wenn ein Unternehmen über einen Zeitraum von 20 oder 30 Jahren eine Kapitalrendite von 18 Prozent erwirtschaftet, ist das Ergebnis auch dann noch gut, wenn Sie einen scheinbar teuren Preis zahlen.

– Charlie Munger

Jason Donville von Donville Kent Asset Management stellt eine interessante Hypothese auf.

Er sagt: Stellen Sie sich vor, Sie hätten vor 15 Jahren in einen Fonds investiert, dessen Fondsmanager die in der folgenden Tabelle „Sagenhafte Renditen“ angegebenen Renditen erzielte. Auf den ersten Blick könnte man meinen, den nächsten Bernie Madoff gefunden zu haben, der ebenfalls lange Zeit unglaublich konstante Renditen erzielte – indem er sie erfand.

Aber das hier ist nicht Madoff. Das hier ist echt. Diesen Manager gibt es wirklich. Sein Name ist Gerry Soloway. Er ist der CEO eines kanadischen Verbraucherkreditunternehmens namens Home Capital Group (HCG).

Diese Renditen sind jedoch keine Renditen für einen Fonds. Die unten stehende Tabelle zeigt Ihnen die Eigenkapitalrendite von Home Capital in jedem der 15 Jahre von 1998 bis 2012.

Die Eigenkapitalrendite ist ein Maß für die Rendite, die ein Unternehmen mit dem in das Unternehmen investierten Eigenkapital erzielt. Angenommen, Sie haben 100 Dollar investiert, um Ihr eigenes Schuhputzgeschäft zu eröffnen. Im ersten Jahr verdienen Sie 25 Dollar. Ihre Eigenkapitalrendite würde 25 Prozent betragen.

„Im Laufe der Zeit", so Donville, „stimmen die Rendite einer Aktie und ihre Eigenkapitalrendite in der Regel recht gut überein." Wenn Sie am 1. Januar 1998 in Home Capital investiert hätten, hätten Sie 1,63 Dollar pro Aktie gezahlt. Im Januar 2014 lag der Preis bei etwa 80 Dollar pro Aktie. (Heute sind die Aktien unter Berücksichtigung eines Aktiensplits im Verhältnis 1:2 98 Dollar pro Aktie wert.)

Sagenhafte Renditen

Jahr	Jährliche Rendite
1998	20,7 %
1999	21,8 %
2000	23,2 %
2001	23,8 %
2002	24,3 %
2003	27,4 %
2004	31,4 %
2005	31,8 %
2006	27,4 %
2007	28,9 %
2008	27,8 %
2009	28,2 %
2010	27,3 %
2011	27,1 %
2012	25,5 %

„Ohne Berücksichtigung der Dividenden", schreibt Donville, „ist die Aktie ein 49-Bagger über die letzten 16 Jahre." Rechnet man die Dividenden hinzu, hat die Aktie eine jährliche Rendite von 28 Prozent erzielt. Dies kommt der Eigenkapitalrendite von Home Capital ziemlich nahe.

Donville verbrachte viel Zeit mit der Suche nach Unternehmen wie Home Capital für seinen Fonds. Dies waren Unternehmen, die durchweg eine Eigenkapitalrendite von 20 Prozent oder mehr erzielten. Das ist nicht der einzige Faktor, denn Unternehmen mit hoher Eigenkapitalrendite können immer noch eine schlechte Investition sein. So spielt zum Beispiel auch der Preis eine Rolle. (Microsoft hatte schon immer eine hohe Eigenkapitalrendite, galt aber nach 2000 ein Jahrzehnt lang als miserable Aktie.)

Hat man aber erst einmal ein Home Capital gefunden, ist das Ziel, „diese Aktie oder diesen Aktienkorb so lange zu halten, wie das Unternehmen die genannten Renditen erzielen kann. Leichter gesagt als getan, aber dennoch machbar."

Donville schreibt einen vierteljährlichen Brief mit dem Titel *ROE Reporter*. Er schreibt über Aktien, die seine Kriterien erfüllen. Dabei handelt es sich überwiegend um kanadische Unternehmen, da Donville sich auf Kanada konzentriert. In dem Januar-Schreiben von 2014 wählte er unter anderem Home Capital aus.

Ich erzähle die Geschichte von Donville, um ein paar Punkte zu verdeutlichen. Erstens ist es wichtig, darüber nachzudenken, was ein Unternehmen mit dem Geld, das es investiert, verdienen kann. Wenn ein Unternehmen im Laufe der Zeit einen hohen Buchwert pro Aktie aufbauen kann, bedeutet dies, dass es in der Lage ist, mit hohen Renditen zu investieren.

Der zweite Punkt, den ich ansprechen möchte, ist, dass die Zeit Ihr Freund ist, wenn Sie solche Aktien besitzen. In nur 16 Jahren hat Home Capital das Vermögen seiner Anleger um das 49-Fache gesteigert. Diese Rendite konnte man nur erzielen, wenn man hartnäckig an der Aktie festhielt. Es lief nicht immer alles glatt. Um ein Extrembeispiel zu nennen, haben sich die Papiere im Jahr 2008 mehr als halbiert. Denken Sie daran, was für ein Fehler es gewesen wäre, zu diesem Zeitpunkt zu verkaufen!

Deshalb ist Donvilles Fokus auf die Eigenkapitalrendite hilfreich. Wenn man sich die obige Tabelle „Sagenhafte Renditen" ansieht, hätte man nicht verkauft. Ich habe ähnliche Darstellungen der Eigenkapitalrenditen von Unternehmen gesehen. Erinnern Sie sich an Phelps' Präsentation der Jahresergebnisse von Pfizer über einen Zeitraum von 20 Jahren? Die Eigenkapitalrendite liegt Jahr für Jahr bei 15 bis 19 Prozent – und das seit 20 Jahren. Er fragt Sie: „Würde ein Geschäftsmann, der nur diese Zahlen sieht, in die Aktie ein- und wieder aussteigen?"

Die Antwort lautet natürlich: Nein. Das wirft die Frage auf: Warum sind so viele Anleger nicht in der Lage, stillzuhalten? Diese Frage müssen Sie sich selbst beantworten. Die Menschen haben alle möglichen Antworten vorgebracht. Aber seien Sie sich bewusst: Die einzige Möglichkeit, eine 49-fache oder 100-fache Rendite zu erzielen, besteht darin, „richtig zu kaufen und durchzuhalten", wie Phelps sagt.

Selbst niedrige Renditen summieren sich eindrucksvoll. Eine Rendite von 15 Prozent bedeutet, dass sich eine Investition in fünf Jahren verdoppelt und in zehn Jahren vervierfacht. Nach 20 Jahren ist dieser Bestand mehr als 14-mal so groß wie zu Beginn.

Suche nach 100-Baggern in High-ROE-Aktien

Der Capital Ideas Fund von Jason Donville ist seit seiner Auflegung im Jahr 2008 ein Top-Performer.

Die Investition in Unternehmen mit hoher und dauerhafter Eigenkapitalrendite ist die besondere Zutat, die seinem Fonds einen solchen Kick verleiht. Ich rief Jason an und erklärte ihm das 100-Bagger-Projekt und meine ersten Erkenntnisse. Viele 100-Bagger erfreuten sich hoher Kapitalrenditen, die in den meisten Jahren 15 Prozent oder mehr betrugen.

„Das ist genau richtig, und genau danach suchen wir“, sagte er. Wir kamen ins Gespräch über seinen Ansatz und die Magie von Aktien, die sich hervorragend entwickeln.

Donville fand seine Inspiration in Warren Buffett – zumindest in einer Version von ihm. „Buffett vollzieht etwa in der Mitte seiner Karriere einen Stilbruch“, sagte Jason über das Orakel von Omaha. „In der ersten Hälfte seiner Karriere ist er ein klassischer Value-Investor im Stil von Benjamin Graham. Die Unterbewertung wird durch kurzfristige buchhalterische Kennzahlen definiert – niedriges Kurs-Buchwert-Verhältnis, niedriges Kurs-Cashflow-Verhältnis, niedriges Kurs-Gewinn-Verhältnis.“

Dann trifft Buffett Charlie Munger und übernimmt eine neue Definition von Wert, die sich auf Aktien konzentriert, die im Verhältnis zum Nettogegenwartswert zukünftiger Cashflows günstig sind. „Bei Buffett I“, so Jason, „ist die Vorhersage künftiger Cashflows nicht so wichtig, weil man nur versucht, etwas im Verhältnis zur Bilanz des laufenden Jahres oder zur Gewinn-und-Verlust-Rechnung des laufenden Jahres wirklich günstig zu kaufen.“

„Bei Buffett II“, so Jason weiter, „muss er ein gewisses Gespür dafür haben, wohin sich die Erträge entwickeln. Und deshalb wird er nicht in Unternehmen investieren, die er nicht versteht, weil er die Erträge nicht vorhersagen kann.“

Die Aktien, die auf Basis des Nettogegenwartswertes am attraktivsten sind, sind diejenigen, die ein hohes Wachstum aufweisen können. Und um ein überdurchschnittliches Wachstum zu erzielen, müssen sie einen nachhaltigen Wettbewerbsvorteil haben. Diese Aktien erwirtschaften hohe Eigenkapitalrenditen.

„Und von dort kommen viele der 100-Bagger“, sagte Jason. „Ich sage nicht, dass sie nicht auch woanders herkommen können. Andere Unternehmen werden durchstarten und die 100er-Marke knacken, aber man kann sie nicht im Voraus kommen sehen. Man kann nur staunend auf diese Minen-Aktie blicken, die keine Vermögenswerte und keine

Gewinne hatte, und sehen, wie sie um das 100-Fache gestiegen ist. Aber Ihre und meine Möglichkeiten, die nächste solche Aktie zu finden, sind praktisch gleich null."

Ich stimme zu. Wenn ich mir die 100-Bagger ansehe, finde ich zwei große Typen: die scheinbar zufälligen Kracher (wie ein Ölunternehmen, das auf eine Quelle stößt) und die berechenbareren Kumulierer mit diesen hohen ROEs. Jason bevorzugt Letztere.

Nehmen wir einmal an, Dunkin' Donuts ginge an die Börse, wenn es nur 35 Standorte hätte. Wir würden sagen: Tolles Konzept, tolle Wirtschaftlichkeit, tolles Produkt und es gibt nur 35 Standorte. Die Vereinigten Staaten sind ein großer Markt. Es könnte eines Tages 8.000 Standorte haben. „Das ist die Art von Aktie, die in 20 oder 30 Jahren zu einem 100-Bagger werden könnte", sagte Jason. „Und das ist vorhersehbar. Wir könnten nach solchen Unternehmen Ausschau halten. ... Kleinere Unternehmen mit hoher Eigenkapitalrendite, die relativ leicht wachsen können."

Jason beginnt seinen Prozess mit einem Screening des Marktes, bei dem er nach Aktien mit hoher Eigenkapitalrendite sucht. „Wenn ein Unternehmen vier oder fünf Jahre in Folge eine hohe Eigenkapitalrendite hat – und diese nicht durch Fremdkapital, sondern durch hohe Gewinnspannen erzielt –, ist das ein guter Ausgangspunkt", sagte er.

Der ROE allein reicht jedoch nicht aus. Jason sucht nach einem weiteren Schlüsselelement, das bei der Schaffung von Multibaggern eine Rolle spielt. „Der zweite Faktor erfordert etwas Gefühl und Urteilsvermögen. Es sind die Fähigkeiten des Managementteams bei der Kapitalallokation", sagte er. Hier führt er ein Beispiel an.

Nehmen wir an, wir haben ein Unternehmen mit einem Eigenkapital von 100 Millionen Dollar und machen einen Gewinn von 20 Millionen Dollar. Das ist eine Eigenkapitalrendite von 20 Prozent. Es gibt keine Dividende. Wenn wir die 20 Millionen Dollar am Ende des Jahres einfach auf die Bank bringen würden, bekämen wir, sagen wir, zwei Prozent Zinsen auf dieses Geld. Der Rest des Unternehmens würde jedoch weiterhin eine Eigenkapitalrendite von 20 Prozent erzielen.

„Die Eigenkapitalrendite von 20 Prozent wird im ersten Jahr tatsächlich auf etwa 17 Prozent und dann auf 15 Prozent sinken, da die Barmittel, die eine Rendite von zwei Prozent erwirtschaften, sich mit dem Geschäft, das eine Rendite von 20 Prozent erwirtschaftet, vermischen", so Jason. „Wenn ein Unternehmen Jahr für Jahr eine Eigenkapitalrendite von 20 Prozent hat, nimmt jemand den Gewinn am Ende des Jahres und investiert ihn wieder in das Geschäft, damit die Eigenkapitalrendite so hoch bleibt, wie sie ist."

Viele Menschen wissen nicht, wie wichtig die Fähigkeit ist, diese Gewinne zu reinvestieren und eine hohe Eigenkapitalrendite zu erzielen. Jason sagte mir, dass er bei seinen Gesprächen mit dem Management vor allem über dieses Thema sprechen möchte: Wie investieren Sie das Geld, das das Unternehmen erwirtschaftet? Vergessen Sie Ihr Wachstumsprofil. Lassen Sie uns über Ihre letzten fünf Übernahmen sprechen!

Die Eigenkapitalrendite muss nicht unbedingt eine gerade Linie sein. Jason führte das Beispiel von Schlumberger an, einem Öl- und Gasdienstleistungsunternehmen. Er wird das anwenden, was er „Through-the-Cycle ROE" nennt. Wenn die Eigenkapitalrendite in einem schlechten Jahr bei 10 Prozent und in einem guten Jahr bei 30 Prozent liegt, dann zählt das als ein Durchschnitt von 20 Prozent.

„Ich fühle mich wohl, wenn ich diese Art von Aktien kaufe", sagte Jason, „und idealerweise kaufe ich sie in einem schlechten Jahr."

Aber er hat kein Interesse an Unternehmen, die in einem Abwärtszyklus Geld verlieren. Das schließt zum Beispiel die meisten Bergbau- sowie viele Öl- und Gas-Aktien aus.

„Das wahre Geld lässt sich mit Bergbau-, Öl- und Gas-Aktien verdienen, bevor es Daten gibt, die von Leuten wie dir und mir analysiert werden können", sagte mir Jason. „Bei diesen Öl- und Gas-Aktien, die um das 100-Fache gestiegen sind, sagt man sich: ‚Ja, aber zu der Zeit, als es sich um einen 1- oder 2-Bagger handelte, gab es nichts, was ein Analyst hätte untersuchen können.' Die Einzigen, die es verstanden haben, waren diejenigen, die von Anfang an ein Lotterielos gekauft haben. Und sie haben gewonnen. Aber man kann kein System um diese Art von Aktienauswahl herum aufbauen."

Im Gegensatz dazu konnte man eine kleine Panera-, Chipotle- oder Dunkin'-Donuts-Aktie kaufen, als sie frisch an die Börse kam. Es gab genug zu analysieren. „Einige dieser Ideen für Schnellrestaurants könnten sich über einen langen Zeitraum als sehr erfolgreich erweisen", sagte er.

Ich fragte nach Aktienrückkäufen, die die Eigenkapitalrendite erhöhen. Im Allgemeinen ist er Agnostiker. Aber er ist misstrauisch gegenüber Rückkäufen bei fehlendem Umsatzwachstum. „Wenn ein Unternehmen über einen enormen Cashflow verfügt, aber das Umsatzwachstum fünf Prozent oder weniger beträgt, kann die Aktie nicht weiter steigen", sagte er. „IBM ist ein gutes Beispiel. Guter ROE. Billig. Aber das Fehlen von Umsatzwachstum bedeutet, dass der Rückgang der Aktienanzahl durch eine mehrfache Kontraktion ausgeglichen wurde." Das Ergebnis ist, dass die Aktie ins Leere läuft.

Jason zögert, ein Unternehmen mit hoher Eigenkapitalrendite zu kaufen, bei dem die Gewinnspanne nicht mindestens zehn Prozent beträgt. Aber wenn er ein gutes Exemplar findet, setzt er alles auf eine Karte.

„Ich habe den Fonds gegründet, um mein eigenes Geld zu verwalten", sagte er mir. „Ich habe den Leuten gesagt, wenn ihr keine Gewinner auswählen könnt, solltet ihr in börsengehandelte Fonds (ETFs) investieren. Aber wenn man Gewinner auswählen kann und nur ein Prozent in seine beste Idee investiert, ist das irrational."

Jasons Fonds erlaubt es ihm, bis zu 20 Prozent in jede einzelne Aktie zu investieren, wobei er sich selbst ein Limit von 12,5 Prozent auferlegt hat. Die ersten fünf machen in der Regel 50 Prozent des Fonds aus. Es handelt sich um hochwertige Unternehmen. „Es gibt keinen

Schrott im Portfolio", sagte er. „Wenn eines dieser Unternehmen ein schlechtes Quartal hat, fällt die Aktie nicht um 35 Prozent. Sie fällt um drei Prozent, dann setzt die Eigenkapitalrendite ein und sie ist im Handumdrehen wieder beim Normalzustand."

„Wann verkaufen Sie?", fragte ich. „Wenn die Eigenkapitalrendite nicht unter 20 Prozent fällt, verkaufe ich in der Regel nicht", antwortete Jason, „es sei denn, die Bewertung wird unsinnig."

Und was ist mit Insider-Beteiligungen? Er scheint inhabergeführten Unternehmen den Vorzug zu geben, so wie ich es tue und wie unsere Studie zeigt, dass auch Sie es tun sollten – dazu später mehr. „Wir suchen nicht danach, aber wir finden sie oft", sagte er. Diejenigen, die durchweg gute Entscheidungen treffen, sind in der Regel Eigentümer, die auch etwas zu verlieren haben. Sie neigen auch nicht dazu, Risiken für das Unternehmen einzugehen.

„Die cleveren Unternehmer machen keine Homeruns", sagte Jason. „Sie schlagen eine Menge Singles." Er erwähnte Constellation Software und MTY Food Group, zwei seiner größeren Positionen. Das Management besitzt immer noch eine Menge Aktien. Und es schlägt viele Singles. Das Endergebnis ist ein wirklich schönes Muster von Wachstum ohne Risiko, sagte er.

Zusammengefasst: Es ist wichtig, ein Unternehmen zu haben, das seine Gewinne zu einem hohen Prozentsatz (20 Prozent oder mehr) reinvestieren kann. Die Eigenkapitalrendite ist ein guter Ausgangspunkt und ein angemessener Näherungswert. Ich würde mich nicht sklavisch an diese oder irgendeine andere Zahl klammern, aber das Konzept ist wichtig.

Sie sollten in irgendeiner Weise an die Kapitalrendite denken – je höher, desto besser.

Sie sollten darüber nachdenken, was ein Unternehmen mit dem investierten Geld verdienen kann und ob es in der Lage ist, Barmittel zu diesem Satz zu reinvestieren – je länger, desto besser.

Der Weg zum 100-Bagger ist ansonsten viel, viel schwieriger.

KAPITEL 7

EIGENTÜMER-UNTERNEHMER: SIE TRAGEN RISIKO

Meine Erfahrung als Vermögensverwalter legt nahe, dass unternehmerischer Instinkt mit einem beträchtlichen Aktienbesitz gleichzusetzen ist … Wenn das Management und der Vorstand keine nennenswerte Beteiligung am Unternehmen haben – mindestens 10 bis 20 Prozent der Aktien –, sollten Sie die Stimmrechtsvertretung wegwerfen und sich anderswo umsehen.

– Martin Sosnoff, „Silent Investor, Silent Loser"

Erinnern Sie sich an die „Seinfeld"-Folge „Der Börsentipp"? George versucht, Jerry davon zu überzeugen, mit ihm in eine Aktie einzusteigen. Da ist dieser Typ, Wilkinson. Er hat ein Vermögen an der Börse gemacht, sagt George. Als Jerry zögert, sagt George: „Komm schon. Wilkinson hat Millionen in diese Aktie investiert."

Am Ende ist die Aktie erfolgreich und George macht 8.000 Dollar. Die Episode ist witzig, aber sie spiegelt auch eine Börsenweisheit wider: Wetten Sie auf die Leute, die auch etwas davon haben.

An dieser Stelle möchte ich ein Lieblingsthema von mir ansprechen, das auch für die 100-Bagger gilt: der Fall des Eigentümer-Unternehmers –

oder das Investieren mit Leuten, die einen großen Teil der Aktien besitzen, die Sie kaufen.

Doch zunächst möchte ich auf eine besondere Eigenart unseres Marktes eingehen, die das Thema der Eigentümer-Unternehmer aktuell macht. Dazu möchte ich auf einige Arbeiten der Geldverwaltungsfirma Horizon Kinetics zurückgreifen.

Ich habe an einem Conference Call mit Peter Doyle, einem Vermögensverwalter des Unternehmens, teilgenommen. Und wir hatten eine gute Diskussion darüber, wie die Popularität von börsengehandelten Fonds (ETFs) den Markt verzerrt. ETFs sind im Wesentlichen fertige Wertpapierkörbe, die Sie wie eine Aktie kaufen. Es gibt Immobilien-ETFs, Öl-ETFs, Gold-ETFs und so weiter. Wenn die Leute in einen börsengehandelten Fonds investieren, muss dieser sein vorgegebenes Portfolio nachbilden – unabhängig davon, wie die Aktienkurse stehen.

Die Macher dieser börsengehandelten Fonds nehmen gern große liquide Aktien in ihre Fonds auf. Diese sind leicht zu kaufen und zu verkaufen. Das Problem besteht darin, dass Unternehmen, die von Insidern kontrolliert werden, aufgrund ihrer großen Beteiligungen in der Regel nicht so liquide sind wie ihre Konkurrenten. Daher umgehen die ETFs solche Unternehmen oder gewichten sie gering.

Als Ergebnis, so Doyle, „stellen wir fest, dass diese Eigentümer-Unternehmen ... preislich weit unter dem Marktniveau liegen, aber ... sie haben Kapitalrenditen, die weit über dem S&P-500-Index oder jedem anderen Index liegen, den Sie betrachten könnten."

Das ist wirklich eine unglaubliche Chance für den Börsenspekulanten. Sie erhalten die besseren Unternehmen zu günstigeren Preisen. Doyle führte ein gutes Beispiel an, um zu zeigen, wie dysfunktional die Dinge sind: Simon Properties.

Dabei handelt es sich um den größten Betreiber von Einkaufszentren in den Vereinigten Staaten. Die Aktie war direkt nach oben gegangen. Im März 2009 lag sie bei 26 US-Dollar pro Aktie. Zum Zeitpunkt von Doyles Rede im Jahr 2014 waren es 158 Dollar pro

Aktie. Die Rendite der Aktie betrug 2,9 Prozent. Sie wurde mit mehr als dem 30-Fachen des Gewinns gehandelt.

Und die Familie Simon? Sie waren Verkäufer.

Die Familie hat Aktien im Wert von über einer Milliarde Dollar auf den Markt geworfen, was dem Aktienkurs (oder der Liquidität) zugutekam. Der Titel war bereits stark in ETFs vertreten. Nun wurde die ETF-Beteiligung noch stärker.

Sie haben also eine Situation, in der die Aktie teuer ist und Insider verkaufen, aber die börsengehandelten Fonds ohne zu zögern mehr kaufen. Es gab andere Immobiliengesellschaften, die Insidern gehörten und zur Hälfte (oder weniger) der Bewertung von Simon gehandelt wurden, aber die doppelte Rendite abwarfen. „Aber weil es nicht viel Streubesitz gibt, werden sie vernachlässigt“, so Doyle. „Das sind die Arten von Wertpapieren, die wir prüfen und versuchen, in die meisten unserer Fonds aufzunehmen.“

Auf dem unübersichtlichen Markt von heute kann das Vorhandensein von Eigentümer-Unternehmern ein Signal für einen wahrscheinlichen Wert sein. Und wie beim Wert ist ein inhabergeführtes Unternehmen ein Prädiktor für zukünftige Outperformance. „Eigentümer-Unternehmen neigen dazu, über einen längeren Zeitraum hinweg den breiten Aktienmarkt bei Weitem zu übertreffen“, so Doyle.

Zu diesem Thema gibt es eine Fülle von Untersuchungen und praktischen Erfahrungen. Was die Forschung betrifft, so gibt es einige relevante Studien:

- Joel Shulman und Erik Noyes (2012) untersuchten die historische Aktienkursentwicklung von Unternehmen, die von den Milliardären der Welt geführt werden. Sie fanden heraus, dass diese Unternehmen den Index um 700 Basispunkte (oder sieben Prozent jährlich) übertrafen.
- Rüdiger Fahlenbrach (2009) untersuchte geschäftsführende Gründer und stellte fest, dass diese mehr in Forschung und

Entwicklung investierten als andere CEOs und sich eher auf den Aufbau von Shareholder Value konzentrierten als auf wertvernichtende Übernahmen.

- Henry McVey und Jason Draho (2005) untersuchten Unternehmen, die von Familien geführt werden, und stellten fest, dass diese Unternehmen eine vierteljährliche Gewinnprognose vermieden. Stattdessen konzentrierten sie sich auf die langfristige Wertschöpfung und schnitten besser ab als ihre Konkurrenten.

Es gibt noch viel mehr, aber Sie verstehen, worum es geht. Menschen, die ihr eigenes Vermögen aufs Spiel setzen, treffen als Gruppe bessere Entscheidungen als diejenigen, die angeheuert werden. Das Ergebnis ist, dass die Aktionäre mit diesen Eigentümer-Unternehmen besser fahren. Horizon Kinetics hat eine übersichtliche Grafik erstellt, die den Unterschied zwischen einem typischen börsennotierten Unternehmen und einem Eigentümer-Unternehmen veranschaulicht (siehe die nachstehende Abbildung).

Das typische börsennotierte Unternehmen im Vergleich zum Eigentümer-Unternehmen

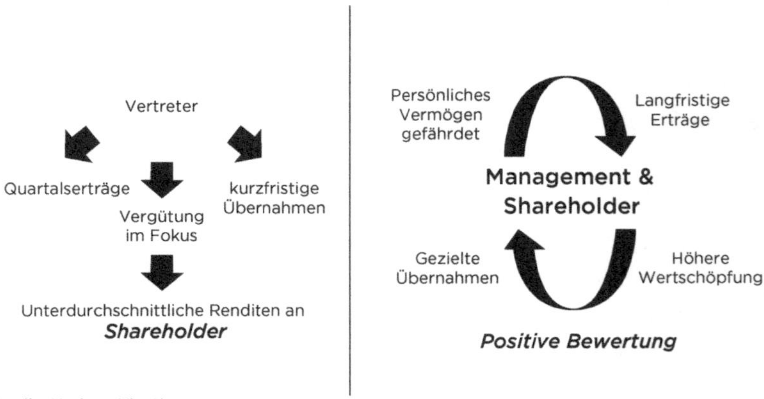

Quelle: Horizon Kinetics

Der Virtus Wealth Masters Fund (VWMCX), der von Murray Stahl und Matthew Houk verwaltet wird, konzentriert sich auf Eigentümer-Unternehmen. Damit eine Aktie in den Fonds aufgenommen werden kann, muss das Management „ein erhebliches Eigeninteresse" haben.

Stahl und Houk schreiben:

> Da ein erheblicher Teil des persönlichen Kapitals des Eigentümer-Unternehmers auf dem Spiel steht, genießt er im Allgemeinen eine größere Handlungsfreiheit und kann sich besser auf den Aufbau eines langfristigen Unternehmenswertes (zum Beispiel Eigenkapital) konzentrieren. Der Weg der Eigentümer-Unternehmer zu persönlichem Wohlstand führt über die langfristige Wertsteigerung von Stammaktien und nicht über die Gewährung von Aktienoptionen, Boni oder Gehaltserhöhungen, die sich aus der Erreichung kurzfristiger finanzieller Ziele ergeben und als Anreiz für angestellte Geschäftsführer dienen.

Ein Beispiel für eine solche Beteiligung ist die Colfax Corp. (CFX), ein Hersteller einer Vielzahl von Industrieprodukten. Die Brüder Steven und Mitchell Rales besitzen 24 Prozent der Aktien. Sie besitzen auch 15 Prozent der Danaher Corp., eines ähnlichen Unternehmens. „Die Rendite der Danaher-Aktien, hätte man sie in den letzten zehn Jahren gehalten, hätte das 3,4-Fache betragen", schreiben die Fondsmanager, „und weit mehr als das 59-Fache, wenn sie 22 Jahre lang gehalten worden wären. Colfax ist eine Neuauflage von Danaher, allerdings in einer früheren Wachstumsphase."

Mein Rat ist also wieder, bei den Eigentümer-Unternehmern zu bleiben.

In der eingangs erwähnten „Seinfeld"-Folge verkauft Jerry in Panik, als der Aktienkurs sinkt, weil er befürchtet, dass etwas nicht stimmt. Aber Wilkinson, der Insider, verkauft nicht. Am Ende hält George mit Wilkinson durch. „Ich habe dir gesagt, du sollst nicht verkaufen“, sagt er zu Jerry. „Wilkinson hat abgeräumt.“ Genauso wie George.

Ich habe Matt Houk, den Co-Manager des Virtus Wealth Masters Fund, angerufen, um mit ihm über die Besonderheiten von Eigentümer-Unternehmern zu sprechen.

Auf Milliardäre wetten

Die Soziologie des symbolischen Aktienbesitzes von leitenden Angestellten und Direktoren fast aller großen Unternehmen verstärkt einen antiunternehmerischen Stil, der selbst von professionellen Investoren als normales Verhalten angesehen wird.

– Martin Sosnoff, „Silent Investor, Silent Loser“

„Als meine Mutter mich fragte, was ich in diesen Tagen mache, habe ich es ihr so erklärt“, erzählt Matt Houk. „Ich sagte: ‚Okay, Mama, was wäre, wenn Warren Buffett zu dir käme und sagte, er würde dein Geld [gegen eine kleine Gebühr] verwalten – würdest du ihn lassen?‘

‚Natürlich.‘

‚Was ist mit Carl Icahn?‘

‚Ja.‘

‚Was ist mit Bill Ackman, David Einhorn oder der Familie Tisch von Loews? Würdest du sie für dieses Honorar dein Geld verwalten lassen?‘

‚Ja, absolut.‘

‚Und genau darum geht es bei diesem Fonds. Man verwaltet dein Geld gegen eine sehr angemessene Gebühr und du erhältst Zugang zu Talenten aus dem Bereich Private Equity.‘“

„Seltsam, dass es so ein Produkt nicht schon früher gab“, erklärte Matt. „Es ist ein so einfaches Konzept. Wenn Sie Ihr Geld in ein Unternehmen stecken, vertrauen Sie es dem Vorstandsvorsitzenden, dem CEO, dem Vorstand an. Es wäre schön, wenn sie zusammen mit Ihnen investiert wären.“

Diese Idee ist ein wesentlicher Bestandteil meiner eigenen Anlagephilosophie. Sie hilft auch dabei, 100-Bagger aufzuspüren. Denkt man an einige der größten Aktien des letzten halben Jahrhunderts, so findet man dahinter oft einen Eigentümer-Unternehmer: Steve Jobs bei Apple. Sam Walton bei Walmart. Bill Gates bei Microsoft. Howard Schultz bei Starbucks. Warren Buffett bei Berkshire Hathaway. Die Liste lässt sich beliebig fortsetzen. Diese Leute sind alle Milliardäre.

Hierzu Matt: „Murray und ich haben eines Tages mit Ideen gespielt und gesagt: ‚Wäre es nicht cool, wenn du in einige dieser Vermögenslisten wie die Forbes 400 investieren könntest?' Ich fragte mich, wie das aussehen würde. Und so haben wir angefangen."

Das Ergebnis war der Wealth Index, den der Fonds nachbilden will. Um in den Index aufgenommen zu werden, müssen die Eigentümer-Unternehmer ein Vermögen von mehr als 500 Millionen Dollar und einen Unternehmensanteil im Wert von mehr als 100 Millionen Dollar aufweisen. Bei Anwendung dieses Filters verbleiben 148 Eigentümer-Unternehmer mit nachgewiesener Erfolgsbilanz. Die Zusammenstellung dieser Liste war nicht einfach – und vielleicht erklärt dies die Einzigartigkeit des Fonds.

In der Regel werden Fonds und Indizes auf der Grundlage leicht quantifizierbarer Daten erstellt, zum Beispiel nach Kurs-Gewinn-Verhältnis, Branche oder Land. Diese Dinge können Sie problemlos von jedem vernünftigen Datenanbieter herunterladen. Der Wealth Index war schwieriger zu erstellen.

„Es hat eine ganze Weile gedauert", sagte Matt.

> Wir waren in der New Yorker Stadtbibliothek und haben Mikrofiches nach wohlhabenden Personen aus den frühen 80er-Jahren durchsucht. Und dann haben wir uns jedes Quartal die Zeit genommen, die SEC-Einreichungen, Stimmrechtsvollmachten und Formulare 4s zu durchforsten. Das war sehr arbeitsintensiv.

> Der Geschäftsführer ist sehr wichtig. In diesem Zeitalter der übermäßigen Quantifizierung von allem verlieren wir die Tatsache aus den Augen, dass es wirklich auf die Menschen ankommt, die das Unternehmen führen. Es geht nicht unbedingt um das KGV oder das historische Gewinnwachstum.

Viele Aktien werden nicht in den Index aufgenommen, weil sie zu klein sind. Aber Matt hat mir gesagt, dass es bald einen Index geben könnte, der diese kleineren Eigentümer-Unternehmen erfasst.

„Wir haben mit der Idee einer kleineren Version des Wealth Index gespielt, um die Personen zu erfassen, die auf dem Weg nach oben sind, im Gegensatz zu denjenigen, die es bereits geschafft haben", so Matt. „Etwas wie Berkshire Hathaway ist attraktiv. ... Aber es ist ausgereift. Und Warren Buffett ist am Ende seiner Karriere angelangt. Sind seine Anreize die gleichen wie die eines Einhorn oder eines Ackman? Nein, das sind sie nicht. Ich denke also, eine kleinere Version könnte interessant sein."

Wir sprachen über einige Verhaltensweisen der Eigentümer-Unternehmer – zum Beispiel über ihre Vorliebe, Geschäfte zu machen, wenn andere Angst haben. Matt erläuterte:

> Meiner Meinung nach ist dies eines der wichtigsten Elemente der Unternehmen im Index. Die Menschen, die diese Unternehmen leiten, haben die Kontrolle. Wenn wir also einen Abschwung wie 2008 erleben, ist das genau der Zeitpunkt, an dem sie mehr Schulden aufnehmen und Barmittel einsetzen werden. Weil die Möglichkeiten so vielfältig sind. Das ist der Zeitpunkt, an dem man Geld ausgeben sollte. Das ist der Zeitpunkt, an dem man investieren sollte. Vergleichen Sie dieses Verhalten mit dem von Unternehmen, die von angestellten Geschäftsführern geleitet werden. Sie geben nur ungern Geld aus oder scheuen die Aufnahme von Schulden in einem hochvolatilen Umfeld. Ein ange-

stellter Geschäftsführer fürchtet sich so sehr davor, wie dies von der Öffentlichkeit und dem Vorstand wahrgenommen werden würde und wie sich das auf seine Karriereaussichten auswirken könnte. Sie sitzen einfach auf Bergen von Bargeld. Und das können Sie sehen. Es gibt derzeit so viele Artikel darüber, dass die Unternehmen in großem Umfang Bargeld horten.

Die Eigentümer-Unternehmer sind durch und durch opportunistisch. Wir haben über einige Beispiele wie Carl Icahn, den berühmten Dealmaker, gesprochen. Der Index enthält eine Reihe von Unternehmen, die von Icahn geführt werden. American Railcar, CVR Energy und Chesapeake sind drei davon.

„Wenn man jemanden wie Carl Icahn studiert", so Matt, „wird deutlich, dass er diese Unternehmen wie Schachfiguren benutzt." Betrachten wir zum Beispiel American Railcar und CVR Energy. In der ölreichen Region Bakken fehlte es an Pipelines, um das Öl zu Raffinerien wie CVR zu bringen. Eine der einzigen Möglichkeiten war, es auf Güterwaggons zu verladen, und genau die stellt American Railcar her. „Es ist interessant, ihn bei diesem Spiel zu beobachten", sagte Matt. „Er ist jetzt an Chesapeake beteiligt. Es gibt also eindeutig ein strategisches Element bei allem, was er tut."

Eigentümer-Unternehmer sind auch steuerlich effizient. Matt erwähnte hier John Malone von Liberty Media. „Sehen Sie sich seine Karriere an", sagte Matt. „Er hasst es, Steuern zu zahlen. Er versucht, das Einkommen vor Steuern zu minimieren, um seine Steuerbelastung zu senken. Aber wenn man sich Liberty Media anschaut, sieht es auf einer Kurs-Gewinn-Basis teuer aus, weil er versucht, den Gewinn zu reduzieren. Wenn man es von diesem traditionellen Standpunkt aus betrachtet, übersieht man das Wesentliche."

Interessant an diesen Eigentümer-Unternehmern ist auch, dass sie im S&P-500-Index – einem viel zitierten Index, der für den Gesamtmarkt stehen soll – unterrepräsentiert sind. Wie Matt schon sagte, verwendet der S&P 500 eine um den Streubesitz bereinigte Marktkapitalisierung, um das Gewicht im Index zu bestimmen – das heißt, der S&P zählt nur das, was sich nicht in den Händen von Insidern befindet.

„Das ist die Free-Float-Marktkapitalisierung", erklärt Matt. „Wenn also jemand wie Warren Buffett mehr Berkshire Hathaway kaufen würde, würde die Gewichtung im S&P 500 sinken. Das ist genau das Gegenteil von dem, was Sie sich wünschen würden. Wenn die Person, die das Unternehmen leitet, mehr Aktien kauft, dann sollte die Gewichtung, wenn überhaupt, steigen. Der S&P macht genau das Gegenteil, was lächerlich ist."

Würde ein Insider hingegen Aktien verkaufen, so würde deren Gewichtung im S&P 500 steigen – also genau das Gegenteil von dem, was man sich wünscht. Im Gegensatz zum S&P 500 sucht der Wealth Index (und damit der Wealth Masters Fund) nach Unternehmen mit einem bedeutenden Insider.

Probieren geht über Studieren, wie man so schön sagt. Und die Performance des Index ist erstklassig. Er hat den S&P 500 in den letzten 20 Jahren um rund 2,7 Prozent pro Jahr überflügelt. Der Wealth Masters Fund ist eine Möglichkeit für Sie, in diese Strategie zu investieren.

Es gibt auch akademische Belege für die Idee des Wealth Index.

„Als wir kurz vor der Einführung des Index standen", so Matt, „veröffentlichte das *Journal of Index Investing* einen Artikel mit dem Titel ‚The Rich Get Richer and So Can You: Investing in a Billionaire's Index'. Er beschrieb unsere Idee sehr genau. Wir waren erschrocken und dachten, jemand würde uns zuvorkommen. Andererseits war es schön zu sehen, dass ein unabhängiger Dritter das Konzept bestätigte." (Weitere Informationen zu diesem Artikel finden Sie im Kasten „Reichtum schafft Reichtum".)

Wir haben über die Zusammensetzung des Index gesprochen. Das höchste Gewicht (37 Prozent) hatten zyklische Konsumwerte wie AutoNation, Carnival, Hyatt Hotels oder Wendy's. Der Bergbau hatte kaum Gewicht, was Ihnen etwas sagen sollte. Es gab viele Finanz- und

Immobilienunternehmen. BOK Financial zum Beispiel ist eine von George Kaiser geführte Bank in Oklahoma. „Das ist eine der am besten geführten Banken der Geschichte", sagte Matt. „Wir reden hier nicht von einer Citi oder JPMorgan." Der Versicherer W. R. Berkley ist ein weiteres großartiges Beispiel. „Greenlight RE – geleitet von Einhorn", fügte Matt hinzu. „Das ist ein Finanzunternehmen, aber vor allem ist es das Unternehmen von David Einhorn."

Sie können alle Namen – eine Art fertige Watchlist – finden, indem Sie sich einfach die Bestände des Fonds ansehen, die er öffentlich bekannt gibt.

Der Index beherbergt auch eine Vielzahl von Insidern und Talenten: Familien, die auf eine lange Geschichte der Wertschöpfung zurückblicken – wie die Familie Marriott oder die Familie Pritzker. Und Anlegertypen wie Nelson Peltz (jetzt an Wendy's beteiligt), John Malone, Icahn, Ackman, Einhorn, Eddie Lampert und andere.

„Für den Durchschnittsbürger", resümierte Matt, „ist es nicht einfach, Zugang zu Investoren dieser Qualität zu bekommen. Sie können ihn nur über einen Hedgefonds oder eine Private-Equity-Gesellschaft erhalten. Und man muss einen hohen Lebensstandard haben, um die Voraussetzungen zu erfüllen. Dies ist jedoch ein indirekter Weg, um an diese Talente heranzukommen. Dann können Sie Ihr Geld von Nelson Peltz investieren lassen. Oder Sie können Carl Icahn und Warren Buffett haben."

REICHTUM SCHAFFT REICHTUM

„Der größte Teil des Reichtums bleibt in privaten finanziellen Arrangements verborgen, unbemerkt von neugierigen Beobachtern", schreiben die Professoren Joel Shulman und Erik Noyes. „Die Öffentlichkeit wird wahrscheinlich nie erfahren, welche Geheimnisse sich hinter diesem Geld verbergen."

Aber nicht all diese Reichtümer liegen im Verborgenen. Wie wir bei Matt Houk gesehen haben, besitzen und betreiben einige der reichsten Menschen der Welt öffentliche Unternehmen. Und wir können verfolgen, wie sie sich verhalten – was Shulman und Noyes getan haben.

Es überrascht nicht, dass sie feststellten, dass ihre Aktien im Durchschnitt gut abschnitten: „Wir kommen zu dem Schluss, dass ein Portfolio oder ein Index aus börsennotierten Aktien, die von den reichsten Menschen der Welt repräsentiert werden, insgesamt ein gutes Geschäft darstellt."

Der Milliardärsindex der Professoren – der dem Wealth Masters Index sehr ähnlich ist – übertraf seine Konkurrenten. Infolgedessen schlugen sie vor, einen Korb solcher Aktien zu kaufen. Auch Sie können das jetzt tun, indem Sie den Wealth Masters Fund kaufen.

Die Professoren haben nicht viel Zeit damit verbracht, darüber nachzudenken, warum solche Unternehmen so gut abschneiden. Aber sie geben ein paar Hinweise. Einer davon ist, dass die Reichen Zugang zu Netzwerken haben – durch soziale und geschäftliche Verbindungen –, die ihnen bessere Informationen liefern. Das hilft ihnen, ihren Vorsprung vor weniger gut vernetzten Gleichgesinnten zu halten.

In meinem Gespräch mit Matt Houk erwähnte er auch diesen Aspekt. Als Beispiel nannte er Steven Udvar-Házy, den CEO von Air Lease Corp. Udvar-Házy ist der Vater des Flugzeugleasinggeschäfts. Er hat gute Beziehungen in der Branche. Er kann ein Telefon in die Hand nehmen und fast jeden erreichen. Diese Tatsache verschafft Air Lease einen Vorteil.

Das ist ein Vorteil, der sich nicht in einem Finanzbericht oder einem Kurs-Gewinn-Verhältnis niederschlägt. Und doch ist er so real wie der Boden, auf dem Sie gehen.

Die Professoren führen viele weitere Erfolgsmerkmale auf: niedrige Kosten, geringe Verschuldung, Gewinne über Konjunkturzyklen hinweg, geringe Fluktuation unter den Führungskräften und das Bemühen um Anreize für alle Beteiligten. „Der kombinierte Effekt", schreiben die Professoren, „führt, wenn gut umgesetzt, zu einer explosiven Wertschöpfung für alle Beteiligten im Unternehmen."

Die genaue Mischung der Faktoren mag ein Rätsel sein, das erst im Nachhinein gelöst werden kann. Der wichtigste Gedanke ist jedoch, dass die Personen, die das Sagen haben, ihr persönliches Kapital aufs Spiel setzen. Das ist die einzigartige Eigenschaft, die sich durch all diese Geschichten zieht. Das ist das Geheimnis hinter dem Geld.

Auf der Jagd nach den 100-Baggern ist es hilfreich, auf Talente zu setzen. Überlegen Sie, wer der nächste Jobs, Walton oder Icahn sein könnte. Investieren Sie an der Seite talentierter Menschen. Viele der Aktien mit der besten Performance der letzten 50 Jahre hatten zumindest während eines Teils ihrer Geschichte eine solche Schlüsselfigur. Das ist die Kernaussage dieses Kapitels.

KAPITEL 8

DIE AUSSENSEITER: DIE BESTEN CEOS

Viele Menschen halten Jack Welch für einen großartigen CEO. Hätten Sie gemäß „The Outsiders: Eight Unconventional CEOs and Their Radically Rational Blueprint for Success“ (Die Außenseiter: Acht unkonventionelle CEOs und ihr radikal rationaler Plan zum Erfolg) von William Thorndike einen Dollar in GE investiert, als Welch 1981 das Ruder übernahm, hätten Sie 48 Dollar gehabt, als er GE 2001 an Jeffrey Immelt übergab. Das entspricht einer Durchschnittsrendite von 20,9 Prozent, während der Gesamtmarkt 14 Prozent erzielte. Die Gesamtrendite von GE war 3,3-mal so hoch wie die des Marktes.

Das ist eine verflixt gute Bilanz. (Die Frage, was nach seinem Weggang geschah, lasse ich mal beiseite.) Thorndike verwendet Welch als Maßstab für großartige CEO-Leistungen. War Welch der beste CEO aller Zeiten?

Nicht einmal annähernd.

Schauen wir uns das Buch von Thorndike an, das eine wichtige Studie darüber ist, wie große CEOs Werte schaffen. Ich kann es nur empfehlen. Das Buch wird Sie zu einem besseren Anleger machen. Und es dient als Handbuch für genau die Leute, nach denen ich so intensiv suche: wirklich großartige Eigentümer-Unternehmer. Und schließlich, was ebenso wichtig ist, beginnt die Suche nach dem nächsten 100-Bagger logischerweise mit einer Studie über die Zauberer, die es bereits geschafft haben.

Thorndike stellt acht CEOs vor. Vier ihrer Aktien wurden unter ihrer Aufsicht zu 100-Baggern. Zu diesen CEOs gehören Henry Singleton bei Teledyne (180-Bagger), Tom Murphy bei Capital Cities (204-Bagger) und John Malone bei TCI (900-Bagger). Oh, und Warren Buffett.

Es gibt auch vier, die es nicht ganz in die Liste der 100-Bagger schaffen, wie Katharine Graham bei der *Washington Post* (89-Bagger) und Bill Stiritz bei Ralston Purina (52-Bagger). Aber wir wollen hier nicht zu streng sein. Bei Stiritz dauerte dieser 52-Bagger nur 19 Jahre. Stellen Sie sich vor, Sie legen 10.000 Dollar bei ihm an und verwandeln sie in 520.000 Dollar. Das kann einen Ruhestand retten.

Der Punkt ist, dass Sie durch Investitionen in diese Leute einen Haufen Geld verdient haben. Sie mussten nicht einmal die ganze Zeit dabei sein.

Aber beginnen wir mit der Grundthese des Buches.

Der Hauptgedanke ist, dass diese CEOs alle großartige Kapitalallokatoren oder großartige Investoren waren. Kapitalallokation ist gleichbedeutend mit Investition. Und CEOs haben laut Thorndike fünf grundsätzliche Möglichkeiten: in bestehende Geschäfte investieren, andere Unternehmen erwerben, Dividenden zahlen, Schulden abbauen oder Aktien zurückkaufen. (Eine sechste Möglichkeit wäre, auf dem Geld sitzen zu bleiben, aber das verschiebt nur die Entscheidung, was man damit machen soll.)

Außerdem haben sie drei Möglichkeiten, sich Geld zu beschaffen: Sie können Aktien ausgeben, Schulden machen oder den Cashflow des Unternehmens anzapfen.

„Betrachten Sie diese Optionen zusammen als einen Werkzeugkasten“, schreibt Thorndike. „Langfristig werden die Renditen für die Aktionäre weitgehend von den Entscheidungen des CEOs bei der Wahl der Werkzeuge bestimmt.“

Beachten Sie, worum es hier nicht geht. Es geht nicht um ein „tolles Geschäft“. Es geht nicht darum, sich auf „wachsenden Märkten“ herumzutreiben. Es gibt keinen besonderen Vermögenswert, den man besitzen müsste. Die Außenseiter haben sowohl auf wachsenden als auch auf schrumpfenden Märkten ein Vermögen verdient. Sie haben es bei Konsumgütern und Medien getan. Sie haben es bei den Finanzdienstleistungen und im verarbeitenden Gewerbe geschafft. Die Industrie spielte keine Rolle.

„Keiner von ihnen hatte ein heißes, leicht reproduzierbares Einzelhandelskonzept oder Vorteile beim geistigen Eigentum gegenüber seinen Konkurrenten“, schreibt Thorndike. „Und doch haben sie sie bei Weitem übertroffen.“ Sie haben es geschafft, indem sie diesen Werkzeugkasten mit maximaler Wirkung eingesetzt haben. In diesem Punkt hatten sie einige gemeinsame Vorstellungen.

Jeder der Außenseiter teilte eine Weltanschauung, die ihm „die Zugehörigkeit zu einem kleinen intellektuellen Dorf verlieh“. Thorndike schreibt, jeder verstehe, dass:

- die Kapitalallokation die wichtigste Aufgabe des CEOs ist;
- der Wert pro Aktie entscheidend ist, nicht die Gesamtgröße oder das Wachstum;
- der Cashflow und nicht der Gewinn den Wert bestimmt;
- dezentralisierte Organisationen unternehmerische Energien freisetzen;
- unabhängiges Denken für den langfristigen Erfolg unerlässlich ist;
- es manchmal die beste Möglichkeit ist, eigene Aktien zu halten, und

- Geduld eine Tugend bei Akquisitionen ist, ebenso wie gelegentliche Kühnheit.

Sie teilten „altmodische, vormoderne Werte". Sie waren „zutiefst ikonoklastisch". Oft spiegelte sich dies in ihrer Geografie wider. New York City gehört nicht zu ihren Hauptzielen. Stattdessen haben sie sich selbst aus dem Finanzsystem herausgenommen.

Dies half ihnen, die Masse zu ignorieren, die gängigen Meinungen und den Trubel auszublenden. Sie förderten die „Einfachheit des Fokus". Außenseiter zeigen „ein Genie für Einfachheit", schreibt Thorndike. Dies ermöglichte es ihnen, „über das Wirrwarr der Fachkollegen und des Pressegeschwätzes hinwegzugehen und sich auf die wesentlichen wirtschaftlichen Merkmale ihres Unternehmens zu konzentrieren". Er liefert viele Beispiele für all diese Eigenschaften. Und das Ergebnis kann sich sehen lassen: einige atemberaubende Erfolgsbilanzen.

Nehmen wir Henry Singleton von Teledyne. (Dies ist eine meiner Lieblingsfallstudien in der gesamten Wirtschaftsgeschichte.) Teledyne war ein Konglomerat – nichts Besonderes. Aber sehen Sie sich an, wie Singleton seinen Werkzeugkasten benutzt hat. Er vermied die Zahlung von Dividenden. Er ignorierte die ausgewiesenen Gewinne und konzentrierte sich auf den Cashflow. Er veranlasste Teledyne, im Laufe der Zeit 90 Prozent seiner Aktien zurückzukaufen. Hätten Sie 1963 einen Dollar auf Singleton gesetzt, hätten Sie bei seiner Pensionierung im Jahr 1990 180 Dollar gehabt. Er schlug den Markt um das 12-Fache.

Singleton und sein Team waren auch Eigentümer. Ich kann dies nicht oft genug betonen. Als Singleton in den Ruhestand ging, besaß der Vorstand 40 Prozent der Aktien. Alle Anreize der Außenseiter stimmten mit denen der Aktionäre überein.

Betrachten wir ein weiteres gutes Beispiel: Tom Murphy bei Capital Cities. Zu Beginn hatte er fünf Fernsehsender und vier Radiosender. Sein Konkurrent CBS hatte die 16-fache Marktkapitalisierung von Capital Cities. Murphy saß am Steuer eines Ruderbootes, das gegen einen Ozeandampfer antrat. Als Murphy sein Werk vollbracht hatte, war Capital Cities dreimal so viel wert wie CBS. „Das Ruderboot hat gewonnen“, schreibt Thorndike. „Deutlich.“

Murphys Formel war denkbar einfach: Konzentrieren Sie sich auf den Cashflow. Nutzen Sie die Hebelwirkung, um weitere Immobilien zu erwerben. Verbessern Sie die Abläufe. Bauen Sie Schulden ab. Und wiederholen Sie das Ganze. Hätten Sie Murphy einen Dollar gegeben, als er 1966 CEO wurde, hätten Sie 204 Dollar gehabt, als er 29 Jahre später an Disney verkaufte. Diese Rendite beträgt fast 20 Prozent pro Jahr und übertrifft den Markt um fast das 17-Fache! (Und sie hat die Konkurrenz um das Vierfache geschlagen.) Unter Murphy kaufte Capital Cities 47 Prozent seiner Aktien zurück.

Ein weiteres großartiges Beispiel aus dem Buch ist John Malone bei dem Kabelbetreiber TCI. Seine Erfolgsbilanz war phänomenal. Jeder 1973 investierte Dollar wurde bis 1998 zu 900 Dollar. Das sind 30 Prozent pro Jahr für eine lange Zeit. Die Wettbewerber erzielten eine Rendite von 20 Prozent, während der Gesamtmarkt nur 14 Prozent zulegte. Darüber hinaus kaufte Malone 40 Prozent der ausstehenden Aktien zurück und erzielte damit eine Rendite von über 40 Prozent auf die Rückkäufe. (Ich sollte hinzufügen, dass alle Außenseiter mit ihren Rückkäufen hohe Renditen erzielten. Sie wussten, wie man günstig kauft.)

Betrachten wir ein weiteres Beispiel: Bill Stiritz von Ralston Purina. Er konzentrierte das Unternehmen auf eine grundlegende Kennzahl: die Eigenkapitalrendite. Um sie zu steigern, hat er Schulden gemacht. Er verkaufte Einheiten, die seine hohen Erwartungen nicht erfüllten. Es hat alles hervorragend funktioniert. Ein bei ihm angelegter Dollar war 19 Jahre später 57 Dollar wert. Das entspricht einer jährlichen Rendite von 20 Prozent und übertrifft damit die Vergleichsgruppe (17,7 Prozent) und den Markt (14,7 Prozent). Er befolgte viele der oben dargelegten Grundsätze. Stiritz kaufte auch viele Aktien zurück und zog 60 Prozent der Ralston-Aktien ein.

Ich kann der Tiefe ihrer Geschichten hier nicht gerecht werden. Thorndike leistet eine bewundernswerte Arbeit, indem er ein prägnantes Porträt der CEOs zeichnet. Dadurch bekommt man ein Gefühl für ihre Werte und ihren Hintergrund. Er erläutert auch, wie die Außenseiter die Schlüsselprinzipien ihres kleinen intellektuellen Dorfes vorantrieben, die ich zuvor skizziert habe.

Letztendlich gibt es keine konkrete Formel. Nichtsdestotrotz hat Thorndike uns einen großen Dienst erwiesen, indem er die wesentlichen Merkmale der Außenseiter und die Art und Weise, wie sie ihren Werkzeugkasten einsetzten, herausgearbeitet hat. Sie „verachteten Dividenden, tätigten disziplinierte (und gelegentlich große) Akquisitionen und setzten Fremdkapital selektiv ein, sie kauften viele Aktien zurück, minimierten die Steuern, führten dezentralisierte Organisationen und konzentrierten sich auf den Cashflow und nicht auf den ausgewiesenen Nettogewinn".

Die Außenseiter haben all diese Dinge nicht immer getan. Die Wahl des richtigen Werkzeugs aus dem Werkzeugkasten hing von den jeweiligen Umständen ab. Aber sie alle dachten wie Investoren und nutzten das Instrumentarium intelligent, um auf eine andere Art als herkömmliche CEOs einen großen Einfluss auszuüben.

Ich habe dieses Buch bereits mehreren CEOs und anderen Investoren empfohlen. Mein eigenes Exemplar ist voller markierter Seiten. Ich empfehle Ihnen, sich ein Exemplar zu besorgen und es sorgfältig zu lesen. „The Outsiders" gibt Ihnen einen Einblick in eine „radikal rationale" Welt. Unglaublicherweise wird diese Tatsache von den meisten Anlegern noch immer nicht erkannt. Aber es ist ein Buch, dessen Studium sich um ein Vielfaches lohnen wird.

Die nächsten Außenseiter

Kürzlich hatte ich die Gelegenheit, Thorndike über die zukünftigen 100-Bagger zu befragen.

In New York stellte sich Thorndike den Fragen von William Cohan, der früher Investmentbanker bei Lazard war und heute Bücher schreibt und im Fernsehen auftritt. Die New York Society of Security Analysts war Gastgeber der Veranstaltung. Es hat sich auf jeden Fall gelohnt.

Ich werde nicht die ganze Diskussion wiedergeben. Aber ich werde etwas davon mit Ihnen teilen, das Sie interessieren wird. Und das ist seine Antwort auf meine Frage. Ich fragte ihn, welche CEOs und Unternehmen seiner Meinung nach dem Vorbild der Außenseiter folgen.

Er brachte mehrere Ideen vor:

- *Nick Howley, TransDigm (TDG).* Thorndike nannte TransDigm ein „unglaubliches Unternehmen mit Sitz in Cleveland". TransDigm stellt hoch spezialisierte Teile für Flugzeuge her. Diese Teile sind schwer zu ersetzen. Sie sind entscheidend für das Fliegen von Flugzeugen. Und es gibt keinen Ersatz dafür. TransDigm hat also ein großartiges Geschäftsmodell. Wenn man dann noch Howleys aggressive Rückkäufe hinzunimmt, hat man eine superstarke Aktie.
  TransDigm hat einen kurzen Auftritt in dem Buch, der einige Seiten umfasst. Wenn Sie die Aktie kurz nach Erscheinen des Buches im Oktober 2012 gekauft hätten, wären Ihre Gewinne um 45 Prozent gestiegen. Die Aktie erscheint mir nie billig genug, aber es lässt sich nicht leugnen, dass sie ein Gewinner ist. Seit dem Börsengang im Jahr 2006 ist das Unternehmen um 660 Prozent gestiegen.
- *Steven und Mitchell Rales bei Danaher (DHR) und Colfax (CFX).* Die Brüder Rales sind die treibende Kraft hinter zwei Industrieunternehmen. Danaher kennen Sie wahrscheinlich. Es ist ein riesiges Unternehmen mit einem Umsatz von 58 Milliarden Dollar. Die Gebrüder Rales perfektionierten das Einkaufen kleinerer Industriewerte und deren Anschluss an die Danaher-Maschine.

Colfax ist interessanter, weil es kleiner (nur sechs Milliarden Dollar Marktkapitalisierung) und jünger ist. Das Unternehmen ging 2008 zu einem Preis von 18 Dollar pro Aktie an die Börse. Die Gebrüder Rales wenden bei Colfax im Grunde genommen die Danaher-Formel erneut an. Eine Weile hat es eine Spitzenperformance abgeliefert. Die Aktie scheint jetzt im Angebot zu sein, denn sie liegt 30 Prozent unter ihrem Höchststand.

- *Mike Pearson, Valeant Pharmaceuticals (VRX).* Dieses Beispiel ist umstritten. Es gibt einige lautstarke Kritiker, die der Meinung sind, dass das Geschäftsmodell von Valeant nur ein kleiner Fisch sei. Sie bestreiten auch die Bewertung und sind über den Aktienkurs verärgert. Andererseits habe ich gehört, wie Bill Ackman von Pershing Square das Unternehmen auf einer Grant's Conference überzeugend verteidigte. Er verwies auf die steigenden Cash-Einnahmen und die Logik der Geschäftsabschlüsse von Pearson.
- *NVR Inc. (NVR).* Das ist der klare Außenseiter unter den Bauunternehmen. Murray Stahl von Horizon Kinetics schrieb Ende 2013 darüber. Er fasste die herausragenden Merkmale des Projekts zusammen:

> NVR ist eine Art Kuriosität in der Hausbauindustrie. Das Unternehmen entschied sich, nicht in schnell wachsende Märkte wie Kalifornien und Arizona einzutreten, blieb während der Immobilienkrise solide profitabel und verfügt derzeit über mehr Barmittel als Schulden. Dieser konservative Managementansatz hat dazu geführt, dass das Unternehmen im Laufe des letzten Jahrzehnts fast die Hälfte seiner ausgegebenen Aktien zurückgekauft hat.

Wenn Sie jemals ein Hausbauunternehmen besitzen wollen, sollten Sie mit diesem beginnen.

- *ExxonMobil (XOM).* Thorndike führte eine 35-jährige Erfolgsbilanz an. Das ist lang und langweilig. Und es kommt mir ausgereizt vor. Die Aktie ist schon seit fünf Jahren ein Ladenhüter. Aber vielleicht können Sie trotzdem gutes Geld mit ihr verdienen.
- *Eine ganze Reihe von Mini-Berkshire-Versicherungsgesellschaften.* Markel (MKL), White Mountains (WTM) und Fairfax Financial Holdings (FFH an der Börse von Toronto). Sie kennen sie wahrscheinlich. Alle folgen dem gleichen Modell. Sie haben Versicherungsgesellschaften. Und sie legen die Mittel kreativ an, um im Laufe der Zeit überdurchschnittliche Erträge zu erzielen. Das ist immer eine interessante Reihe von Namen. Ich beobachte sie alle. Wenn der Markt wieder einmal einbricht, sollten Sie aufpassen – das könnte der einzige Zeitpunkt sein, zu dem Sie eines dieser Produkte zu einem günstigen Preis erwerben können.
- *Leucadia National (LUK).* Nebenbei bemerkt wollte Thorndike Ian Cumming und Joseph Steinberg in das Buch aufnehmen. Das Duo leitete Leucadia National, einen 250-Bagger. Aber das zurückgezogen lebende Duo wollte nicht mit dem Autor zusammenarbeiten. Thorndike entschied sich also, sie nicht einzubeziehen, weil er es für wichtig hielt, sich mit jedem lebenden CEO zu treffen. Er schrieb das Kapitel, veröffentlichte es aber nicht. Heute ist Leucadia ein ganz anderes Kaliber. Es gab eine große Fusion mit der Investmentbank Jefferies. Cumming ging in den Ruhestand. Steinberg blieb Chairman. Aber Rich Handler, der Chef von Jefferies, steht jetzt auch an der Spitze von Leucadia. Jefferies ist ein wichtiger Teil von LUK. Im Grunde genommen sollten Sie LUK nicht besitzen, es sei denn, Sie mögen Jefferies. Vielleicht wird die Kultur des alten Leucadia weiterleben. Aber ich habe da so meine Zweifel.
- *AutoZone (AZO).* Ich habe bereits über AutoZone geschrieben. Es hat einen großartigen Incentive-Plan. Alle Leistungsindikatoren – Kapitalrendite, Gewinn pro Aktie und Gesamtrendite für die

Aktionäre – sind perfekt auf die Interessen der Aktionäre abgestimmt. Kein Wunder also, dass der CEO ein Fan von Aktienrückkäufen ist. Die Anzahl der AutoZone-Aktien ist in den letzten 13 Jahren um 75 Prozent gesunken. Die jährliche Gesamtrendite für die Aktionäre liegt bei 21 Prozent – gegenüber nur drei Prozent für den Gesamtmarkt. (Dieses Beispiel steht im Widerspruch zu Donvilles Einwänden gegen IBM und Rückkäufe. Wir werden uns in Kapitel 11 ausführlicher mit Rückkäufen befassen.)

Schließlich erwähnte Thorndike noch ein Unternehmen, das mir bekannt vorkam, aber ich konnte es zunächst nicht einordnen:

- *Mark Leonard, Constellation Software (CSU:tsx).* Er nannte es ein „kleines, aber ausgezeichnetes Unternehmen in Kanada". Dann wurde es mir klar. Ich wusste, wo ich über dieses Unternehmen gelesen hatte: in J. P. Donvilles *ROE Reporter*. Ich habe den Artikel von Donville ausgegraben. Hier ist ein Auszug:

  > Ich bin ein Fan von Technologieunternehmen, und zwei Unternehmen, die wir im Laufe der Jahre häufig geprüft haben, sind Constellation Software und Descartes Systems. Beide Unternehmen sind sehr erfolgreiche Softwarefirmen und erhalten daher jeweils gute Noten in Bezug auf die Herstellung und den Verkauf von Produkten. Wir haben uns jedoch dafür entschieden, Constellation Software gegenüber Descartes zu bevorzugen, da wir der Meinung sind, dass Constellation Software eine viel bessere Kapitalallokation aufweist. Die Eigenkapitalrendite von Constellation (wie wir sie messen) ist in der Regel dreimal so hoch wie die von Descartes. ... Die überlegene Kapitalallokationsstrategie von Constellation hat einen erheblichen Unterschied in Bezug auf die langfristige Aktienkursentwicklung gemacht.

Ja, das stimmt. Seit dem Börsengang im Jahr 2007 ist Constellation von etwa 24 Cent pro Aktie auf 322 Cent gestiegen. Das ist ein 13-Bagger. In der gleichen Zeit war Descartes ein 4-Bagger.

Joe Chidley von der kanadischen Zeitung *Globe and Mail* schrieb im April 2014 einen Artikel über CEO Mark Leonard („Der schwer fassbare CEO von Constellation Software"). Er schrieb, Leonard „wurde wohlwollend mit Warren Buffett und Prem Watsa [dem Chef von Fairfax Financial] verglichen". Für jemanden, der in einem börsennotierten Unternehmen so erfolgreich ist, gelinge es Leonard außerdem, ein erstaunliches Maß an Anonymität zu wahren.

Constellation ist ein Danaher-ähnliches Roll-up. Es kauft viele Unternehmen auf, saniert sie und reinvestiert das Geld. Im Jahr 2013 tätigte es 30 Übernahmen. An Zielen mangelt es nicht. Das Unternehmen behauptet, es verfüge über eine Datenbank mit 10.000 Übernahmezielen.

Leonard ist auch ein Großaktionär mit einem Anteil von über 400 Millionen Cent. „Und er ist sehr auf die Aktionäre bedacht", schreibt der *Globe*. „Seit 2007 hat Constellation keine einzige Aktie mehr ausgegeben."

Es ist eine unglaubliche Geschichte. Constellation wäre ein würdiger Außenseiter für einen zweiten Band.

Allerdings wird es keinen zweiten Band geben, sagte Thorndike. Das ist sehr schade. Wir werden nicht in der Lage sein, Thorndikes Analyse der nächsten Generation von Außenseitern zu lesen. Aber wir können in sie investieren.

KAPITEL 9

GEHEIMNISSE EINES 18.000-BAGGERS

Wenn die Menschen sich nicht so oft irren würden, wären wir nicht so reich.

– Charlie Munger bei der Jahreshauptversammlung 2015 von Berkshire Hathaway

Zusammen mit mehr als 40.000 anderen Menschen war ich in Omaha, Nebraska, bei der Berkshire-Hauptversammlung, die auch das 50-jährige Bestehen des Unternehmens feierte.

Hier hielten Warren Buffett (84 Jahre) und Charlie Munger (91 Jahre) Hof. Die beiden Superinvestoren beantworteten Fragen aus dem Publikum und äußerten sich zu so ziemlich allem. Berkshire Hathaway ist eine Pflichtlektüre für jeden Anleger, unabhängig davon, was man von Warren Buffett als Person hält.

Die Aktie ist um mehr als das 18.000-Fache gestiegen, das heißt aus 10.000 Dollar, die 1965 dort angelegt wurden, sind 50 Jahre später absurd hohe 180 Millionen Dollar geworden.

Wie der alte Geier das gemacht hat, ist das Thema einer Minibibliothek von Büchern. Das neueste Buch ist „The Warren Buffett Philosophy of Investment“ von Elena Chirkova.

Chirkovas Buch ist bemerkenswert, weil sie es auf Russisch geschrieben und in Russland veröffentlicht hat, wo es ein Bestseller wurde. Chirkova ist außerordentliche Professorin für Finanzen in Moskau.

Es ist schwer, im Buffett-Land neues Terrain zu betreten, aber sie leistet gute Arbeit in einem Punkt, den die meisten Leute übersehen. Und das ist Berkshires Nutzung der Hebelwirkung.

„Der Verschuldungsgrad in der Kapitalstruktur von Berkshire belief sich im Durchschnitt auf 37,5 Prozent des Gesamtkapitals", schreibt Chirkova. Das würde die meisten Menschen überraschen.

Diese Hebelwirkung stammt aus dem Versicherungsfloat. Buffett besaß und besitzt immer noch Versicherungsgesellschaften. Das ist ein wichtiger Teil des Geschäfts von Berkshire. Als Versicherer kassiert man die Prämien im Voraus und zahlt die Schäden später. In der Zwischenzeit kann man das Geld investieren. Alle Gewinne, die man erzielt, darf man behalten.

Und wenn die Prämien die gezahlten Schäden übersteigen, behält man diese ebenfalls. Das nennt man einen versicherungstechnischen Gewinn.

Jeder kennt diesen Teil der Geschichte: Buffett investierte das Geld, den sogenannten Float. Was die Leute vielleicht nicht wissen, ist, wie billig diese Geldquelle im Laufe der Zeit war. Um es kurz zu machen: Buffett lieh sich ständig Geld zu Zinssätzen, die sogar unter denen der US-Regierung lagen.

Wie ist das möglich? Wenn die Prämien die Forderungen übersteigen, hat Buffett effektiv Geld zu einem negativen Zinssatz geliehen. Er hat Prämien kassiert. Er hat das Geld investiert. Er behielt den gesamten Gewinn. Und wenn er das Geld zurückzahlte (durch die Zahlung der Forderungen), zahlte er oft weniger zurück, als er sich geliehen hatte.

Einer Studie zufolge wies Berkshire seit 1965 in 29 von 47 Jahren negative Kreditkosten auf. Chirkova zitiert eine andere Studie, nach der die Kreditkosten von Berkshire im Durchschnitt bei 2,2 Prozent liegen – etwa drei Prozentpunkte niedriger als die Rendite von Schatzwechseln im gleichen Zeitraum.

Dies ist der Schlüssel zum Erfolg von Berkshire. Es ist schwer, nicht gut abzuschneiden, wenn fast 40 Prozent des Kapitals fast kostenlos sind. Das bedeutet nicht, dass das Versicherungsgeschäft eine sichere Fahrkarte zum Reichtum ist. Berkshire ging bei der Auswahl der Versicherungsrisiken klug vor. Das heißt, man musste sich verkleinern, wenn Risiko und Ertrag aus dem Gleichgewicht gerieten, was häufig der Fall war (und ist).

Nehmen Sie zum Beispiel National Indemnity (NI), die älteste Tochtergesellschaft von Berkshire. Im Jahr 1986 nahm NI 366 Millionen Dollar an Prämien ein. Dann nahm NI von 1989 bis 2000 nie mehr als 100 Millionen Dollar an Prämien ein.

Chirkova schreibt:

> Der Rückgang der Einnahmen im Zeitraum 1986–1999 ist nicht darauf zurückzuführen, dass kein Geschäft zustande gekommen wäre. Berkshire hätte viele Milliarden Dollar an Prämien einnehmen können, wenn es bereit gewesen wäre, die Preise zu senken. Das Unternehmen hat die Preise für seine Policen jedoch so gestaltet, dass sie einen Gewinn abwerfen, nicht um mit anderen Versicherern zu konkurrieren. Berkshire hat die Kunden nie verlassen. Die Kunden verließen Berkshire.

Als sich dann erneut die Gelegenheit bot, schaltete sich NI wieder ein. In den Jahren 2003 und 2004 brachte es *jährlich* mehr als 600 Millionen Dollar an Prämien ein.

Ich kann nicht genug betonen, wie schwer es für eine „normale" Versicherungsgesellschaft wäre, so zu handeln. Man kann sich vorstellen, dass die Publikumsaktionäre die Köpfe der Geschäftsführung rollen lassen würden. „Dieses Geschäft ist seit Jahren nicht mehr gewachsen!"

Wie Charlie Munger, der stellvertretende Vorsitzende von Berkshire, es im letzten Jahresbrief ausdrückte: „Berkshires großartiges Ergebnis im Versicherungsbereich war kein selbstverständliches Resultat. Normalerweise liefert ein Unfallversicherungsunternehmen nur mittelmäßige Ergebnisse, selbst wenn es sehr gut geführt wird. Und solche Ergebnisse sind von geringem Nutzen."

Zusammenfassend kann man also sagen, dass es drei wichtige Punkte gibt:

1. Buffett hat das Geld anderer Leute benutzt, um reich zu werden.
2. Er lieh sich dieses Geld häufig zu negativen Zinssätzen und zahlte im Durchschnitt Zinssätze, die deutlich unter denen des US-Schatzamtes lagen.
3. Um diese niedrigen Zinssätze zu zahlen, war die Bereitschaft erforderlich, sich vom Markt zurückzuziehen, wenn Risiko und Ertrag aus dem Gleichgewicht gerieten.

Ich frage mich, warum nicht mehr Menschen versuchen, Berkshire nachzueifern. Angesichts des Erfolges sollten mehr Unternehmen den Versicherungsfloat nutzen, wie es Buffett getan hat. Die meisten Versicherer legen ihre liquiden Mittel einfach in Anleihen an. Und sie versuchen, mit anderen Versicherern bei den Tarifen zu konkurrieren.

Es stimmt, dass es nur einen Warren Buffett gibt. Und es stimmt, dass das Glück immer auch eine Rolle spielt. Selbst Munger gibt zu, dass der Erfolg von Berkshire so großartig war, dass er bezweifelt, dass Buffett selbst ihn wiederholen könnte, wenn man ihm seine Jugend zurückgäbe und eine kleinere Kapitalbasis.

Dennoch schreibt Munger: „Ich glaube, dass Versionen des Berkshire-Systems andernorts häufiger ausprobiert werden sollten."

Das tue ich auch. Ein 18.000-Bagger ist ungeheuerlich. Das verschlägt einem den Atem. Niemand kann das je übertreffen. Aber was soll's? Wie wäre es mit einem einfachen 100-Bagger? Die Vorlage ist vorhanden.

Die Berkshire Hathaways der nächsten 20 Jahre

Nachdem wir nun den Goldstandard des Investierens analysiert haben, stellen wir uns die Frage, ob es noch andere Berkshire Hathaways geben könnte. Betrachten wir die Holdinggesellschaft.

Eine börsennotierte Investmentholding ist eine Gesellschaft, in der das Managementteam weitgehende Freiheit hat, nach eigenem Ermessen zu investieren. Sie können in Unternehmen investieren, die ihnen in der Holdinggesellschaft gehören. Oder sie können in externe Unternehmen investieren. Sie können in börsennotierte oder private Einrichtungen investieren. Sie können sogar in verschiedene Branchen investieren.

Das beste Beispiel ist das bereits erwähnte Berkshire Hathaway von Warren Buffett. Es besitzt börsennotierte Aktien von Coca-Cola und IBM. Aber auch komplette Unternehmen wie GEICO und See's Candies sind im Besitz des Unternehmens. Es ist in einer Vielzahl von Branchen tätig, von der Versicherung bis zum Einzelhandel.

Berkshire Hathaway ist die Vorzeige-Investmentholding-Gesellschaft. Seit 1965 hat sie jährlich fast 20 Prozent an Wert gewonnen (was zu diesem 18.000-Bagger führte). Es gibt noch weitere, von denen wir bereits einige erwähnt haben: Leucadia National, Loews Corp., Brookfield Asset Management und Fairfax Financial Holdings. Dies sind die berühmtesten, die seit Jahrzehnten den Markt übertreffen und Jahr für Jahr Geld vermehren.

Sie hätten Glück gehabt, wenn Sie Ihr Geld vor 20 oder 30 Jahren bei einer dieser Gesellschaften angelegt und es dort gelassen hätten. Wir alle kennen diese Namen jetzt. Aber wie sieht es mit der Suche nach der nächsten Generation von großen Holdinggesellschaften aus? Wie wäre es, die Berkshire Hathaways der nächsten 20 oder 30 Jahre zu finden?

Das ist ein spannendes Projekt!

Vor Kurzem sprach ich mit einem Vermögensverwalter, Todd Peters von Lyndhurst Alliance, der sich genau einem solchen Projekt verschrieben hat. Er hat bereits 113 Kandidaten identifiziert. Und er hat eine Portfoliostrategie entwickelt, mit der Sie an seiner Seite investieren können.

Ich möchte Sie an meinen Notizen aus dem Gespräch mit Todd und an seinen Recherchen teilhaben lassen.

„Was ich jetzt versuche“, so Todd, „ist, die kleineren, weniger bekannten Gruppen zu finden, von denen ich denke, dass sie die Fähigkeit haben, selbst zu wachsen oder Geschäfte zu machen, bei denen wir in 30 Jahren zurückblicken und ein ähnliches Renditemuster wie bei Berkshire Hathaway sehen werden.“

Seit zwei Jahrzehnten befasst er sich beruflich mit Vermögensverwaltern und ist als Berater tätig. Die Leiter von Holdinggesellschaften sind im Grunde genommen Vermögensverwalter mit strukturellen Vorteilen bei ihren Investitionen. Sie verfügen über ständiges Kapital, anders als beispielsweise ein Investmentfonds-Manager, der mit ständigen Zu- und Abflüssen rechnen muss. Holdinggesellschaften bauen auch Unternehmen auf, anstatt nur Aktien zu kaufen und zu verkaufen. Das ist es, was Todd wirklich interessiert.

Er ist voller Leidenschaft und begeistert von seinem Projekt. Dies ist eindeutig nicht nur ein Job oder ein Marketing-Gag. Er kennt die Geschichte der Holdinggesellschaften und hat sie gründlich studiert. Todd nannte sein auf Holdinggesellschaften ausgerichtetes Portfolio das T.-F.-Ryan-Portfolio – nach dem Finanzier Thomas Fortune Ryan (1851–1928).

Ryan gilt weithin als Erfinder der ersten US-Holdinggesellschaft, der Metropolitan Traction Co. Seine Erfolgsgeschichte gleicht dem Aufstieg vom Tellerwäscher zum Millionär. Ryan wurde in Armut geboren. Als er starb, war er jedoch der zehntreichste Mann des Landes mit einem geschätzten Vermögen von 200 Millionen Dollar.

„Ich verbringe meine Freizeit damit, Finanziers aus den 1860er- bis 1920er-Jahren zu studieren“, sagt Todd. Wenn er eine Stadt besucht, schaut er gern, ob es ein historisches Haus gibt, das er besuchen kann, um zu sehen, wer den Wohlstand in dieser Stadt geschaffen hat.

„Ich habe schon als Teenager angefangen, diese Leute zu studieren", erzählt Todd. „Ich wusste von den Vanderbilts, den Rockefellers und den Carnegies. Aber jetzt suche ich nach den zweit-, dritt- und viertrangigen, die nicht so bekannt sind. Und einige davon erzählen für mich die unglaublichsten Geschichten."

Aber nicht alle diese Geschichten gehen gut aus. Einige dieser Leute haben einen Haufen Geld verdient und auch einen Haufen verloren. Man lernt also eine Menge, wenn man sie studiert. Historisch gesehen, so Todd, gibt es fünf Personen oder Gruppen, die er als Inspiration für Holdinggesellschaften betrachtet. Ryan war chronologisch gesehen die erste. Die Brüder Van Sweringen aus Cleveland folgten ihm. Sie besaßen einst die meisten Eisenbahnschienenkilometer im ganzen Land. Die Große Depression ruinierte sie und ihre Holdinggesellschaft wurde schließlich zu Alleghany – heute eine weitere vorbildliche Holdinggesellschaft.

Der kanadische Finanzier Izaak Walton Killam steht als Nächstes auf der Liste. Als er 1955 starb, war er der reichste Mann Kanadas. An vierter Stelle folgen die Brüder Bronfman, die aus dem Unternehmen Seagram gedrängt wurden. Ihre Holdinggesellschaft Edper kaufte Brascan, das schließlich zu Brookfield Asset Management wurde. (In den 80er-Jahren kontrollierte Edper 15 Prozent der Torontoer Börse.) Albert Frère, der derzeit reichste Mann Belgiens, kontrolliert die Holdinggesellschaft Groupe Bruxelles Lambert und rundet die Top 5 ab.

„Diese fünf Gruppen haben maßgeblich beeinflusst, wie ich über Holdinggesellschaften denke", sagte Todd. „Und das führt uns von den 1880er-Jahren bis ins Heute." Er findet den historischen Blick hilfreich, da er zeigt, dass die guten Holdinggesellschaften Unternehmen aufbauen.

Er stellt fest, dass die Schaffung von Wohlstand – echter Wohlstand, „nicht der Wohlstand, der dafür sorgt, dass man erster Klasse fliegt, sondern der Wohlstand, bei dem Bibliotheken nach einem benannt werden" – aus dem Besitz, dem Betrieb und dem Aufbau von Unternehmen und einem langfristigen Engagement resultiert. „Und das ist es, was ich in den Brookfields, den Loews und den Leucadias sehe."

Todd begann im Jahr 2000 ernsthaft mit dem Aufbau einer eigenen Liste von Holdinggesellschaften, als er zum ersten Mal auf Albert Frère stieß. Der Markt bewertete die Groupe Bruxelles Lambert (GBL) nur auf der Grundlage ihrer börsennotierten Beteiligungen. Aber sie besaß eine 25-prozentige Beteiligung an Bertelsmann, dem deutschen Medienunternehmen, das zu diesem Zeitpunkt nicht öffentlich gehandelt wurde. Würde dieses Unternehmen an die Börse gehen, würde sich GBL verdreifachen. Aufgrund der zahlreichen Beteiligungen können diese Unternehmen sehr komplex sein. Sie passen nicht in die einfachen Wall-Street-Schubladen und werden weitgehend nicht beachtet. Dadurch ergeben sich manchmal Gelegenheiten, sie günstig zu kaufen.

Neugierig geworden, begann Todd nach weiteren Namen wie Groupe Bruxelles Lambert zu suchen. Jedes Mal, wenn er im Laufe der Jahre einen Artikel über eine Gruppe oder eine Holdinggesellschaft sah, fügte er ihn in seine Datenbank ein. Im Jahr 2007 begann er ernsthaft darüber nachzudenken, wie diese Idee als eigenständige Anlagestrategie funktionieren könnte. Zu diesem Zeitpunkt hatte er etwa 50 Namen. Seitdem fügt er immer mehr hinzu, wenn er sie findet. Inzwischen ist seine Liste auf 113 angewachsen. Die Merkmale dieser Gruppe sind interessant.

„Ich habe 18 nordamerikanische Unternehmen, 12 davon in den USA", sagte er seinerzeit. „Der Löwenanteil liegt außerhalb der USA." Er sagte, er würde nicht in US-Aktien investieren, es sei denn, sie kämen unter die Räder. So war das T.-F.-Ryan-Portfolio von Anfang an ein internationales Portfolio. Dazu gehören die schwedische AB Kinnevik, die französische Bolloré-Gruppe, die kanadische Dundee Corp. und die First Pacific Co. aus Hongkong.

Todd liebt die Grenzmärkte. Aber er ist nicht bereit, eine Holdinggesellschaft mit Sitz in, sagen wir, Kasachstan zu haben, auch wenn er an den dortigen Markt glauben mag. Stattdessen würde er es vorziehen, Holdinggesellschaften mit Sitz in den Industrieländern zu besitzen, die in diesen Grenz- und Schwellenländern tätig sind. Auf diese Weise kommt er zumindest auf der Ebene der Holdinggesellschaft in den Genuss eines ausgereiften Kapitalmarktes mit leicht zugänglichen Finanzdaten, Offenlegungen und so weiter.

Todds Anlagephilosophie deckt sich mit vielen der hier beschriebenen Punkte. So versucht Todd beispielsweise, Holdinggesellschaften mit einem Abschlag auf den Wert der Summe ihrer Teile zu kaufen. Er achtet auch auf einen hohen Anteil an Insidern und eine Eigentümer-Unternehmer-Struktur. Er bevorzugt solide Bilanzen und niedrige Schuldenstände. Dies sind nur einige der vielen Eigenschaften, auf die Todd achtet.

Wie Berkshire Hathaway beweist, kann eine Holdingstruktur den Faktor 100 erreichen – und noch einiges mehr.

KAPITEL 10

KELLYS HELDEN: WETTE GROSS

Ich kann nicht in 50 oder 75 Dinge involviert sein. Das ist wie Investieren nach dem Arche-Noah-Prinzip – auf diese Weise hat man am Ende einen Zoo. Ich stecke gern bedeutende Geldbeträge in einige wenige Dinge.

– Warren Buffett

Thomas Phelps schrieb: „Lassen Sie sich nicht dazu verleiten, auf etwas Kleines zu schießen", denn Sie wollen Ihr Kapital auf Aktien konzentrieren, die das Potenzial haben, das 100-Fache zu bringen. Sie wollen nicht einen ganzen Zoo von Aktien besitzen und damit ein mittelmäßiges Ergebnis erzielen.

In diesem Kapitel befassen wir uns mit dem Konzept der Konzentration in Ihrem Portfolio.

Auf der ValueX-Konferenz in Zürich stellte Matt Peterson von Peterson Capital Management die Idee des Kelly-Kriteriums vor. Das kann mathematisch und verworren werden, aber die Grundidee ist einfach: Setzen Sie auf Ihre besten Ideen.

Es begann alles mit einem Mann namens John L. Kelly Jr. (1923–1965). Kelly war Texaner, Pilot bei der Marine im Zweiten Weltkrieg und promovierte in Physik. Er arbeitete in den berühmten Bell Labs, wo er 1956 das sogenannte Kelly-Kriterium erfand. Die Geschichte wird in William Poundstones „Die Formel des Glücks" wunderbar erzählt.

Kelly suchte eine Antwort auf eine bestimmte Frage. Nehmen wir an, ein Glücksspieler hat einen Tipp, wie ein Rennen wahrscheinlich ausgehen wird. Dieser Tipp ist nicht zu 100 Prozent zuverlässig, aber er verschafft ihm einen Vorteil. Angenommen, er kann zu denselben Quoten wetten wie alle anderen, wie viel von seinem Guthaben sollte er dann setzen?

Kellys Antwort läuft auf etwas hinaus, das das $E = mc^2$ des Risikoträgers ist:

$$f = \text{Vorteil}/\text{Quote}$$

f ist der Prozentsatz Ihrer Finanzmittel, den Sie setzen. Nehmen wir an, Sie können beim Kentucky Derby auf Big Brown zu einer Quote von 5:1 wetten, das heißt, wenn Sie einen Dollar setzen, würden Sie fünf Dollar gewinnen, wenn Big Brown gewinnt. (Außerdem bekommen Sie Ihren Dollar zurück.) Quote = 5.

Was ist mit Ihrem Vorteil? Ihr Insider-Tipp besagt, dass Big Brown eine Chance von 1 zu 3 hat, zu gewinnen. Das bedeutet, dass Sie bei einem Einsatz von einem Dollar eine drittel Chance haben, am Ende sechs Dollar zu erhalten (fünf Dollar plus Ihren ursprünglichen Einsatz von einem Dollar). Im Durchschnitt sind solche 1-Dollar-Wetten zwei Dollar wert – das ergibt einen Nettogewinn von einem Dollar. Ihr Vorteil ist Ihr Gewinn geteilt durch die Höhe Ihres Einsatzes, in diesem Fall ein Dollar. Vorteil = 1.

Setzen Sie das alles in die Formel ein, und Kelly sagt, dass Sie 20 Prozent Ihrer Finanzmittel auf Big Brown setzen sollten.

Wenn Sie die Mathematik nicht verstehen, machen Sie sich keine Gedanken darüber. Das Ziel der Formel ist es, den optimalen Einsatz zu finden. Und die grobe Antwort lautet: Wenn man etwas Gutes hat, setzt man viel.

Wie Sie sich vorstellen können, ist dies für Anleger nützlich, denn auch sie stehen vor der Frage: Wie viel investiere ich in eine bestimmte Aktie?

Kellys Formel gibt Ihnen eine objektive Möglichkeit, darüber nachzudenken. Aber sie hat ihre Tücken. Zum einen ist die Formel gierig. „Sie geht ständig Risiken ein, um immer höhere Gipfel des Wohlstands zu erreichen“, schreibt Poundstone. Es geht darum, am schnellsten voranzukommen, aber dieses Ziel ist nicht für jeden geeignet.

Sie ist aber auch konservativ, weil sie den Ruin verhindert. Sie hat, wie ein Professor es ausdrückte, ein „automatisch eingebautes ... wasserdichtes Überlebensmotiv“. Dennoch führt dies zu großen Schwankungen auf Ihrem Bankkonto. Wie Sie an unserem Big-Brown-Beispiel sehen können, haben Sie, wenn Sie verloren haben – und das hätten Sie –, 20 Prozent Ihrer Finanzmittel verloren. Dies hat einige dazu veranlasst, zu versuchen, die Sache ein wenig abzumildern, indem sie einen „Halb-Kelly“ verwenden. Mit anderen Worten: Wenn die Formel besagt, dass Sie 20 Prozent Ihres Kontos in eine Aktie investieren, investieren Sie die Hälfte dieses Betrags, also zehn Prozent.

Ich bevorzuge den Halb-Kelly, weil er die Volatilität drastisch reduziert, ohne viel Rendite zu opfern. Poundstone sagt, dass eine 10-prozentige Rendite mit vollen Kellys zu 7,5 Prozent mit halben Kellys wird. Aber beachten Sie dies: „Die Chance, dass die Finanzmittel halbiert werden, bevor sie verdoppelt werden, liegt bei einem Drittel der Wetteinsätze. Die Halb-Kelly-Methode hat nur eine neuntel Chance, die Hälfte ihres Geldes zu verlieren, bevor sie es verdoppelt.“

Die Formel hat mehr Tücken, als ich hier aufzählen möchte. Sie löste eine Reihe von Streitigkeiten unter Akademikern aus, die jahrzehntelang andauerten. (In Poundstones Buch finden Sie einen guten Überblick über die Debatten. Auch Michael Mauboussin bietet eine zusammenfassende Erörterung in einem Artikel von 2006 mit dem Titel „Size Matters“. Sie können ihn kostenlos online finden.)

Für mich besteht das große Hindernis darin, dass man an der Börse seine Chancen oder seinen Vorteil nicht mit Gewissheit kennen kann. Sie müssen raten.

Dennoch ist die Idee verlockend. Ed Thorp verwendete sie in seinem Hedgefonds Princeton/Newport. Dieser wurde 1974 aufgelegt und erzielte fast 30 Jahre lang eine durchschnittliche Rendite von 19 Prozent ohne ein einziges Verlustjahr. Wie viel davon auf Kellys Formel und wie viel auf Thorps eigenes Genie zurückzuführen ist, lässt sich schwer sagen.

Das Beispiel von Thorp ist kein Einzelfall. Viele große Investoren scheinen intuitiv Kellys Formel zu verwenden. Womit wir wieder bei der Präsentation von Matt wären. Er hatte eine faszinierende Folie, die ich hier wiedergebe. (Die Daten sind auf dem Stand von Ende 2014 und beruhen auf öffentlich zugänglichen Unterlagen. Aufgrund gewisser Einschränkungen ist dies keine genaue Methode, mit der sich ein Portfolio beurteilen lässt. So müssen Investoren beispielsweise keine im Ausland notierten Aktien und andere Positionen offenlegen. Aber sie gibt Ihnen eine ungefähre Vorstellung, inwiefern ein Manager in den gemeldeten Aktien investiert ist.)

Sie werden eine Reihe herausragender Investoren kennenlernen und sehen, wie sie groß auf ihre besten Ideen wetten. Diese Portfolios ähneln dem, was Kellys Formel verlangen würde.

Kelly-Anhänger?

Baupost: Seth Klarman 93 % des Portfolios in 10 Positionen 14 % in Micron Technology (MU) 7 % in Cheniere Energy Inc. (LNG)	**Hayman: Kyle Bass** 6 Positionen 46 % in General Motors (GM) 21 % in Nationstar Mortgage (NSM)
ESL Investments: Eddie Lampert 4 Positionen 55 % in Sears Holdings (SHLD) 24 % in AutoNation (AN)	**Pabrai Funds: Mohnish Pabrai** 7 Positionen 24 % in Horsehead (ZINC) 22 % in General Motors (GM)
Fairfax: Prem Watsa 98 % des Portfolios in 10 Positionen 35 % in Resolute Forest (RFP) 31 % in Blackberry (BBRY)	**Pershing Square: Bill Ackman** 7 Positionen 40 % in Allergan (AGN) 20 % in Can. Pacific Railway (CP)
Fairholme: Bruce Berkowitz 8 Positionen 22 % in Bank of America (BAC) 13 % in Sears Holdings (SHLD)	**WL Ross & Co: Wilbur Ross** 4 Positionen 54 % in Navigator Holdings (NVGS) 17 % in EXCO Resources (XCO)

Ich bezweifle, dass sich jemand von ihnen die Mühe macht, die Zahlen in die Formel für die Gewinnchancen einzutragen, die ich Ihnen zuvor gezeigt habe. Aber es ist wie eine Analogie, die ich einmal über Minnesota Fats und Physik gehört habe. Fats benutzte keine mathematischen Formeln aus der Physik, wenn er einen Billardstoß ausführte. Aber die Grundsätze der Physik waren dennoch am Werk. Minnesota Fats hatte sie durch Erfahrung verinnerlicht.

Das Gleiche könnte man von diesen Superinvestoren sagen. Die Grundsätze der Nutzung von Vorteilen und Quoten sind Teil ihrer Arbeit.

Matts Folie zeigte dies auf eindrucksvolle Weise. Um Ihre Rendite zu maximieren, folgen Sie am besten diesen Beispielen. Schauen Sie sich im Umkehrschluss doch einmal an, was erfolglose Investoren tun. Der typische Investmentfonds hält etwa 100 Aktien. Keine davon ist sehr wichtig (oder sehr langlebig). Und die meisten Fonds bilden den Markt nur schlecht ab.

Wie Buffett oben sagt, sollten Sie die „Arche Noah"-Methode des Investierens ablehnen. Es scheint, dass viele große Investoren dies tun. Und genau das versuche ich in meinem eigenen Portfolio zu tun:

Halten Sie die Liste der Namen relativ kurz. Und konzentrieren Sie sich auf die besten Ideen. Wenn man einen 100-Bagger erzielt, will man, dass er von Bedeutung ist.

KAPITEL 11

AKTIENRÜCKKÄUFE: DIE ERTRÄGE STEIGERN

Was ist eine „Tontine"?

Wenn Sie denken, dass eine Tontine ein reichhaltiges französisches Gebäck ist, haben Sie zur Hälfte recht. Sie ist in der Tat französisch. Aber eine Tontine ist kein Gebäck.

Es handelt sich vielmehr um eine Taktik zur Anhäufung von Reichtümern, die sowohl legal als auch nicht dickmachend ist. Aber zuerst möchte ich Ihnen von einem Mann namens Lorenzo de Tonti erzählen, von dem sich das Wort Tontine ableitet.

Stellen Sie sich diese Szene vor. Wir schreiben das Jahr 1652. Der Ort: Frankreich während der Herrschaft des Hauses Bourbon. König Ludwig XIV. hockt auf seinem Thron. Die französische Staatskasse ist leer.

In der Zwischenzeit ist ein Krieg mit Spanien im Gange und er braucht Geld, um ihn fortzusetzen.

Er lädt Lorenzo de Tonti, einen Bankier aus Neapel, an seinen dekadenten Hof ein. Tonti hat eine Idee.

„Lassen wir die Bürger in Anteile an einem staatlichen Pool investieren", schlägt Tonti vor. „Wir werden regelmäßig Dividenden aus dem Pool an sie auszahlen. Sie können ihre Anteile jedoch nicht übertragen oder verkaufen. Und wenn sie sterben, verlieren sie ihre Anteile. Wir nehmen sie zurück." Tontis Augen verengen sich und er zupft nachdenklich an seinem Schnurrbart.

„Aber", fährt Tonti mit hochgezogenen Augenbrauen fort, „wir versprechen, den gleichen Betrag zu zahlen, egal wie viele Anteile übrig bleiben. Stirbt also ein Anteilseigner, so erhalten die verbleibenden Anteilseigner einen immer größeren Anteil an den Erträgen des Pools. Diese Belohnung wird eine große Anziehungskraft auf die Investoren ausüben und die von Ihnen gewünschten Mittel aufbringen."

Der König regt sich.

„Wenn der letzte Anteilseigner stirbt", so Tonti abschließend, „fällt das Kapital des Pools an den Staat zurück." Mit einem wölfischen Grinsen reibt sich der König gierig die Hände. Der Plan von Tonti würde seinen Zweck erfüllen. Doch bei genauerem Nachdenken konnte selbst der schwerfällige König erkennen, dass die großen Gewinner dieses Plans die langlebigen Inhaber der Aktien sein würden. Sie würden einen immer größeren Anteil an den Dividenden erhalten und reich werden, während andere starben.

Er verfolgte die Idee von Tonti nicht weiter, aber andere würden es tun.

Ich glaube, Lorenzo de Tonti wäre amüsiert, wenn er die moderne Variante seiner Idee sehen würde.

(Es wird bezweifelt, dass Tonti diese Idee tatsächlich erfunden hat. Einiges deutet darauf hin, dass es sich um einen älteren italienischen Plan handelt, den Tonti einfach an den mondänen französischen Hof brachte.)

Heute wäre Tonti ein Aktivist, der vor CEOs, nicht vor Königen, von den Wundern der Aktienrückgabe spricht. Und nicht wenige

100-Bagger kauften gierig ihre eigenen Aktien zurück, als der Markt ihnen dies billig erlaubte.

Aktienrückkäufe: Moderne Tontinen

Aktienrückkäufe verdienen ein eigenes Kapitel in einem Buch über 100-Bagger, denn sie können als Beschleuniger wirken, wenn man es richtig anstellt.

Bei einem Rückkauf kauft ein Unternehmen seine eigenen Aktien zurück. Wenn ein Unternehmen Aktien zurückkauft, konzentrieren sich seine künftigen Erträge, Dividenden und Vermögenswerte in den Händen einer immer kleiner werdenden Aktionärsbasis.

Viele Unternehmen führen heutzutage Rückkäufe durch. In einer Wirtschaft, die nur langsam oder gar nicht wächst, wird diese Taktik zu einer immer wichtigeren Triebkraft für das Wachstum des Gewinns je Aktie.

Allerdings muss man die Zahl der im Umlauf befindlichen Aktien tatsächlich verringern.

Seit 1998 haben die 500 größten US-Unternehmen etwa ein Viertel ihrer Aktien bezogen auf den Dollarwert zurückgekauft, während die Zahl der tatsächlich im Umlauf befindlichen Aktien zunahm. Das liegt daran, dass sie die Aktien in Form von üppigen Prämienpaketen an gierige Führungskräfte ausgaben.

Aber lassen Sie sich durch die schlechten Beispiele nicht von der Weisheit des Konzepts ablenken. Es gibt einige Unternehmen, die das Beste aus dieser Praxis herausholen.

Ein Beispiel ist AutoNation – ein Klassiker, den ich bereits erwähnt habe. Eddie Lampert beteiligte sich im Jahr 2000. Lampert, ein großer Investor, weiß, wie Tontinen funktionieren. Seit seinem Engagement hat AutoNation massenhaft Aktien zurückgekauft. Insgesamt sind 65 Prozent der Aktien eingezogen worden.

Das sind 8,4 Prozent pro Jahr – allein durch Aktienrückkäufe. Steve Bregman von Horizon Kinetics, der einen Anteil von fünf Prozent an

AN hält, schreibt: „Dies ist in Umfang und Dauer höchst ungewöhnlich; man wird Zeuge eines langsam ablaufenden Delistings, das auf dem offenen Markt stattfindet – oder kann daran teilnehmen."

Die Auswirkungen auf die Aktie waren wunderbar. AutoNation ist seit Beginn der Tontine um 520 Prozent gestiegen. Aufs Jahr gerechnet sind das mehr als 15 Prozent pro Jahr – 13 Jahre lang! Die unten stehende Grafik zeigt Ihnen die letzten zehn Jahre. Sie können den Rückgang der im Umlauf befindlichen Aktien und den Anstieg des Aktienkurses sehen.

AutoNation: Eine moderne Tontine

Im Umlauf befindliche Aktien im Vergleich zum Aktienkurs

Quelle: Bloomberg Finance L.P.

In der Zwischenzeit hielt Lampert an seinen Aktien fest und sein Anteil stieg an. In den letzten Jahren hat er seinen Anteil ein wenig reduziert, besitzt aber immer noch fast 53 Prozent der Aktien.

Ein noch längerfristiges Beispiel ist die Loews Corp. Ich bewundere das Geschick und die Geduld der Familie Tisch, die Loews führt. Die Familie ist auch der größte Aktionär. Loews hat immer wieder

Aktien zurückgekauft. In den letzten vier Jahrzehnten hat Loews die Gesamtzahl der im Umlauf befindlichen Aktien um mehr als 70 Prozent reduziert. Dies kam den Renditen enorm zugute. Jeder Dollar, der 1961 in Loews investiert wurde, ist heute etwa 1.240 Dollar wert.

In gewisser Weise werden diese Unternehmen durch den Verlust von Aktionären wertvoller. Es hört sich seltsam an, aber im Grunde ist es genau das, was passiert. Die Sieger sind diejenigen, die einfach durchhalten.

Diese Praxis wird missbraucht und ist weiter verbreitet, als sie sein sollte. So schrieb Warren Buffett 2000 in seinem Brief an die Aktionäre:

> Es gibt nur eine einzige Kombination von Tatsachen, die es für ein Unternehmen ratsam macht, seine Aktien zurückzukaufen: Erstens verfügt das Unternehmen über Mittel – Barmittel plus sinnvolle Kreditaufnahmekapazitäten –, die über den kurzfristigen Bedarf des Unternehmens hinausgehen, und zweitens werden seine Aktien auf dem Markt unter ihrem konservativ berechneten Eigenwert verkauft.

Wenn diese beiden Voraussetzungen erfüllt sind, ist Buffett ein begeisterter Befürworter von Aktienrückkäufen. Dies stammt aus seinem Brief von 1980 an die Aktionäre:

> Wir können es uns nicht verkneifen, hier eine kurze Werbepause einzulegen. Eine Verwendung von einbehaltenen Gewinnen, die wir oft mit besonderer Begeisterung begrüßen, wenn sie von Unternehmen praktiziert wird, an denen wir beteiligt sind, ist der Rückkauf ihrer eigenen Aktien. Die Überlegung ist einfach: *Wenn ein gutes Unternehmen auf dem Markt für weit weniger als den Eigenwert verkauft wird, welche sicherere oder profitablere Nutzung des Kapitals kann es geben als eine signifikante Vergrößerung der Anteile aller Eigentümer zu diesem Schnäppchenpreis?* Der

> Wettbewerbscharakter von Unternehmensübernahmen garantiert nahezu die Zahlung des vollen Preises – häufig sogar mehr als den vollen Preis –, wenn ein Unternehmen den gesamten Besitz eines anderen Unternehmens erwirbt. Aber der Auktionscharakter der Wertpapiermärkte gibt gut geführten Unternehmen oft die Möglichkeit, Teile ihres eigenen Unternehmens zu einem Preis zu erwerben, der 50 Prozent unter dem Preis liegt, der erforderlich wäre, um die gleiche Ertragskraft durch den ausgehandelten Erwerb eines anderen Unternehmens zu erreichen. (Kursivierung hinzugefügt)

Richtig gemacht, können Rückkäufe die Aufzinsung der Rendite beschleunigen.

Aktienrückkäufe haben sich erst in den letzten Jahrzehnten durchgesetzt. In meiner Studie über die 100-Bagger, die sich über den Zeitraum von 1962 bis 2014 erstreckt, war dies daher keine gängige Taktik. Aber diejenigen, die fleißig ihre eigenen Aktien kauften, erzielten spektakuläre Ergebnisse, wie wir in Kapitel 8 an den Außenseitern gesehen haben.

Das ist ein möglicher Anhaltspunkt. Wenn Sie ein Unternehmen finden, das seine ausgegebenen Aktien im Laufe der Zeit immer weiter reduziert und ein Händchen für günstige Käufe zu haben scheint, sollten Sie genauer hinschauen. Vielleicht haben Sie einen Kandidaten für einen 100-Bagger gefunden.

KAPITEL 12

KONKURRENTEN FERNHALTEN

Ein wirklich großartiges Unternehmen muss einen dauerhaften „Burggraben" haben, der eine hervorragende Rendite auf das investierte Kapital gewährleistet.

– Warren Buffett

In den allermeisten Fällen muss ein Unternehmen über einen sehr langen Zeitraum hinweg etwas gut machen, wenn es zu den 100-Baggern gehören will. Ausdauer ist für einen 100-Bagger so wichtig wie der Gin für einen Martini.

Woran können wir also erkennen, dass ein Unternehmen das Zeug dazu hat, 20 Jahre lang zu bestehen?

Damit kommen wir zum Thema der Burggräben.

Ein Burggraben ist das, was ein Unternehmen vor seinen Konkurrenten schützt. Es ist ein dauerhafter Wettbewerbsvorteil. (Phelps nannte es ein „Tor" – dieselbe Idee.) Warren Buffett hat diese Idee populär gemacht, und die Literatur zu diesem Thema ist umfangreich. Ich möchte hier ein paar Dinge hervorheben, darunter eine unveröffentlichte Studie von Matthew Berry, Absolvent der Columbia Business

School und ehemaliger Mitarbeiter von Lane Five Capital, die eine endgültige Antwort gibt – oder zumindest die endgültigste, die ich bisher gesehen habe.

Wenn ich an Burggräben denke, denke ich an Pat Dorsey. Er war Director of Equity Research bei Morningstar und ist derzeit Präsident von Sanibel Captiva Investment Advisers. Dorsey schreibt und spricht ausgiebig über Burggräben.

In „Die Zauberformel des Vermögensaufbaus" verwendet Dorsey eine Analogie dafür, warum man auf Burggräben achten sollte: „Es ist vernünftig, mehr für etwas zu bezahlen, das langlebiger ist. Von Küchengeräten über Autos bis hin zu Häusern – Gegenstände, die länger halten, erzielen in der Regel auch höhere Preise. ... Das gleiche Konzept gilt für den Aktienmarkt."

Unternehmen, die langlebiger sind, sind wertvoller. Und Burggräben machen Unternehmen langlebig, indem sie Wettbewerber fernhalten. Ein Unternehmen mit einem Burggraben kann länger hohe Renditen erzielen als ein Unternehmen ohne Burggraben. Das bedeutet auch, dass es diese Gewinne zu höheren Zinssätzen reinvestieren kann als seine Wettbewerber. Wie Sie inzwischen gesehen haben, ist dies ein wichtiger Bestandteil des 100-Bagger-Rezepts.

Burggräben gibt es in verschiedenen Formen. Hier sind einige:

- *Sie haben eine starke Marke.* Tiffany's hat einen Burggraben. Die Leute zahlen viel Geld, nur um diese blaue Schachtel zu bekommen, auch wenn der Inhalt der Schachtel woanders billiger zu haben ist. Oreo ist eine Marke. Das mag zwar keine Premiumpreise ermöglichen, aber es fördert die Loyalität und sorgt für wiederkehrende Kunden. Das ist ein Burggraben.
- *Ein Wechsel ist mit hohen Kosten verbunden.* Dorsey führt ein großartiges Beispiel an, in dem er über Banken spricht. Es gibt nicht viele Wettbewerbsvorteile, die eine Bank gegenüber einer anderen haben kann. Sie haben alle die gleichen Produkte. Und

mit dem Internet sind Filialstandorte nicht einmal besonders wichtig. Doch wenn man sich die Zahlen ansieht, bleiben die Menschen meist sechs bis sieben Jahre bei ihrer Bank. Der Grund dafür ist, dass es sehr mühsam ist, die Bank zu wechseln. Wie Ökonomen sagen, sind die „Umstellungskosten" hoch. Das ist ein Burggraben.

- *Sie genießen Netzwerkeffekte.* Microsoft hatte jahrelang einen großen Burggraben. Jeder nutzte sein Betriebssystem. Und deshalb wollten auch Sie sein Betriebssystem verwenden. Je mehr Menschen diese Produkte nutzen, desto stärker profitieren sie von Netzwerkeffekten. Denken Sie an Twitter, Facebook und YouTube. Für Wettbewerber ist es sehr schwer, einen Netzwerk-Burggraben zu knacken. Das ist wie der Versuch, das erste Telefon zu verkaufen.
- *Sie machen etwas billiger als alle anderen.* Wenn Sie ein Billiganbieter wie Walmart sind, haben Sie einen Burggraben. Interactive Brokers ist billiger als jeder andere Discount-Broker, und zwar mit Abstand. Und das erklärt zum Teil, warum das Unternehmen doppelt so schnell wächst wie seine Konkurrenten. Das ist ein Burggraben.
- *Sie sind der Größte.* Dies führt zu einigen inhärenten Größenvorteilen. Absolute Größe kann ein Vorteil sein, wenn sie Wettbewerber fernhält. Stellen Sie sich vor, was es kosten würde, Intel oder Walmart zu kopieren. Aber die relative Größe kann auch ein Burggraben sein. Wenn Sie wie Atlas Financial der führende Versicherer für kleine Taxiflotten sind, dann haben Sie einen Burggraben. Es ist unwahrscheinlich, dass Wettbewerber die Zeit und Energie investieren, die notwendig sind, um in einem Nischenmarkt zu konkurrieren.

Der bereits erwähnte Berry hat in diesem Zusammenhang einen interessanten Hinweis auf die Größe des Unternehmens im Verhältnis zum

Markt gegeben: „Stellen Sie sich einen Markt vor, auf dem die Fixkosten hoch und die Preise niedrig sind. Stellen Sie sich vor, dass die Preise so niedrig sind, dass Sie 55 Prozent des Marktes benötigen, um kostendeckend zu arbeiten. Wie viele Wettbewerber kann dieser Markt verkraften? Einen. Nicht zwei, nicht drei ..., sondern einen."

Das Unternehmen, das diese 55 Prozent hält, ist in einer überlegenen Position. Es kann die Preise gerade so hoch halten, dass es andere aus dem Markt drängen und eine gute Rendite erzielen kann. „Es kommt darauf an, wie groß der Markt ist, den man erobern muss, um es anderen schwer zu machen, zu konkurrieren", betont Berry.

Dies soll kein erschöpfender Blick auf Burggräben sein. Es gibt viele andere, zum Teil subtile Möglichkeiten, wie ein Unternehmen eine Barriere schaffen kann, die andere Unternehmen nur schwer durchbrechen können.

In jedem Fall ist es einfacher, abstrakt darüber zu sprechen, als Burggräben im wirklichen Leben zu finden. Es ist leicht, sich einzureden, warum zum Beispiel ein Unternehmen einen Burggraben hat. Aber hat es den wirklich? Außerdem finden Wettbewerber immer wieder einen Weg über vermeintliche Burggräben hinweg.

Ein großartiges Produkt allein ist noch kein Burggraben. Dorsey führt das Beispiel des Chrysler-Minivans an, der der erste Minivan war und sich gut verkaufte. Doch schon bald darauf hatten die Wettbewerber ihre eigenen Minivans. Chrysler konnte für seinen Minivan nicht mehr verlangen. Es gab keinen Grund, einen Chrysler-Minivan einem anderen vorzuziehen. Chrysler hatte keinen Burggraben.

Manchmal wird es knifflig. In seinem Buch verwendet Dorsey Krispy Kreme (KK) als Beispiel für ein Unternehmen ohne Burggraben. Der Donut ist großartig, aber man kann ihn leicht austauschen, und Krispy Kreme kann keine Premiumpreise für seine Donuts verlangen. Aber es gibt Menschen, die Krispy-Kreme-Donuts lieben – mich eingeschlossen – und die, wenn sie die Wahl hätten, KK gegenüber Dunkin' Donuts vorziehen würden. Ich bin mir nicht so sicher, dass KK keinen Burggraben hat. Sehen Sie, was ich damit meine, dass Burggräben nur schwer eindeutig zu identifizieren sein können?

Andererseits glauben die meisten Menschen, dass Coca-Cola einen Burggraben hat, auch wenn es viele andere Getränke gibt. Die besten Kunden von Coca-Cola geben sich nicht mit weniger zufrieden als mit einer Coke, wenn sie sie wollen. Die Marke Coca-Cola ist in der ganzen Welt bekannt. Coke-Produkte gibt es in fast jedem Winkel der Welt. Coke hat einen Burggraben (oder vielleicht „hatte", denn es gibt Anzeichen dafür, dass Coke seinen Burggraben verlieren könnte).

Chipotle ist eine Schnellrestaurantkette, die innerhalb von 13 Jahren von 0 auf 500 Filialen gewachsen ist. Sie macht frisches mexikanisches Essen. Der Investor Mohnish Pabrai schrieb: „Chipotle hat einen dauerhaften Burggraben. Dieser dauerhafte Burggraben veranlasst Kunden wie mich, ungeachtet der Wartezeit weiterhin dorthin zu gehen. Dieser Burggraben ermöglicht es Chipotle, supernormale Gewinne zu erzielen."

„Supernormale Gewinne" ist eine interessante Formulierung. Sie bringt gut auf den Punkt, worum es bei einem Burggraben geht und warum er wichtig ist.

Ein großartiges Management allein ist noch kein Burggraben, wie auch Dorsey betont. Sie kennen sicher den Spruch von Warren Buffett: „Wenn ein Management mit dem Ruf, brillant zu sein, auf ein Unternehmen mit dem Ruf, schlecht zu wirtschaften, trifft, dann bleibt der Ruf des Unternehmens intakt." Merken Sie sich das, denn es ist wahr.

Außerdem sind die Burggräben, wie ich bereits angedeutet habe, nicht von Dauer. Die Wettbewerber finden schließlich ihren Weg. In Pabrais Buch „Der Dhandho-Investor" führt er Delta, Gateway und General Motors an, die alle einst tiefe Burggräben hatten. Keiner von ihnen hat immer noch einen. Einer der Gründe dafür ist, dass auch Management-Teams Fehler machen und Marken zerstören können. Die neue Cola kam nicht so gut an. Und wie wir in einem früheren Kapitel gesehen haben, wird die Lebensdauer von Unternehmen immer kürzer.

Mauboussin über Burggräben

Michael Mauboussin, ein Stratege bei der Credit Suisse, hat ebenfalls gute Arbeit zum Thema Burggraben geleistet. „Measuring the Moat: Assessing the Magnitude and Sustainability of Value Creation" („Vermessung des Grabens: Bewertung der Größe und der Nachhaltigkeit der Wertschöpfung") ist ein 70-seitiger Bericht zu diesem Thema. (Sie können ihn kostenlos im Internet finden.)

Mauboussin untersuchte 68 globale Branchen mit einer Stichprobengröße von über 5.500 Unternehmen. Dabei stellte er fest, dass einige Branchen besser in der Lage sind, Werte zu schaffen, als andere. Die Luftfahrtindustrie zum Beispiel ist eine schreckliche Branche. Papier und forstwirtschaftliche Erzeugnisse sind eine eher schwache Branche. Er erwähnt es zwar nicht, aber auch der Goldbergbau ist für seine schlechten Kapitalrenditen berüchtigt.

Aber es gibt auch Branchen, die ziemlich gut sind. Eine davon ist die Kommunikationsausstattung. Innerhalb dieser Branchen gibt es jedoch Gewinner und Verlierer. Wie Mauboussin bemerkt:

> Die zentrale Beobachtung ist, dass es selbst in den besten Branchen Unternehmen gibt, die Werte vernichten, und dass es in den schlechtesten Branchen Unternehmen gibt, die Werte schaffen. Die Tatsache, dass sich einige Unternehmen den wirtschaftlichen Gegebenheiten ihrer Branche widersetzen, gibt Aufschluss über die potenziellen Quellen der wirtschaftlichen Leistung. Die Branche bestimmt nicht das Schicksal.

Dies ist nützlich zu wissen, da einige Anleger Branchen – wie Fluggesellschaften –, die sich als schlecht für die Anleger erwiesen haben, gänzlich meiden werden. Dabei gibt es viele Möglichkeiten, in der Luftfahrtindustrie Geld zu verdienen.

Mauboussin schlägt vor, eine Branchenkarte zu erstellen. Darin sind alle Akteure aufgeführt, die mit einer Branche zu tun haben. Im Falle von Fluggesellschaften sind dies zum Beispiel Flugzeug-Leasinggeber (wie Air Lease), Hersteller (Boeing), Teilelieferanten (B/E Aerospace) und andere. Dies würde den Rahmen dessen sprengen, was ein einzelner Anleger tun würde, aber auch wenn Sie wahrscheinlich nicht Ihre eigene Branchenkarte erstellen werden, ist es ein nützliches mentales Modell.

Mauboussin will aufzeigen, wo der Gewinn in einer Branche landet. Diese Gewinnpools können Ihnen Hinweise darauf geben, worauf Sie Ihre Energie konzentrieren sollten. Flugzeugvermieter zum Beispiel erzielen gute Renditen, Reisebüros und Spediteure sogar noch bessere.

Die Branchenanalyse von Mauboussin zeigt auch, dass die Stabilität der Branche ein weiterer Faktor für die Beständigkeit eines Burggrabens ist. „Im Allgemeinen", so schreibt er, „sind stabile Branchen einer nachhaltigen Wertschöpfung zuträglicher. Instabile Industrien bieten erhebliche Herausforderungen und Chancen für den Wettbewerb."

Die Getränkeindustrie ist eine stabile Branche. Dort entwickeln sich die Trends langsam im Laufe der Zeit. Limonaden werden nicht durch das Internet verdrängt. Smartphones hingegen sind ein sehr instabiler Markt. Blackberry-Smartphones sind innerhalb weniger Jahre vom Marktführer zum Außenseiter geworden. Da 100-Bagger Zeit brauchen, um zu reifen, weisen Mauboussins Untersuchungen darauf hin, dass Sie in Branchen, die weniger anfällig für tiefgreifende Veränderungen in der Wettbewerbslandschaft sind, besser aufgehoben sind.

Außerdem haben wir es mit der immer kürzer werdenden Lebensdauer von Unternehmen zu tun. Mauboussin schreibt:

> Untersuchungen der Credit Suisse HOLT® zeigen, dass weniger als 50 Prozent der börsennotierten Unternehmen mehr als zehn Jahre überleben. Unsere Analyse der BDS-Daten zeigt auch niedrige Überlebensraten. Abbildung 15 zeigt die 1-Jahres- und 5-Jahres-Überlebensraten auf der Grundlage des Gründungsjahrs des Unternehmens. Heute ist die Quote ähnlich hoch wie 1977.

> Die neuesten Zahlen zeigen eine 1-Jahres-Überlebensrate von etwa 75 Prozent und eine 5-Jahres-Überlebensrate von etwa 45 Prozent.

Umso wichtiger ist es, einen guten Burggraben zu finden.

So weit die Theorie und Erfahrung mit Burggräben. Ich könnte noch viel mehr dazu sagen. Als Anleger können wir über diese Dinge abstrakt nachdenken. Ein Analyst fand jedoch empirische Beweise dafür, dass wir eine bestimmte Art von Unternehmen bevorzugen sollten.

Überwindung der Mean Reversion

Burggräben sind im Wesentlichen eine Möglichkeit für Unternehmen, gegen die Mean Reversion, die Rückkehr zum Mittelwert, anzukämpfen, die wie eine starke Strömung auf den Märkten ist, die alles in Richtung Durchschnitt zieht. Wenn Sie überdurchschnittlich hohe Renditen erzielen, werden sich Ihre Renditen gemäß der Mean Reversion im Laufe der Zeit dem Durchschnitt (oder Mittelwert) annähern. Wenn Sie niedrige Renditen erzielen, besagt die Mean Reversion, dass Ihre Renditen im Laufe der Zeit wahrscheinlich auf den Durchschnitt steigen werden.

Die Mean Reversion spiegelt den Wettbewerbscharakter der Märkte wider, die Tatsache, dass die Menschen immer reagieren und antizipieren und daran arbeiten, mehr Geld zu verdienen. Es gibt eine Menge natürlicher Umschichtungen, da Menschen neue Produkte und neue Unternehmen schaffen und alte schließen. Das Kapital schwappt umher, finanziert vielversprechende Unternehmungen und lässt weniger attraktive fallen. Das gesamte Wettbewerbsmosaik ist ständig in Bewegung.

Wie auch immer, wir müssen nicht erklären, warum genau die Mean Reversion stattfindet. Tatsache ist, dass wir es an den Zahlen ablesen können.

An dieser Stelle sei auf den bereits erwähnten Matthew Berry und seinen unveröffentlichten Artikel „Mean Reversion in Corporate Returns“ verwiesen. Seine Studie umfasst die 15 Jahre von 1990 bis 2004. Sie beschäftigt sich mit den 4.000 größten Unternehmen, die hauptsächlich in den Vereinigten Staaten, dem Vereinigten Königreich, Kanada, Deutschland, Frankreich, Italien und Spanien ansässig sind.

„Mean Reversion ist ein gut dokumentiertes Phänomen“, schreibt er. „Mean Reversion bedeutet, dass sich die Renditen im Durchschnitt, aber nicht ausnahmslos dem Mittelwert annähern. Einige Unternehmen bleiben als leistungsstarke Unternehmen bestehen, andere als leistungsschwache und einige wenige wechseln sogar den Platz.“

Ah, hier haben wir etwas Interessantes. Die Mean Reversion betrifft nicht alle Unternehmen gleichermaßen. Was könnten diejenigen, die als High Performer bestehen bleiben, gemeinsam haben?

Mit „High Performer“ meint Berry jene Unternehmen, die weiterhin eine hohe Rendite auf das investierte Kapital (ROIC) erzielen. Er betrachtet den Vorsteuergewinn eines Unternehmens im Verhältnis zu seinem durchschnittlichen Kapital. Er schlüsselt dies auch auf, um die verschiedenen Triebkräfte der Kapitalrendite (ROIC), wie Wachstum, Margen und mehr, zu betrachten.

Während viele der Variablen recht volatil sind und sich im Mittelwert umkehren, stellte Berry fest, dass die Bruttogewinnspannen „erstaunlich widerstandsfähig sind und nicht wesentlich zu den Schwundraten beitragen“.

Berry führte eine Reihe von Tests durch. Aber ich werde hier nur die wichtigsten Ergebnisse vorstellen. Berry schreibt, dass „hohe Bruttomargen der wichtigste Einzelfaktor für die langfristige Leistung sind. Die Widerstandsfähigkeit der Bruttomargen bindet die Unternehmen an ein bestimmtes Leistungsniveau. Größe und Erfolgsbilanz sind ebenfalls nützliche Indikatoren.“

Das bedeutet, dass ein Unternehmen, das mit einer hohen Bruttogewinnspanne begonnen hat, diese auch beibehalten hat. Umgekehrt blieb die Bruttogewinnspanne in der Regel niedrig, wenn sie es bereits zu Beginn war. Die Bruttomargen bleiben bestehen, um es im Fachjargon zu sagen.

Berry ist der Ansicht, dass die Bruttomarge ein guter Indikator für den Preis ist, den die Menschen bereit sind, im Verhältnis zu den für die Bereitstellung der Ware erforderlichen Inputkosten zu zahlen. Es ist ein Maß für den Mehrwert, den der Kunde erhält. Nicht jedes Unternehmen weist eine hohe Bruttomarge auf. „Die von Amazon ist ziemlich mittelmäßig", so Berry in einer E-Mail an mich, „aber es ist klar, dass der Mehrwert in der Auswahl und der Bequemlichkeit liegt, nicht in der Ware selbst (die man überall finden kann). Wenn Sie aber nicht erkennen können, wie oder wo ein Unternehmen in seinem Geschäftsmodell einen Mehrwert für die Kunden schafft, dann können Sie ziemlich sicher sein, dass es kein 100-Bagger sein wird. Es sei denn, es trifft auf Öl!"

Berrys Forschungen zeigen noch weitere Aspekte auf, die zu dieser Erkenntnis beitragen. Erstens sollten Sie wissen, dass der Unterschied zwischen der Bruttogewinnspanne und der Betriebsgewinnspanne in den Ausgaben besteht, die oft als Vertriebsgemeinkosten bezeichnet werden.

Diese Betriebskosten sind volatil. Wenn sich ein Underperformer verbessert, ist dies oft ein Bereich, in dem man die Verbesserung sieht. Anders ausgedrückt: Wenn die Bruttomargen stabil und beständig sind, dann wäre ein guter Kandidat für einen Turnaround ein Unternehmen mit einer hohen Bruttogewinnmarge und einer niedrigen operativen Marge. Letzteres ist leichter zu beheben als Ersteres.

Und größere Unternehmen neigen dazu, ihre Vorteile zu zementieren. „Größere Unternehmen scheinen in der Lage zu sein, ihre Renditen länger aufrechtzuerhalten, indem sie Effizienzsteigerungen bei den Vertriebsgemeinkosten erzielen, die kleine Unternehmen nicht erreichen können", schreibt Berry.

Und schließlich ist eine Erfolgsbilanz mit hoher Performance ein nützlicher Indikator. Gewinner bleiben in der Regel Gewinner. Dies ist sinnvoll, da eine hohe Performance in der Regel auf einen Wettbewerbsvorteil zurückzuführen ist. Und diese Vorteile verschwinden in der Regel nicht „über Nacht".

Ich kann Berrys fundierter Arbeit und ihren vielen Facetten kaum gerecht werden. Ich werde einfach versuchen, eine Schlussfolgerung zu den Burggräben zu ziehen, die bei der Jagd auf 100-Bagger nützlich sein wird.

Ich würde es so zusammenfassen: Es ist schön, einen Burggraben zu haben, aber echte Burggräben sind selten und nicht immer leicht zu erkennen. Daher sollten Sie nach eindeutigen Anzeichen für Burggräben in einem Unternehmen suchen – wenn Sie nicht fündig werden, reden Sie sich wahrscheinlich etwas ein. Sie sollten auch nach Beweisen für diesen Burggraben in den Jahresabschlüssen eines Unternehmens suchen. Je höher die Bruttomarge im Vergleich zur Konkurrenz ist, desto besser.

KAPITEL 13

VERSCHIEDENE ÜBERLEGUNGEN ZU 100-BAGGERN

D*efinition: men-ta-tion (men- t -sh n/) Substantiv. Technisch. 1. geistige Aktivität.*

In James Thurbers „Let Your Mind Alone!“ gibt es ein Kapitel mit dem Titel „Miscellaneous Mentation“ („Verschiedene Überlegungen“), das genau das anspricht, worum es in diesem Kapitel geht. Er schreibt:

> Bei der Durchsicht der abgegriffenen Seiten meiner Bibliothek mit neueren Büchern über Mentaltechnik bin ich auf eine Reihe provokanter Passagen gestoßen, die ich mit einem Bleistift markiert hatte, aber aus dem einen oder anderen Grund nicht in eines meiner vorangegangenen Kapitel einordnen konnte. Ich habe mich entschlossen, diese Gruppe von verschiedenen Themen hier aufzugreifen und einige Passagen in der Reihenfolge zu behandeln, in der ich sie finde.

Und so besteht auch dieses Kapitel aus „verschiedenen Überlegungen“ zu 100-Baggern. Sie scheinen nirgendwo anders hinzupassen, und deshalb kommen sie hier hin – in keiner besonderen Reihenfolge der Wichtigkeit. Eines der Dinge, die ich an Phelps’ Buch bewundere, ist die Art und Weise, mit der er so viel Investitionsweisheit aus einer Vielzahl von Quellen und Erfahrungen zusammengetragen hat.

Ich habe den Eindruck, dass ein Buch über 100-Bagger so sein muss, weil ein großer Teil der Jagd qualitativ ist und nicht durch eine Formel gesteuert wird. Um eine 100-fache Rendite zu erzielen, müssen Sie eine bestimmte Denkweise annehmen.

Wenn Sie nach 100-Baggern suchen, bedeutet das, dass Sie sich nicht sonderlich darum kümmern werden, was die Zentralbank tut. Es bedeutet, dass Sie eine Aktie nicht kaufen werden, weil Ihnen der Chart gefällt (der Chart des nächsten Monats könnte ein ganz anderes Signal geben). Diese Dinge sind nur Ablenkung. Wer in 100-Bagger investieren will, muss mit beiden Beinen fest auf dem Boden stehen und stillhalten.

In diesem Kapitel stelle ich Ihnen eine Reihe von Investitionsideen vor, die Ihnen helfen werden, die erforderliche 100-Bagger-Mentalität zu entwickeln.

Nicht den Renditen nachjagen

Das Jahr 2014 war eines der schlechtesten, die es je für Stock-Picker gab. Aber fast jeder hat hierzu falsche Vorstellungen. Und es könnte Sie auf lange Sicht eine Menge Geld kosten, wenn auch Sie so denken – vor allem, wenn Sie sich dadurch von Ihrem Streben nach 100-Baggern ablenken lassen.

Hier sind zunächst einige Belege vom Ende des Jahres:

- Untersuchungen der Bank of America Merrill Lynch zeigen, dass weniger als 20 Prozent der aktiven Manager in diesem Jahr besser abschnitten als der Markt – die schlechteste Performance seit mehr als zehn Jahren.

- Bill Alpert von *Barron's* sagt: „Weniger als 15 Prozent der Vermögensverwalter, die aktiv Aktien auswählen, liegen vor ihrer Benchmark."
- Laut Denys Glushkov, Forscher an der Penn University, lagen bis zum 30. September nur 9,3 Prozent aller Investmentfonds, die in große US-Aktien wie die des S&P 500 investieren, vor dem Index. Der bisherige Tiefststand betrug 12,9 Prozent im Jahr 1995 und der Durchschnitt des letzten Vierteljahrhunderts liegt bei 38,6 Prozent.

Glushkov sagte, dass 2014 „wahrscheinlich in die Rekordbücher eingehen wird" als das Jahr, in dem aktive Manager – im Gegensatz zu Indexfonds – „ihre schlechteste Performance im Vergleich zum Index, ohne Gebühren, seit mindestens 1989 erzielten".

Und so war es auch.

Angesichts dieser Erfahrung investierten die Menschen ihr Geld in passive Fonds wie zum Beispiel S&P-Indexfonds. Wie fast jeder weiß, kann das Universum der Stock-Picker den Markt wegen der Gebühren nicht schlagen. Gleichwohl brachte dieses Jahr eine gewaltige Schlappe mit sich.

Es ist viel Tinte darüber vergossen worden, warum das so ist. Dieses Gekritzel ist mir eigentlich egal, weil wir alle nur raten. Außerdem: Selbst wenn wir es wüssten, heißt das nicht, dass wir vorhersagen können, wann sich die Dinge ändern werden.

Hier also der erste Teil meines Ratschlags: Versuchen Sie nicht, den Renditen hinterherzujagen, denn das wird Sie im Laufe der Zeit eine Menge Geld kosten.

Die meisten Menschen werden nicht auf mich hören. Die meisten Menschen jagen nach Renditen. Nehmen wir als Beispiel eine meiner Lieblingsstudien überhaupt, die von Dalbar. Sie ergab, dass der durchschnittliche Investmentfonds über den gesamten Zeitraum der Studie eine Rendite von 13,8 Prozent pro Jahr erzielte. Der durchschnittliche Anleger in diesen Fonds verdiente jedoch nur sieben Prozent. Warum?

Weil er sein Geld herausnahm, als die Fonds schlecht liefen, und es wieder hineinsteckte, als sie gut liefen. Die Anleger waren ständig auf der Jagd nach Rendite.

Eines meiner Lieblingsbeispiele ist der CGM Focus Fund von Ken Heebner, der beste Fonds des Jahrzehnts, das 2010 endete. Heebners Fonds erzielte eine glänzende jährliche Rendite von 18 Prozent. Der typische Anleger in seinem Fonds verdiente aber nur elf Prozent. Der Grund dafür ist derselbe: Die Leute zogen Geld ab, als er ein schlechtes Jahr hatte, und steckten es wieder rein, wenn er ein gutes Jahr hatte.

Darüber habe ich in meinem ersten Buch „Invest like a Dealmaker" geschrieben. Und den Ratschlag, den ich damals gegeben habe, gebe ich auch heute noch. Um diesen Ratschlag zu veranschaulichen, schauen wir uns an, wie Mohnish Pabrai auf eine Frage von *Barron's* geantwortet hat.

Pabrais Fonds hat in den letzten zehn Jahren eine jährliche Rendite von fast zehn Prozent erzielt und damit den S&P-Index um etwa 1,5 Prozentpunkte übertroffen. Aber in diesem Jahr liegt er weit hinter dem Index zurück. *Barron's* schreibt:

> Auf die Frage nach dieser unterdurchschnittlichen Leistung antwortete er: „Ich denke, das ist irrelevant. *Es gibt nichts Intelligentes, was man über einen so kurzen Zeitraum wie zehn Monate sagen kann.* Ich investiere nie mit dem Gedanken, was in ein paar Monaten oder gar in einem Jahr passieren wird." (Hervorhebung hinzugefügt)

Das Problem mit der 24/7-Medienkultur, in der wir leben, ist, dass jeder fast ständig etwas zu sagen hat. Und doch gibt es die meiste Zeit nicht wirklich etwas zu sagen.

So werden wir täglich unablässig mit Kommentaren zu jeder Kursschwankung bei Aktien, Gold, Anleihen und so weiter überhäuft. Das ist alles sinnloses Gefasel. Ich stimme Pabrai zu: Es gibt wirklich nichts Intelligentes über die Renditen in einem so kurzen Zeitraum zu sagen.

Ich würde sogar noch weiter gehen: Ich glaube nicht, dass Sie sich mit dem S&P 500 oder dem breiteren Markt vergleichen sollten.

Martin Whitman, einer meiner Lieblingsinvestoren, sagt dazu:

> Einige Wirtschaftswissenschaftler sind der festen Überzeugung, dass das Ziel professioneller Vermögensverwalter darin bestehe, den Markt zu schlagen. Wenn es professionellen Geldmanagern nicht gelingt, den Markt zu schlagen, weder einzeln noch in der Masse, wird dies als Beweis dafür angesehen, dass sie nutzlos sind. ... Das freundlichste Wort, das wir für diese Sichtweise haben, ist, dass sie dilettantisch ist.

Dies stammt aus „Modern Security Analysis“ von Whitman und Fernando Diz. Ich liebe Whitmans Ansatz, und Whitman hat mein Denken über Investitionen im Laufe der Jahre stark beeinflusst.

Der Grund für Whitmans Geringschätzung der marktschreierischen Sichtweise ist, dass Manager andere Ziele und Aufgaben haben. Ein Manager, der in eine Stiftung investiert, strebt eher nach Sicherheit und Einkommen als nach Kapitalgewinnen. Wenn also ein solcher Manager mit einem Portfolio aus konservativen Aktien, die nie eine Dividende ausfallen lassen, eine Rendite von neun Prozent erzielt, erscheint es albern, ihn für das Zurückbleiben hinter dem S&P zu rügen.

Außerdem, wen interessiert schon ein Jahr?

Man muss das Spiel langfristig angehen. Es gibt Ansätze und Investoren, die den Markt im Laufe der Zeit mit einem soliden Vorsprung geschlagen haben. Die Sache ist die, dass sie den Markt nur selten durchgehend schlagen.

Die besten Anleger hinken dem Markt 30 bis 40 Prozent der Zeit hinterher. Wie Barton Biggs einmal schrieb, nachdem er die sagenhaften Renditen von Superstar-Investoren analysiert hatte: „Keiner in der Gruppe hat immer den S&P 500 geschlagen, wahrscheinlich weil niemand dachte, dass dies das primäre Ziel sei."

Wie gesagt, es gibt Möglichkeiten, den Markt langfristig zu schlagen. Aber keiner dieser Ansätze schlägt immer den Markt. Selbst die Besten bleiben oft zurück. Als Einzelperson haben Sie jedoch den großen Vorteil, dass Sie die Jagd nach der Benchmark ignorieren können.

Denken Sie daran, bevor Sie Ihr Portfolio nach einem Blick auf die Jahresergebnisse umschichten. Jagen Sie nicht den Renditen hinterher! Und messen Sie sich nicht am S&P 500 oder einer anderen Benchmark. Konzentrieren Sie sich einfach darauf, richtig zu kaufen und durchzuhalten.

Langweilig wird es nicht

Die Menschen sterben vor Langeweile.

– Raoul Vaneigem, „The Revolution of Everyday Life"

Ich habe mit einem Freund zu Mittag gegessen und wir sprachen über die große Abstimmung in Schottland, ob sich das Land vom Vereinigten Königreich unabhängig machen soll. (Seine Bürger entschieden sich zu bleiben.)

Dann nannte mein Freund einen Grund, warum viele Menschen mit Ja stimmen würden: „Sie langweilen sich! Sie wollen nur, dass etwas passiert."

Je mehr ich darüber nachdachte, desto mehr kam mir der Gedanke, dass da etwas dran sein könnte. Langeweile kann eine Menge erklären. Sie kann alle Arten von Finanzverhalten erklären. Und es gibt definitiv eine „Langeweile-Arbitrage", die man auf den Märkten ausnutzen kann.

Nachfolgend also eine augenzwinkernde Erkundung meiner Theorie der Langeweile.

Fangen wir am Anfang an: Langeweile wurde 1768 erfunden – nun, nicht das Gefühl an sich, aber das Wort „bore“ (Langeweile) erschien in diesem Jahr zum ersten Mal in der englischen Sprache im Druck. So steht es in meiner Ausgabe des „Oxford English Dictionary“. (Und ja, ich habe die physische Ausgabe – alle 20 Bände!) Das OED definiert das Wort „bore“ folgendermaßen: „ermüden durch langweilige Konversation oder einfach durch das Unvermögen, interessant zu sein.“

Lustigerweise tauchte die erste Verwendung in einem Brief eines Engländers auf, der sich bei einem anderen Engländer über die Franzosen beschwerte: „Ich habe Mitleid mit meinen Freunden aus Newmarket, die im Begriff sind, von diesen Franzosen gelangweilt zu werden.“

„Langeweile“ – im Sinne von „der Zustand, in dem man sich langweilt“ – kam erst viel später auf. Dickens verwendete ihn 1852 in „Bleak House“: „the malady of boredom“ („die Krankheit der Langeweile“).

Der Schriftsteller Tom Hodgkinson würde Dickens zustimmen. In „The Freedom Manifesto“ widmet er ein ganzes Kapitel der Langeweile. Er schreibt: „Wäre die heutige Wissenschaft ausgefeilter und subtiler, dann bin ich mir absolut sicher, dass sie die Langeweile als einen der zentralen Killer in der modernen Welt einstufen würde. … Es würde mich nicht im Geringsten überraschen, wenn sich Langeweile eines Tages als krebserregend erweisen würde.“

Hodgkinsons Buch ist großartig und liest sich sehr unbeschwert. Er spricht über all die Möglichkeiten, wie das moderne Leben Langeweile erzeugt – insbesondere am Arbeitsplatz.

Es gibt viele mechanische, langweilige Berufe, die „gerade so viel Konzentration erfordern, dass man nicht ins Träumen gerät, aber nicht genug, um den Geist wirklich zu beschäftigen“. Das Ergebnis ist Langeweile in großem Ausmaß. Die Menschen sind gelangweilt. Und sie tun alles Mögliche, um sich die Langeweile zu vertreiben. Sie verhalten sich wie Idioten. Sie ziehen sich wie Narren an. Alles, um die Langeweile zu vertreiben. Sie können sogar Sabotageakte begehen.

Auf den Finanzmärkten sabotieren die Menschen oft aus purer Langeweile ihre eigenen Portfolios. Warum sonst sollte man Geld in winzige Bergbauunternehmen mit 70-Cent-Aktien investieren, die praktisch keine Chance haben, überhaupt etwas zu werden? Warum sollte man sich die Mühe machen, hochgejubelten Biotech-Unternehmen nachzujagen, die auf der Grundlage fadenscheiniger Aussichten zu absurden Kursen gehandelt werden?

Weil die Menschen sich langweilen!

Es scheint aufregend zu sein, sein Geld auf diese Weise zu verlieren. Das ist nicht anders, als wenn man in ein Casino geht. (Und genau wie in einem Casino zahlen sich diese Wetten oft genug aus, damit die Leute wiederkommen.) Die Menschen sehnen sich nach Action.

Warum kaufen und verkaufen die Menschen so häufig Aktien? Warum können sie nicht einfach eine Aktie kaufen und sie zumindest ein paar Jahre lang halten? (Die meisten tun das nicht.) Warum können die Menschen nicht die bewährten Wege zum Wohlstand beschreiten? Ich bin mir sicher, dass Sie meine Antwort bereits erraten können.

Die Leute machen oft dumme Sachen mit ihrem Portfolio, nur weil sie sich langweilen. Sie haben das Gefühl, dass sie etwas tun müssen. (Hier erinnere ich mich an die Weisheit von Pascal, dass „alles Elend der Menschen daher rührt, dass sie nicht in der Lage sind, allein in einem ruhigen Zimmer zu sitzen".)

Ich weiß, dass ich mich auch einmal langweile, aber auf eine andere Art und Weise. Ich finde es zum Beispiel unglaublich, dass die Leute so viel Zeit damit verbringen, über die Zentralbank zu reden. Meine Newsletter-Kollegen, die Leute in den Medien – sie alle tun es. Es ist unfassbar. Wird es diesen Leuten nicht langweilig? Oder tun sie das, weil sie sich langweilen?

Ich bin von der Zentralbank so gelangweilt. Langweilig. Und zum Glück ist sie für Sie als Anleger weitgehend irrelevant. Warren Buffett selbst sagte einmal: „Wenn der Vorsitzende der Fed, Alan Greenspan, mir zuflüstern würde, wie seine Geldpolitik in den nächsten zwei Jahren aussehen wird, würde das nichts an meinem Handeln ändern."

Jeden Tag lese ich, dass irgendwo jemand über Quantitative Easing, die Zinssätze oder den Dollar schreibt. Die meisten von ihnen wiederholen das gleiche alte Narrativ: „Wenn QE aufhört, werden die Aktien fallen." „Der Dollar wird zusammenbrechen!" „Wenn die Zinssätze steigen, werden die Aktien fallen." Ich meine, um Himmels willen, wie viel kann man noch über dieses Thema lesen? Und für wie viele Jahre am Stück?

Es ist nur derselbe alte Eintopf, der aufgewärmt und immer und immer wieder serviert wird.

Das ist einer der Gründe, warum ich reise. Auf diese Weise muss ich nicht darüber schreiben, was die Zentralbank diese Woche gesagt hat, oder irgendein wirres makroökonomisches Szenario durchspielen, das ich mir ausgedacht habe. Stattdessen kann ich über das schreiben, was ich sehe – in Griechenland hoffentlich mit Blick auf atemberaubende Klippen und tiefblaues Wasser. Oder in Deutschland an einem langen Holztisch unter Eichen sitzend und in einer tausend Jahre alten Brauerei Bier trinkend. Nicht langweilig!

Aber im Ernst, zumindest hat es etwas mit der realen Welt zu tun. Als Wirtschaftsautor bin ich fast verzweifelt auf der Suche nach etwas Neuem, etwas anderem, etwas *Interessantem*, über das ich schreiben kann. Ich brauche nicht zu wiederholen, was in den Zeitungen steht. Sie brauchen mich nicht, um den ohnehin schon großen Lärm noch zu verstärken.

Die Nutzung des Lärms ist in der Tat eine einfache Arbitrage. Manchmal hört man (kluge) Leute von „Zeitarbitrage" sprechen. Die Idee dahinter ist, dass es den meisten Anlegern schwerfällt, auch nur ein oder zwei Jahre vorauszuschauen. Sie konzentrieren sich auf das Jetzt. Man braucht also nur ein Jahr vorauszudenken, und schon kann man Aktien aufspüren, die heute billig sind, weil andere nicht über das laufende Quartal oder zwei oder drei hinausblicken können.

Die gleiche Art von Arbitrage besteht bei Langeweile. Die Leute langweilen sich, wenn sie lange Zeit dieselbe Aktie halten – vor allem, wenn sie nicht viel bringt. Sie sehen, wie andere schillernde Aktien an ihnen vorbeiziehen, und können es nicht ertragen. Also jagen sie alles, was sich bewegt, und geraten in Schwierigkeiten.

Wie der berühmte Vermögensverwalter Ralph Wanger zu sagen pflegte, neigen Anleger dazu, „mehr Hummer zu kaufen, wenn der Preis steigt". Seltsam, da sie dieses Verhalten wahrscheinlich sonst nicht an den Tag legen. Wenn es um Benzin, Waschmaschinen oder Autos geht, sucht man normalerweise nach einem günstigen Angebot. Und man verkauft das Haus, die Golfschläger oder die Turnschuhe nicht, weil jemand weniger bietet, als man selbst bezahlt hat.

Apropos Wanger: Er hat ein Buch über das Investieren mit dem Titel „A Zebra in Lion Country" geschrieben, das 1997 veröffentlicht wurde. Es ist eine unterhaltsame Lektüre und ich empfehle sie. Darin geht er auf die Arbitrage der Langeweile ein: „Normalerweise zahlt der Markt sozusagen eine Vergnügungssteuer, eine Prämie für Aktien mit einer spannenden Geschichte. Langweilige Aktien werden also mit einem Abschlag verkauft. Wenn Sie genug davon kaufen, können Sie Ihre Verluste im Hightech-Bereich ausgleichen."

Das war 1997, bevor die Blase im Jahr 2000 platzte. Gute Ratschläge von Wanger, wie immer. (Ich habe ihn 2005 einmal in seinem Büro in Chicago getroffen. Er nahm sich großzügig Zeit und verbrachte fast zwei Stunden mit mir, um mich an seinem Wissen teilhaben zu lassen.) Heute scheint der Markt von so ziemlich allem gelangweilt zu sein, was nicht Tech, Biotech, Social Media oder Tesla ist.

Wie dem auch sei, wenn Sie einen Weg finden, die Langeweile zu bekämpfen und sie nicht an Ihrem Portfolio auszulassen, werden Ihre Erträge davon profitieren.

Behalten Sie einfach den Preis im Auge: 100-fache Renditen sind nicht langweilig.

Lassen Sie sich nicht veräppeln: Vermeiden Sie Betrug

Aber wenn ein Mensch einen Verdacht hat, passiert es manchmal, dass er, wenn er bereits in die Sache verwickelt ist, unbewusst danach strebt, seinen Verdacht sogar vor sich selbst zu verbergen. Und so war es auch bei mir. Ich sagte nichts und versuchte, nichts zu denken.

– Herman Melville, „Moby Dick“

Ich habe Carson Block auf einem Value-Investing-Kongress einen guten Vortrag halten hören.

Block, falls Sie es nicht wissen, ist der Gründer von Muddy Waters Research. Er ist ein Leerverkäufer. Am bekanntesten ist er für den Sturz von Sino-Forest im Jahr 2011.

In Carsons Bericht wurde behauptet, Sino-Forest sei ein Betrug und die Aktien seien wertlos – Behauptungen, die durch überzeugende Untersuchungen untermauert wurden. Sino-Forest fiel nach Blocks Bericht um 89 Prozent. Sogar einige berühmte Superstar-Investoren wurden kalt erwischt. John Paulson – der Mann, der persönlich über eine Milliarde Dollar verdiente, nachdem er 2007 den Betrug auf dem Subprime-Markt aufgedeckt hatte – verlor mit Sino-Forest 700 Millionen Dollar.

Block ist also ein Superdetektiv. Wenn seine Berichte veröffentlicht werden, stürzt der Aktienkurs des betreffenden Unternehmens ab. Er hält die Bösewichte nachts wach.

Block ist der Meinung, dass wir in einem „Zeitalter der Käuflichkeit“ leben. Es gibt eine noch nie da gewesene Bereitschaft, für Geld unehrliche Dinge zu tun.

„Gier und kurzfristiges Denken sind heute stärker verbreitet als je zuvor“, so Block. Es ist schwer, das zu beweisen. Aber wenn die Märkte hoch sind, ist es keine Frage, dass die Gauner dann gern herauskommen und die Taschen der selbstgefälligen Anleger leeren.

Blocks Vortrag drehte sich um die Punkte, mit denen das System gegen die Anleger arbeitet. Gehen wir diese durch.

Das Management

„Das erste Element, das gegen die Investoren spricht, ist das Management“, so Block. Natürlich gibt es gute und schlechte Management-Teams. Aber um zu verallgemeinern: Block sagte, dass Anreize oft kurzfristig sind. Sie ermutigen zu riskanten Wetten.

Und die CEOs selbst sind weitgehend charismatisch. „So wird man zum Leiter einer Organisation“, sagte Block. „Es ist leicht, dem Charme der CEOs zu verfallen.“

Er erinnerte uns daran, dass Andrew Fastow, der CEO von Enron, bevor das Unternehmen in Konkurs ging, 1999 den „Award for Excellence“ des *CFO Magazine* gewann. Enron war, wie Sie wissen, ein riesiger Betrug.

Block sagt, je mehr Erfolg, Auszeichnungen und öffentliche Bewunderung ein CEO erhält, desto unwahrscheinlicher ist es, dass er Fehler eingesteht. Fastow selbst hat dies gesagt. Und Fastow zitierte in diesem Zusammenhang „Moby Dick“, „den er im Gefängnis gelesen hat“ (siehe Zitat oben).

„Man kann davon ausgehen, dass andere Personen aus dem Umfeld des CEOs die Geschäftsleitung schützen“, so Block. Dies macht es schwieriger, Täuschungen aufzudecken.

Wie können Sie damit umgehen?

Block hat einen guten Vorschlag gemacht. „Management sollte besser gesehen als gehört werden.“ Erledigen Sie zuerst Ihre Arbeit, und erst dann sprechen Sie mit der Geschäftsleitung. „Wenn ich die Hände schütteln und die Leute mögen würde, würde das mein Urteilsvermögen beeinträchtigen.“ Dies ist ein wichtiges Eingeständnis. Sogar Block sagt, er könne dem Charme des Managements nicht widerstehen.

Hier ist sein Ratschlag:

- Mitschriften von Telefonkonferenzen zu lesen ist besser, als sie anzuhören.

- Lesen Sie die Konferenzen mehrerer Quartale hintereinander und achten Sie auf verschwindende Initiativen und sprachliche Veränderungen.
- Wird den Fragen ausgewichen? Welchen? „Manchmal wenden sie sich an dieselben Personen, zu denen sie ein gutes Verhältnis haben“, so Block. Sie kennen sicher Konferenzen, die so ablaufen: „Tolles Quartal, Leute.“ – „Danke, Mike.“ Wenn die Niederschrift dies enthält und keine gezielten Fragen gestellt werden, dann „riecht es nach einer inszenierten Konferenz“.

Zusammenfassend lässt sich sagen, dass es „am besten ist, das Management auf Distanz zu halten“.

Das Board of Directors

Das Board soll die Aktionäre vertreten, aber das tut es nicht. Wie Block sagte, gibt es eine symbiotische Beziehung zu den CEOs. Board-Mitglieder betrachten ihr Amt oft als Privileg und nicht als Verantwortung. Versicherungen und andere Schutzmechanismen bewahren die Gremien vor der Haftung.

Außerdem sind die Ermittlungen des Boards bei Fehlverhalten unzuverlässig. Wenn das Board etwas untersuchen muss, ist das so, als ob es seine eigene Inkompetenz zugeben müsste, so Block. Man kann sich nicht darauf verlassen.

Die Rechtsanwälte

Anwälte „machen es Investoren schwer, gute Entscheidungen zu treffen“. Sie vertreten die Interessen ihrer Kunden – der Menschen, die sie bezahlen – und nicht die der Anleger.

„Renommierte Anwaltskanzleien sind ein erstaunlich wirksames Feigenblatt“, so Block. Sie sind großartig darin, nicht entzifferbare

Prosa zu schreiben. Und das Anwaltsgeheimnis „verbirgt unzählige Fälle von Fehlverhalten von Unternehmen".

Das heißt, lassen Sie sich nicht täuschen, nur weil eine Firma einen schicken Anwalt hat.

Die Rechnungsprüfer

„Rechnungsprüfer werden völlig missverstanden", sagte Block. Auch sie vertreten die Interessen ihrer Kunden, also der Menschen, die sie bezahlen. Das erinnert mich an das alte Sprichwort „Wes Brot ich ess, des Lied ich sing".

Block sprach darüber, dass es sich um einen Beruf handelt, der das Scheitern belohnt. Negative Prüfungen führen oft zu einer Anstellung auf Lebenszeit, weil das Unternehmen Angst hat, verklagt zu werden, und den Prüfer in seiner Nähe haben möchte, damit er ihm aus dem Schlamassel hilft.

Außerdem, so Block, sei die Buchhaltung „ein Beruf, der gegen Rechenschaftspflicht und Transparenz kämpft. Sie [die großen Wirtschaftsprüfungsgesellschaften] wehren sich immer wieder gegen die Offenlegung. Sie wollen den Anlegern keinen besseren Einblick in die Prüfungen geben."

Er erinnerte uns auch daran, dass Prüfungen keine „Unbedenklichkeitsbescheinigungen" sind und keinen Betrug aufdecken. Im Fall von Sino-Forest sei Ernst & Young (der Wirtschaftsprüfer) sogar der beste Freund von Sino-Forest gewesen. Er zeigte eine von E&Y verfasste Offenlegung: „Der Großteil der Forderungen aus dem Verkauf von Stammholz wird realisiert, indem die Schuldner angewiesen werden, die auf Stammholz und andere Verbindlichkeiten lautenden Beträge in Renminbi zu begleichen."

Werden Sie daraus schlau?

Block übersetzte dies so: Es bedeutet, dass das Unternehmen das Geld nie abgeholt hat. Anders ausgedrückt: „Mehr als 95 Prozent des gemeldeten Bruttogewinns des Unternehmens sind in den 16 Jahren seiner Börsennotierung nie auf die Bankkonten des Unternehmens geflossen!!!"

Unübersichtliche, nicht entzifferbare Angaben sind ein Hinweis darauf, dass man sich fernhalten sollte.

Die Investmentbanken

Natürlich haben die Investmentbanken einen Anreiz, Finanzprodukte – Aktien, Anleihen und so weiter – zu verkaufen. Sie sind nicht auf Ihre Interessen bedacht.

Falls Sie es noch nicht wissen: Schauen Sie nicht auf die Analysen von Investmentbanken oder Maklerbüros, um zu erfahren, wo Sie investieren sollten.

Die Marktforschungsinstitute

Das war interessant, weil man oft „Marktforschung" von Firmen wie Frost & Sullivan und iResearch zitiert sieht. Block sagte, dass die Unternehmen diese Firmen beauftragen und ihnen oft die Ergebnisse der Marktforschung zur Verfügung stellen, um den gewünschten Bericht zu erhalten. Die Marktforschung ist dazu da, die Behauptungen des Managements zu legitimieren. Sie soll Ihnen nicht helfen, eine gute Entscheidung zu treffen.

Misstrauen Sie der Marktforschung. Suchen Sie nach objektiveren Informationsquellen, zum Beispiel nach tatsächlichen Verkaufsdaten und Trends.

China

China als eine Kategorie für sich zu betrachten, begründet Block wie folgt: „China ist für Aktienbetrug das, was das Silicon Valley für die Technologie ist."

Er ist der Meinung, dass die Anleger wieder nachlässig werden, was die Betrugsrisiken in China angeht. Und er weist darauf hin, dass „kein Betrüger aus China jemals für den Betrug an nordamerikanischen Anlegern ernsthaft bestraft wurde".

Phelps sagte in seinem Buch, dass ein Investor, der ins Ausland geht, oft einfach Risiken, die er sehen kann, gegen Risiken austausche, die er nicht sehen kann. Investieren ist schwer. Investitionen in Übersee, auf einem ausländischen Markt, sind schwieriger.

Die Vorsichtsmaßnahmen

Es besteht immer die Gefahr, dass man irgendwo übers Ohr gehauen wird. Die meisten Anleger, die schon lange genug dabei sind, sind schon einmal getäuscht worden – wenn auch in geringerem Maße als bei einem Ereignis vom Typ Sino-Forest.

Aber es ist wichtig, hier eine Unterscheidung zu machen. Es gibt Voreingenommenheit und es gibt Lügen. Es gibt Verkaufskunst und es gibt Betrug. Fast alle Management-Teams sind bestrebt, ihre Arbeit positiv darzustellen. Aber das wissen wir und das ist kein Betrug.

Es gibt einige Dinge, die Sie tun können, um die großen Betrüger zu vermeiden.

Am besten ist es, in Management-Teams zu investieren, die viele Aktien besitzen. Dies ist in den Vereinigten Staaten oft ein guter Schutz gegen Betrug. Das allein reicht jedoch nicht aus, da viele Betrugsfälle in China zum Beispiel von Insidern begangen werden.

Zweitens: Schließen Sie sich Leuten an, die bereits Erfolg hatten. Wenn Sie sich an Leute halten, die eine Erfolgsbilanz vorweisen können, ist es unwahrscheinlich, dass Sie auf einen Betrüger wie Sino-Forest hereinfallen.

Drittens: Halten Sie sich von seltsamen Dingen fern – Sie wissen schon, von Unternehmen, die Dinge tun, die Sie nicht verstehen können. Wenn Sie nicht verstehen, wie sie Geld verdienen – siehe Sino-Forest –, laufen Sie weg!

Viertens: Meiden Sie die angesagten Sektoren des Marktes. Biotech war angesagt. Es überrascht nicht, dass eine Reihe der auf dem Kongress vorgestellten Short-Ideen aus dem Bereich der Biotechnologie stammten. Dorthin gehen Promoter und Rechtsverdreher, weil sie dort am meisten für ihr Geld bekommen. In diesem Sektor wimmelt es von Betrügern.

Das Gleiche gilt für alles, was mit „sozialen Medien", „Cloud-Computing" oder anderen Schlagwörtern zu tun hat, die die Runde machen. Seien Sie vorsichtig bei Unternehmen, die anscheinend nur gegründet wurden, um die Gier der Investoren zu stillen.

Erinnern Sie sich daran, dass man vor einigen Jahren nach Möglichkeiten suchte, in einen Aufschwung im Wohnungsbau zu investieren. Und dann, bum, tauchen all diese Immobilien-REITs auf. Seien Sie vorsichtig. Sie sind vielleicht kein Betrug, aber sie sind wahrscheinlich auch keine gute Investition.

Wenn es um Betrug geht, denke ich immer an einen Satz von Phelps, der der Aktienmanipulation ein Kapitel gewidmet hat: „In Afrika gilt, wo es keine Antilopen gibt, gibt es auch keine Löwen."

Wenn Sie einige vernünftige Maßnahmen ergreifen, können Sie verhindern, dass Sie zur Beute werden.

Ignorieren Sie Prognostiker

Investitionen sind für viele Menschen schwierig, weil sie erwarten, dass sie der Meinung von Experten vertrauen können. Doch in der Welt der Märkte machen die sogenannten Experten eine ganze Menge falsch. Wenn man sich jedoch genau anschaut, welche Fehler sie machen, kann man aus dem Stoff menschlicher Dummheit einen zuverlässigen Anlageansatz weben.

Nehmen Sie zum Beispiel die Gewinnschätzungen. Wall-Street-Analysten veröffentlichen Gewinnschätzungen für Aktien. Die Anleger fassen diese Schätzungen oft zusammen, um einen „Konsens" zu erhalten. Wenn die Ergebnisse veröffentlicht werden, berichten die

Medien darüber, ob ein Unternehmen die Prognosen übertroffen oder verfehlt hat. Ein Übertreffen kann eine Aktie stark ansteigen lassen, während ein Fehlschlag sie zum Absturz bringen kann.

Viele Anleger beobachten diese Schätzungen mit Argusaugen und verlassen sich bei ihren Kauf- und Verkaufsentscheidungen auf sie. Das Problem ist, dass diese Schätzungen oft falsch sind, und zwar erheblich. In einer großen Studie wurden fast 95.000 Konsensschätzungen aus mehr als zwei Jahrzehnten untersucht. Dabei wurde festgestellt, dass die durchschnittliche Schätzung um mehr als 40 Prozent danebenlag!

David Dreman schreibt darüber in seinem Buch „Contrarian Investment Strategies“. Bei näherer Betrachtung stellt er fest, dass die Analysten durchweg Fehler in einer Richtung machten: Sie waren zu optimistisch.

Nimmt man beides zusammen, wird man schnell feststellen, dass die Wahrscheinlichkeit, eine Aktie zu besitzen, die keine negative Gewinnüberraschung erlebt, ziemlich gering ist. Die Wahrscheinlichkeit liegt bei 1 zu 4, dass eine einzelne Aktie vier Quartale ohne eine negative Überraschung von mindestens zehn Prozent unter den Erwartungen übersteht.

Ich will nicht nur auf die Analysten schimpfen. Als Spezies sind wir von Natur aus optimistisch – zumindest die meisten von uns. Das ist das Erfolgsrezept im evolutionären Überlebenskampf, und wir müssen diesen Optimismus bei unseren Investitionen berücksichtigen.

Zur Veranschaulichung seiner Erkenntnisse fügte Dreman ein großartiges Diagramm bei, das die Konsensprognosen für die Zinssätze über einen bestimmten Zeitraum zeigt. Eines sticht dabei heraus. Die Menschen neigten dazu, eine Zukunft vorherzusagen, die der Gegenwart sehr nahekam. Die Realität war viel unbeständiger. Prognostiker erleben viele Überraschungen.

Deshalb ist es wichtig, die Prognostiker von ihren Sockeln zu stürzen.

Jason Zweig und Rodney Sullivan haben kürzlich eine Sammlung von Benjamin Grahams Essays und Reden in „Benjamin Graham: Building a Profession" veröffentlicht. Graham wird weithin als der Vater der Wertpapieranalyse gesehen. Und der Titel dieses Buches ist inspiriert von einem geistreichen Satz von Adam Smith (Pseudonym des Kommentators George Goodman). Smith schrieb: „Der Grund, warum Graham der unbestrittene Vater ist, liegt darin, dass es vor ihm keinen solchen Beruf gab und man erst nach ihm anfing, seine Arbeit als solchen anzuerkennen."

Bei der Lektüre dieser Aufsätze – von denen ich einige bereits woanders gelesen hatte – stach ein Thema hervor, das man sich heute gut merken sollte. In Bezug auf die Finanzwelt im Allgemeinen – das Spektrum der Analysten, Wirtschaftswissenschaftler, Investoren und dergleichen – äußerte Graham diese Kritik: „Sie neigen dazu, den Markt und sich selbst zu ernst zu nehmen. Sie verbringen einen großen Teil ihrer Zeit damit, tapfer und erfolglos zu versuchen, Dinge zu tun, die sie nicht gut können."

Welche Art von Dingen? Dazu gehört „die Vorhersage kurz- oder langfristiger Veränderungen in der Wirtschaft und im Preisniveau von Stammaktien".

Viele Menschen verbringen viel Zeit damit, zu erraten, wohin sich die Wirtschaft oder der Aktienmarkt entwickeln werden. Und doch gibt es unzählige Studien, die zeigen, wie unsinnig solche Prognosen sind.

James Montier von GMO, einem weltweit tätigen Vermögensverwaltungsunternehmen, hob hervor, wie schlecht Ökonomen bei Prognosen sind. Er schlussfolgert:

> Der Versuch, auf der Grundlage von Wirtschaftsprognosen zu investieren, ist selbst in normalen Zeiten eine große Dummheit. Wirtschaftswissenschaftler sind wahrscheinlich die einzige Gruppe, die Astrologen wie Profis aussehen lässt, wenn es darum geht,

die Zukunft vorauszusagen. ... Sie haben keine Rezession der letzten vier Jahrzehnte vorher erkannt! Und es ist nicht nur das Wachstum, das Ökonomen nicht vorhersagen können, sondern auch die Inflation, die Anleiherenditen und so ziemlich alles andere.

Er zeigte ein Diagramm, das die Konsensprognose für das BIP und die tatsächliche Entwicklung des BIP wiedergibt. Diese Darstellung ist interessant, denn eine Erkenntnis springt einem sofort ins Auge. Werfen Sie einen Blick auf das nachstehende Diagramm und sehen Sie, ob Sie zustimmen.

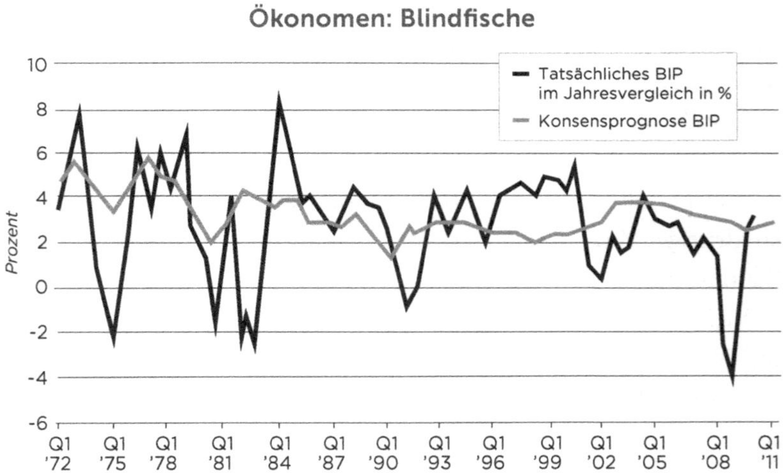

Beachten Sie, dass der Konsens nie die Extreme erreicht. Der Konsens sieht immer einen Mittelweg vor. Das gleiche allgemeine Fehlermuster gilt für alle Arten von Prognosen, einschließlich der Prognosen für den Gewinn je Aktie und die Marktpreise. Das Problem ist natürlich, dass man bei den Extremen eine Menge Geld verdient (oder verliert). Konsensprognosen sind nicht viel wert, ob sie nun stimmen oder nicht.

	Konsensprognose	Nicht-Konsensprognose
Zutreffend	Durchschnittlich	Überdurchschnittlich
Nicht zutreffend	Durchschnittlich	Unterdurchschnittlich

Schließlich hat Howard Marks von Oaktree Capital einmal das obige Schema erstellt, das die Dinge verdeutlicht. Es zeigt Ihnen die Rendite, die Sie mit jeder Art von Prognose erzielen, je nachdem, ob sie zutreffend ist oder nicht.

„Außergewöhnliche Leistungen werden nur durch korrekte Prognosen erzielt, die nicht dem Konsens entsprechen“, schreibt Marks. Als Beispiel führt er die Zinssätze im Jahr 1978 an, die damals bei acht Prozent lagen. Die meisten Leute dachten, sie würden dort bleiben. Die Bullen sagten, sie würden auf neun Prozent steigen, die Bären sagten, sie würden auf sieben Prozent fallen. Marks sagt: „Meistens wären die Zinsen in diesem Bereich geblieben und niemand hätte viel Geld verdient. Die großen Gewinne gingen an diejenigen, die 15 Prozent langfristige Anleiherenditen vorhersagten. Aber wo waren diese Menschen? Extreme Vorhersagen sind selten richtig, aber mit ihnen kann man das große Geld machen.“

Der größte Schüler von Ben Graham war Warren Buffett, der ebenfalls ein großer Ignorant von Prognosen ist. In seinem Aktionärsbrief von 1994 zeigte Buffett, dass er sich Grahams Lektion zu Herzen genommen hatte:

> Wir werden weiterhin die politischen und wirtschaftlichen Prognosen ignorieren, die für viele Investoren und Geschäftsleute eine teure Ablenkung darstellen. Vor 30 Jahren hätte niemand die enorme Ausweitung des Vietnamkriegs, Lohn- und Preiskontrollen, zwei Ölschocks, den Rücktritt eines Präsidenten, die Auflösung der Sowjetunion, einen eintägigen Rückgang des Dow um 508 Punkte oder zwischen 2,8 Prozent und 17,4 Prozent

> schwankende Renditen für Schatzwechsel vorhersehen können. ... Aber, Überraschung – keines dieser spektakulären Ereignisse hat auch nur die geringste Delle in Ben Grahams Anlageprinzipien hinterlassen.

Ich höre oft pauschale Aussagen über den Aktienmarkt und seine Entwicklung von Experten und Anlegern aus aller Welt, und ich bin sicher, Sie tun das auch. Mir fällt auch auf, dass so viele Leute solche Vermutungen ernst nehmen. Ich werde jedoch nicht vorschlagen, dass wir alle aufhören sollten zu raten. Das ist zu viel verlangt.

Aber ich würde dazu raten, alle derartigen Meinungen locker und mit viel Demut zu betrachten. Denn wer hätte im März 2009 gedacht, dass der Markt in weniger als zwei Jahren um 80 Prozent zulegen würde? Nicht viele, das ist sicher. Und doch ist es passiert. Auch die Ölpest im Golf konnte niemand vorhersagen.

Im Laufe eines Investorenlebens werden Dinge passieren – sowohl gute als auch schlechte –, die niemand hat kommen sehen. Konzentrieren Sie sich auf die Möglichkeiten, die sich Ihnen bieten, statt auf Vermutungen zu setzen.

Und es gibt immer und auf allen Märkten viele Möglichkeiten. Ja, immer!

Graham wies – 1976 – darauf hin, dass es über 5.000 öffentlich gehandelte Wertpapiere gebe. (Heute sind es mehr als dreimal so viele, vor allem wenn man die internationalen Märkte berücksichtigt.) Dann sagte er: „Mit einer Vielzahl von Ansätzen und Präferenzen sollte der einzelne Anleger jederzeit in der Lage sein, mindestens ein Prozent der Gesamtliste – sagen wir 30 oder mehr Titel – zu finden, die attraktive Kaufgelegenheiten bieten."

Das ist wahr. Wenn mir jemand sagt, dass er auf diesem Markt nichts finden kann, was sich zu kaufen lohnt, dann sucht er einfach nicht gründlich genug. Bei 10.000 Wertpapieren sind heute selbst ein halbes Prozent 50 Namen. Das macht einen nachdenklich, nicht wahr?

Was ich in mehr als einem Jahrzehnt des Verfassens von Newslettern gelernt habe

Ich habe im Februar 2004 begonnen, professionell Newsletter zu schreiben. Davor war ich freiberuflicher Schriftsteller, Hobby-Investor und professioneller Banker (Kreditgeber für Unternehmen, um genau zu sein). Nachdem ich die 10-Jahres-Marke erreicht hatte, dachte ich, es wäre ein guter Zeitpunkt, um auf die Ergebnisse zurückzublicken. Ich habe also endlich die Erfolgsbilanz meiner Newsletter unabhängig überprüfen lassen.

Die Ergebnisse zeigten eine durchschnittliche Rendite von 28 Prozent – oder 16 Prozent auf Jahresbasis. Was kann ich angesichts dieser ansehnlichen Ergebnisse dazu sagen, wie sie zustande gekommen sind? Ich werde ein paar skurrile Aspekte des Investierens nennen, die ich auf die harte Tour gelernt habe – Dinge, an die Sie vielleicht nicht denken.

Sosnoffs Gesetz. Dies stammt aus dem Buch „Humble on Wall Street“, das 1975 veröffentlicht wurde und immer noch eines der besten Bücher über die Erfahrung des Investierens ist und darüber, wie es sich anfühlt. Sein Autor, Martin Sosnoff, schrieb, dass „der Preis einer Aktie sich entgegengesetzt zur Dicke ihres Research-Berichts verhält. Die fettesten Berichte finden sich zu den Aktien, die die größten Probleme bereiten und am stärksten fallen werden. Die dünnsten Berichte sind denjenigen vorbehalten, die am meisten zulegen.“

Mit anderen Worten: Die besten Ideen sind oft die einfachsten. Wenn ich mich dabei ertappe, dass ich mich sehr anstrenge, das Halten oder den Kauf einer Aktie zu rechtfertigen, denke ich an Sosnoffs Gesetz. Ich habe unzählige Stunden mit schlechten Aktien und schlechten Unternehmen verschwendet.

Viele große Investoren haben eine eigene Version dieser Binsenweisheit. (Peter Lynch kommt mir in den Sinn: „Investiere niemals in eine Idee, die du nicht mit einem Buntstift illustrieren kannst.“) Einfachheit ist das Beste.

Hüten Sie sich vor „festgefahrenen Ideen“. Max Stirner war ein deutscher Philosoph, der ein bahnbrechendes Buch schrieb, das 1845 unter dem Titel „Der Einzige und sein Eigentum“ veröffentlicht wurde. Im Englischen heißt es „The Ego and His Own“. Es ist ein schwieriges Buch, aber voll von überzeugenden Konzepten. Stirner behauptete, dass die Menschen keine Ideen haben. Sie werden vielmehr von ihren Ideen besessen. Diese „festen Vorstellungen“ beherrschen dann ihr Denken.

Stirner schrieb, ein Gedanke sei nur dann der eigene, wenn man „keine Bedenken hat, ihn jeden Augenblick in Todesgefahr zu bringen“. Er freute sich sogar darauf, dass seine eigenen Ideen getestet und verworfen wurden: „Ich werde lächelnd dem Ausgang der Schlacht entgegensehen, lächelnd den Schild auf die Leichen meiner Gedanken und meines Glaubens legen, lächelnd triumphieren, wenn ich geschlagen bin. Das ist der eigentliche Witz an der Sache.“

Auf den Märkten trifft man auf viele Menschen mit festen Vorstellungen. Sie sind es, die immer Gold empfehlen, egal was passiert. Sie sind diejenigen, die immer mit dem Zusammenbruch des Marktes rechnen und auf ewig von der Zentralbank oder den Theorien toter Wirtschaftswissenschaftler besessen sind. Sie sind diejenigen, die immer einen Absturz des Dollar erwarten. Sie sind diejenigen, die ihre Meinung nicht ändern können.

Ich habe auf schmerzhafte Weise gelernt, wie Stirner zu denken. Ich hänge nicht an Ideen. Ich habe kein Problem damit, meine Meinung zu ändern. Ich freue mich sogar darauf und versuche aktiv, meine eigenen Ideen und Theorien zu hinterfragen.

Seien Sie misstrauisch gegenüber Abstraktionen. Hier nehme ich Anleihen bei einem anderen beliebten Weisen, dem Pfeife rauchenden, zerzausten Literaten Paul Goodman. „Ich kann nicht abstrakt denken“, schrieb er. „Ich gehe von konkreten Erfahrungen aus.“ Er meinte, dass er, weil er so nah an der konkreten Erfahrung bleibt, „nicht wirklich Fiktion schreiben kann“.

Die Menschen lassen sich jedoch leicht auf große Ideen ein: die neue Wirtschaft, Peak Oil, das chinesische Jahrhundert, die große Mäßigung. All diese Dinge sind nur abstrakte Ideen. Sie sind Vorhersagen darüber, wie die Welt aussehen könnte. Aber sie sind weit entfernt von konkreter Erfahrung – und können daher in die Irre führen. Und jede der von mir genannten Abstraktionen hat die Anleger in die Irre geführt.

„Investitionen", schrieb der Autor John Train einmal, „sind das Handwerk des Besonderen." Es geht darum, warum A eine bessere Investition ist als B. „Es ist erstaunlich, wie viel Zeit die Öffentlichkeit mit dem Unbekannten verbringt." Ich habe gelernt, das Unbekannte zu erkennen und zu akzeptieren. Ich habe gelernt, großen Theorien zu misstrauen.

Investieren ist ein Geschäft mit Menschen. Anfangs verließ ich mich auf die gemeldeten Zahlen und suchte nach statistisch günstigen Werten. Ich suchte zum Beispiel nach Aktien mit niedrigem KGV. Jeder kann diese Zahlen sehen. Dennoch können diese Methoden gut funktionieren. Mit der Zeit habe ich jedoch gelernt, dass das Wissen um das, was die Zahlen nicht zeigen, mehr wert ist als jede Statistik.

Ich mag Ideen, bei denen die Geschichte nicht allein aus den Zahlen ersichtlich ist. Ich möchte herausfinden, dass in dem Unternehmen noch etwas anderes vor sich geht, das es attraktiv macht. Diese Fälle sind zwar selten, aber die Vorteile einer Investition in sie sind oft groß. Die Howard Hughes Corporation ist ein perfektes Beispiel. Das Unternehmen wurde 2010 aus General Growth Properties ausgegliedert und schnitt furchtbar schlecht ab. Keine Einnahmen. Keine Dividende. Es befand sich jedoch in einer schwierigen Situation, die ein gewisses Verständnis für das Potenzial seiner Entwicklungsprojekte erforderte. Und es hat außergewöhnliche Renditen erzielt, die sich in nur wenigen Jahren vervierfacht haben.

Um eine solche Gelegenheit zu finden, muss man viel lesen und sich vernetzen. Ich spreche im Laufe eines Jahres mit vielen Menschen –

Investoren, Führungskräften, Analysten und Wirtschaftsexperten. Ideen können von überallher kommen. Aber meine besten Ideen kommen oft von Menschen. Es gibt verborgene Geschichten. Und es gibt irgendwo eine Person, die diese Geschichte kennt.

Bemühen Sie sich, diese Menschen und ihre Geschichten zu finden.

Vermischtes zu 100-Baggern

Hier finden Sie weitere Informationen zu 100-Baggern und wie man sie bekommt.

Investieren im Ausland. Investitionen im Ausland sind eine Möglichkeit, die Auswahl zu erweitern. Wenn Sie jedoch im Ausland investieren, um den Risiken im eigenen Land zu entgehen, würde ich diesen Impuls überprüfen. Ich weiß, dass einige Amerikaner daran interessiert sind, im Ausland zu investieren, weil sie mit der US-Politik oder der US-Wirtschaft oder was auch immer nicht zufrieden sind.

Phelps bringt in seinem Buch ein gutes Argument an, das ich hier wiederholen möchte. Er sagt, wenn wir im Ausland investieren, tauschen wir oft Risiken, die wir sehen, gegen Risiken, die wir nicht sehen können oder die uns nicht bewusst sind. Seien Sie sich dessen bewusst. Viele Investoren haben in fernen Ländern, die ihnen verlockend erschienen, Prügel einstecken müssen. Das ist mir schon mehr als einmal passiert.

Die Grundsätze in diesem Buch sind jedoch universell und zeitlos und gelten für alle Märkte überall.

Inflation. In diesem Buch habe ich durchgehend vom nominalen, nicht inflationsbereinigten Dollar gesprochen. Das heißt natürlich nicht, dass die Inflation nicht real ist. Die Chancen stehen gut, dass Sie an Kaufkraft verlieren, wenn Sie Ihre US-Dollar zehn Jahre lang unter eine Matratze legen. Anders ausgedrückt: Für 20 Dollar kann man sich heute die Haare schneiden lassen, aber wahrscheinlich nicht mehr in zehn Jahren.

Meine wichtigste Botschaft an Sie ist, sich nicht den Kopf darüber zu zerbrechen. Auch hier spreche ich aus Erfahrung. Ich kenne viele, die sich so sehr um den US-Dollar sorgen, dass sie sich darauf beschränken, in Gold-Aktien und Rohstoffunternehmen zu investieren, während sie sich um das Ende der Welt Gedanken machen.

Das ist äußerst kostspielig. Die besten Inflationsbekämpfer sind 100-Bagger. Sie sind so gut darin, die Inflation zu bekämpfen, dass ich in ein paar Absätzen über die Inflation sprechen kann.

Ich habe Gefallen daran gefunden, Warren Buffetts Jahresbriefe – 50 an der Zahl – vom Anfang bis zum Ende zu lesen, was ich sonst nie getan habe. Interessant an den frühen Briefen ist, wie viel Zeit auf die Erörterung der Inflation und ihrer Auswirkungen auf die Anleger verwendet wird.

Die Inflation ist seit Jahren kein ernsthaftes Problem mehr. Aber die Anleger neigen dazu, sich auf die Schlachten von gestern vorzubereiten, was Buffett erkannt hat. „Während Investoren und Manager ihre Füße in die Zukunft stellen müssen, bleiben ihre Erinnerungen und Nervensysteme oft in der Vergangenheit verhaftet", schrieb Buffett 1981.

Das erinnert mich an das Beispiel von Peter Lynch aus der Maya-Mythologie. Eine große Flut zerstörte die Welt. Also zogen die Mayas in höher gelegene Wälder. Dann zerstörte Feuer die Welt. Also zogen sie aus den Wäldern weg und bauten Häuser aus Stein. Dann kam ein Erdbeben …

In den späten 1970er-Jahren war die Inflation hoch und stellte für Unternehmen und Investoren ein echtes Problem dar. Sie war etwas Neues, und die Menschen begriffen nur langsam, was sie bedeutete.

Sie bedeutete nämlich, dass eine 20-prozentige Rendite nicht wirklich eine 20-prozentige Rendite war, sondern nach Inflation und Steuern sogar negativ sein konnte – der „Elendsindex für Investoren", wie Buffett es nannte.

Buffett hatte hierfür eine Analogie:

> Wenn Sie (a) auf zehn Hamburger verzichten, um eine Anlage zu kaufen; (b) Dividenden erhalten, mit denen Sie nach Steuern zwei Hamburger kaufen können; und (c) beim Verkauf Ihrer Anteile einen Erlös nach Steuern erhalten, mit dem Sie acht Hamburger kaufen können, dann haben Sie (d) kein echtes Einkommen aus Ihrer Anlage erzielt, unabhängig davon, wie hoch der Wertzuwachs in Dollar ist. Sie mögen sich reicher fühlen, aber Sie werden nicht reicher essen.

Er nahm kein Blatt vor den Mund, wenn es darum ging, wie sich diese hohen Inflationsraten auf die Renditen von Berkshire auswirkten. In dem Brief aus dem Jahr 1981 schrieb er darüber, wie die Inflation die „scheinbar zufriedenstellenden Ergebnisse von Berkshire … als Maßstab für die wahren Anlageergebnisse für unsere Eigentümer illusorisch mache".

In dem Brief von 1979 schrieb er dies:

> Ein freundlicher, aber scharfsichtiger Berichterstatter über Berkshire hat darauf hingewiesen, dass man mit unserem Buchwert Ende 1964 etwa eine halbe Unze Gold hätte kaufen können, und 15 Jahre später, nachdem wir alle Gewinne mit viel Blut, Schweiß und Tränen thesauriert haben, wird man mit dem erzeugten Buchwert etwa die gleiche halbe Unze kaufen können. Ein ähnlicher Vergleich könnte mit dem Öl aus dem Nahen Osten gezogen werden. Der Haken an der Sache ist, dass die Regierung außerordentlich fähig war, Geld zu drucken und Versprechungen zu machen, aber nicht in der Lage war, Gold zu drucken oder Öl herzustellen.

Es war ein Triumph, mit der Inflation Schritt zu halten. Die meisten amerikanischen Unternehmen verschlangen Kapital und ließen die Eigentümer mit weniger Kaufkraft zurück, als sie zu Beginn hatten.

Im Jahr 1981 wies Buffett darauf hin, dass steuerfreie Anleihen 14 Prozent abwarfen. Und diese 14 Prozent flossen direkt in die Taschen des Anlegers. Auch die amerikanischen Unternehmen verdienten in diesem Jahr 14 Prozent. Aber diese wanderten nicht direkt in die Taschen des Investors. Selbst wenn ein Unternehmen, das 14 Prozent erwirtschaftet, seinen gesamten Gewinn in Form von Dividenden ausschütten würde, würden die Steuern die Rendite unter die Inflationsrate drücken.

Wie kann man ein solches Unternehmen in einem solchen Umfeld bewerten?

Buffett nutzt den Vergleich mit einer Anleihe. Nehmen wir an, Sie besitzen eine steuerfreie Anleihe, die in den Vorjahren ausgegeben wurde und eine Verzinsung von sieben Prozent aufweist. Eine solche Anleihe wäre in einem Umfeld, in dem steuerfreie Anleihen 14 Prozent abwerfen, 50 Prozent ihres Nennwerts wert.

Und so ist es auch mit den Aktien.

„So", schrieb Buffett, „ist ein typisches amerikanisches Unternehmen *bei Zinssätzen für passive Investments auf dem Niveau von Ende 1981* für die Eigentümer, die Privatpersonen sind, nicht mehr 100 Cent pro Dollar wert." (Kursivschrift im Original)

Das Jahr 1982 war das letzte Jahr mit einer derartigen Inflation, die anschließend wieder abnahm. Kein Wunder, dass sich dies als ein so großer Tiefpunkt auf dem Aktienmarkt erwies. Als die Zinssätze sanken, wurden die Unternehmen immer wertvoller.

Das erklärt, warum die Zinssätze eine große Rolle spielen und warum die Menschen so gespannt darauf sind, was die Zentralbank tun wird. Die Zinssätze für passive, steuerbefreite Wertpapiere bilden die Messlatte für Aktien.

Hier fasst Buffett es gut zusammen:

> Die Inflationserfahrungen und -erwartungen werden in den kommenden Jahren wichtige (aber nicht die einzigen) Faktoren sein, die die Höhe der Messlatte beeinflussen. Wenn es gelingt, die Ursachen der langfristigen Inflation zu mildern, dürften die

> passiven Renditen sinken und die intrinsische Position des amerikanischen Aktienkapitals sich deutlich verbessern. Viele Unternehmen, die jetzt als wirtschaftlich „schlecht" eingestuft werden müssen, würden unter diesen Umständen wieder in die Kategorie „gut" eingestuft werden.

Die Inflation ist zurückgegangen. Die Zinsen sind gesunken. Die Aktienkurse sind gestiegen.

Apropos Buffett und Inflation: Es lohnt sich, ein weiteres Missverständnis darüber auszuräumen, welche Arten von Unternehmen in einem inflationären Umfeld besser abschneiden.

So sehr die „Big Picture"-Anhänger auch auf Aktien herumhacken, haben sie doch ein Faible für Aktien mit greifbaren Werten – wie Goldminen- und Öl-Aktien. Die gängige Meinung ist, dass diese Aktien Sie schützen, wenn der Dollar an Wert verliert.

Das stimmt nicht ganz.

Ich denke immer an das Beispiel von Warren Buffett aus seinem Brief von 1983, als die Inflation noch ganz oben auf der Liste der Sorgen stand. Im Beispiel vergleicht er See's Candies mit einem hypothetischen Unternehmen mit vielen materiellen Vermögenswerten – nennen wir Letzteres Gold-Oil Co.

Beide Unternehmen erwirtschaften Gewinne in Höhe von zwei Millionen Dollar. See's verfügt nur über wenige materielle Vermögenswerte im Wert von etwa acht Millionen Dollar. Die Aktien werden für 25 Millionen Dollar gehandelt. Gold-Oil Co. hingegen verfügt über ein Netto-Sachvermögen in Höhe von 18 Millionen Dollar, das seine Geschäftstätigkeit unterstützt. Da das Unternehmen eine geringere Rendite auf seine Aktiva erwirtschaftet, werden die Aktien für 18 Millionen Dollar gehandelt (dies entspricht im Wesentlichen dem Wert seiner Netto-Sachanlagen).

Nehmen wir nun an, die Inflation verdoppelt die Preise. Beide müssen ihr Einkommen verdoppeln, um mit der Inflation Schritt zu halten.

Wie Buffett schreibt, „scheint dies kein großer Trick zu sein: Man muss nur die gleiche Anzahl von Einheiten zu den doppelten früheren Preisen verkaufen, und wenn die Gewinnspannen unverändert bleiben, müssen sich auch die Gewinne verdoppeln".

Aber jetzt kommt der Clou: Beide Unternehmen werden ihre Investitionen in Sachanlagen ebenfalls verdoppeln müssen. Buffett schreibt:

> Beide Unternehmen müssten wahrscheinlich ihre nominalen Investitionen in das Netto-Sachvermögen verdoppeln, denn das ist die Art von wirtschaftlicher Anforderung, die die Inflation den Unternehmen in der Regel auferlegt, sowohl den guten als auch den schlechten ... und all diese von der Inflation geforderten Investitionen werden keine Verbesserung der Rendite bringen. Die Motivation für diese Investition ist das Überleben des Unternehmens, nicht der Wohlstand des Eigentümers.

Für See's bedeutet dies zusätzliche Investitionen in Höhe von acht Millionen Dollar. Für Gold-Oil Co. bedeutet dies zusätzliche Investitionen in Höhe von 18 Millionen Dollar.

Buffett zahlte 25 Millionen Dollar, um See's zu besitzen. Nach dieser Inflationsrunde könnte See's „50 Millionen Dollar wert sein, wenn es (wie es logischerweise der Fall wäre) auf der gleichen Basis wie zum Zeitpunkt unseres Kaufs bewertet werden würde".

Somit hätte See's mit einer zusätzlichen Investition von acht Millionen Dollar einen Nominalwert von 25 Millionen Dollar hinzugewonnen. Das entspricht einem Verhältnis von mehr als 3 zu 1. Was die Gold-Oil Co. betrifft, so könnte sie immer noch so viel wert sein wie ihr materielles Nettovermögen, das jetzt 36 Millionen Dollar beträgt. Das ist ein Wertzuwachs von 18 Millionen Dollar bei zusätzlichen Investitionen von 18 Millionen Dollar und entspricht einem Verhältnis von 1 zu 1.

Man beachte, dass die Inflation für beide schlecht war. Aber es war weniger schlimm für See's, das nur wenige Sachanlagen besaß. Wie Buffett feststellt, ist diese Idee für viele Menschen schwer zu begreifen:

> Jahrelang galt die traditionelle Weisheit, dass Unternehmen, die über natürliche Ressourcen, Anlagen und Maschinen oder andere Sachwerte verfügen, den besten Inflationsschutz bieten („In Goods We Trust"). So funktioniert das nicht. Anlagenintensive Unternehmen erwirtschaften in der Regel niedrige Renditen – Renditen, die oft kaum ausreichen, um den inflationären Bedarf des bestehenden Unternehmens zu finanzieren, sodass nichts für echtes Wachstum, für die Ausschüttung an die Eigentümer oder für den Erwerb neuer Unternehmen übrig bleibt.

Dieser Gedanke ist entscheidend. Wenn Sie das nicht verstehen, sollten Sie sich das Beispiel noch einmal durchlesen. Arbeiten Sie es für sich selbst auf Papier aus. Ändern Sie die Zahlen, wenn Sie möchten. Es ist wichtig, die Dynamik zu verstehen. In einer Welt der Geldentwertung gewinnt derjenige, der wenig Vermögenswerte besitzt. Oder anders ausgedrückt: Die Geldentwertung begünstigt das leichte Vermögen.

Die Ironie dabei ist, dass die „Big Picture"-Anhänger Wertpapiere eher meiden, und wenn sie sich doch engagieren, dann bevorzugen sie die schlimmsten Arten von Aktien.

Um einen anderen großen Investor, John Maynard Keynes, zu zitieren: „Die Schwierigkeit liegt nicht in den neuen Ideen, sondern darin, den alten zu entkommen." Das ideale Unternehmen in Zeiten der Inflation ist eines, das (a) leicht die Preise erhöhen kann und (b) keine großen Investitionen in Vermögenswerte erfordert.

Was ist mit den Misserfolgen, den Aktien, die es nicht geschafft haben?

Das ist eine Frage, die sich stellt. Die Leute fragen sich, was mit den Unternehmen ist, die wie 100-Bagger aussahen, es aber aus irgendeinem Grund nicht geschafft haben. Ich habe dies bereits erwähnt, als ich die Grenzen dieser Studie erörterte.

Erstens würde ich sagen, dass es keine Misserfolge geben kann. Wenn Sie Ihr Kapital mit 20 Prozent jährlich aufzinsen, werden Sie dieses Kapital nach 25 Jahren verhundertfachen. Es gibt keinen Misserfolg in der gleichen Weise, wie wenn ich zum Beispiel Aktien mit einer Eigenkapitalrendite von über 20 Prozent testen würde.

Zweitens weiß ich nicht, wie ich Misserfolge untersuchen würde. Wie würden Sie Scheitern definieren? Wenn man darüber nachdenkt, ist es gar nicht so einfach. Stattdessen habe ich den Weg eingeschlagen, den Phelps genommen hat. Ich habe beschlossen, mich auf die 100-Bagger zu konzentrieren.

Ich biete diese Studie an, um unser Verständnis für diese magischen Aktien zu verbessern. Nichts ist perfekt, auch diese Studie nicht. Ich kann nur hoffen, dass andere ihre eigenen Erfahrungen und Studien mit uns teilen und unser Verständnis in Zukunft noch weiter verbessern werden.

KAPITEL 14

FÜR DEN FALL DER NÄCHSTEN GROSSEN DEPRESSION

Der Titel dieses Kapitels ist ein wenig ironisch gemeint, aber es lohnt sich, einige Zeit darauf zu verwenden, darüber zu sprechen, was passiert, wenn wir ein wirklich schlechtes Ergebnis auf dem Aktienmarkt haben – zum Beispiel einen Crash wie im Jahr 2008.

Diese Frage habe ich in Kapitel 3 behandelt (siehe den Unterabschnitt „Eine Kaffeedose für die Apokalypse"), aber ich werde die Diskussion hier weiterführen. Im Wesentlichen ist die Jagd auf 100-Bagger völlig unabhängig von den Geschehnissen auf dem Markt. Man sollte nie aufhören, nach 100-Baggern Ausschau zu halten, egal ob Bären- oder Bullenmarkt.

Da Sie aber wahrscheinlich eher aufhören werden, wenn der Markt ungemütlich wird, werde ich mich darauf konzentrieren.

Phelps sagt das auch, und ich habe bereits seine Bemerkung darüber zitiert, wie „der Rauch der Baisse in die Augen steigt" und einen daran hindert, die Suche fortzusetzen. Wenn Sie vor 15 Jahren Apple gekauft hätten, hätte es Sie nicht zu interessieren brauchen, was die Zentralbank tut, was die neuesten Wirtschaftsdaten sind oder was es sonst noch an wertlosem Zeug gibt, dem die Anleger Beachtung schenken.

Und ganz gleich, wie schlimm die Dinge zu werden scheinen, es gibt immer eine Chance.

Es gibt keinen besseren Weg, dies zu erkennen, zumindest in anekdotischer Form, als mit einem Blick zurück auf die Große Depression. Dies war die größte wirtschaftliche Katastrophe, unter der die Vereinigten Staaten je gelitten haben. Und doch, wenn man sich wirklich mit dieser Zeit beschäftigt, findet man Geschichten von Menschen, die selbst in dieser schwierigen Zeit erfolgreich waren.

Damit will ich nicht sagen, dass die Große Depression nicht schwierig war. Es geht nicht darum, das Geschehen neu zu interpretieren oder in ein besseres Licht zu rücken. Es war eine Katastrophe. Der Punkt ist, dass die Menschen damals die Saat für ein großes Vermögen gesät haben. Es mag einleuchtend erscheinen, dass niedrigere Preise, wie sie in solchen Katastrophen vorkommen, „leichtere" Gelegenheiten bieten, das Hundertfache zu verdienen.

Doch schlechte Zeiten halten die Menschen von Investitionen ab. Ich habe es selbst erlebt. Im Jahr 2008, als der Aktienmarkt einbrach, hatten viele Menschen, die ich kenne, Angst zu investieren.

Nehmen Sie sich dieses Kapitel erneut hervor, wenn der Markt zusammenbricht.

Marty Whitman: Über Markt-Comebacks

Marty Whitman, der den Third Avenue Value Fund verwaltete, schrieb einen Brief an seine Aktionäre über „Markt-Comebacks", als sich die gesamte Krise von 2007 bis 2008 entwickelte. In diesem Schreiben sind einige kluge Ideen enthalten.

Zunächst macht Whitman eine allgemeine Bemerkung, die durchaus vernünftig erscheint: „Die allgemeinen Märkte neigen dazu, sich nach Kurseinbrüchen stark zu erholen! Dies war der Fall in den Jahren 1932, 1937, 1962, 1974–75, 1980–82, 1987 und 2001–2002. Ein Comeback scheint auch nach dem beispiellosen Absturz von 2007–2008 wahrscheinlich."

Okay, so weit sind wir uns alle einig. Aber hier ist der Haken für Aktienanleger. Nicht alle Aktien werden sich erholen. An dieser Stelle wird der Brief interessant. Whitman nennt drei Arten von Aktien, bei denen es unwahrscheinlich ist, dass sie in irgendeinem Umfang an einer Kurserholung teilnehmen.

Zur ersten Kategorie gehören Aktien, die von Anfang an stark überbewertet waren. Wenn Sie absurde Preise für Ihre Aktien bezahlt haben, wird Ihnen dieser Fehler nun Schmerzen bereiten. Ansonsten sollten Kursrückgänge an sich Sie nicht davon abhalten, eine Aktie zu halten. Whitman weist darauf hin, dass der Net Asset Value (NAV) vieler seiner Aktien gestiegen ist, obwohl die meisten dieser Aktien „2008 um 30 bis 70 Prozent gefallen sind". Whitman war der Meinung, dass sich viele seiner Aktien verdreifachen oder vervierfachen könnten und im Verhältnis zum Nettoinventarwert immer noch günstig gehandelt würden. Wenn Sie einen echten 100-Bagger-Kandidaten haben, kann das auch leicht der Fall sein.

Die zweite Art von Aktien, bei der eine Erholung unwahrscheinlich ist, ist diejenige, die eine „dauerhafte Wertminderung" erleidet. Die ultimative dauerhafte Wertminderung liegt vor, wenn ein Unternehmen seine Geschäftstätigkeit aufgibt. Es könnte sich aber auch um einen erheblichen Verlust handeln. Im Grunde genommen geht es hier darum, dass sich etwas geändert hat und das Unternehmen nicht mehr in der Lage ist, das zu leisten, was es einmal geleistet hat.

Die dritte und letzte Kategorie umfasst Aktien, „die während des Zusammenbruchs einer massiven Verwässerung ausgesetzt waren und bei denen die Altaktionäre nicht in der Lage waren, sich vor der Verwässerung zu schützen". Dies geschieht, wenn ein Unternehmen ein Bündel neuer Aktien ausgibt, um Geld zur Deckung von Verlusten oder zur Rückzahlung von Schulden zu beschaffen. Das ist so, als würde man Wasser in sein Bier schütten und es teilen.

Ein berühmter Wirtschaftswissenschaftler hat diese Lektion auf die harte Tour gelernt.

Ein berühmter Wirtschaftswissenschaftler lernt, richtig zu kaufen und zu halten

„Ein fallender Aktienmarkt scheint das Denken zu schärfen und anzuregen. Wenn er steigt, interessiert es niemanden, warum oder wie, aber wenn er fällt, sind alle sehr begierig, alles darüber zu erfahren."

– Albert Jay Nock, „Informed Common Sense: The Journals of Albert Jay Nock"

Nehmen Sie das Folgende, schreiben Sie es ab und kleben Sie es über Ihren Schreibtisch:

> Ich schäme mich nicht dafür, dass ich immer noch eine Aktie besitze, wenn der Tiefpunkt des Marktes erreicht ist. Ich glaube nicht, dass es die Aufgabe und schon gar nicht die Pflicht eines institutionellen oder eines anderen seriösen Anlegers ist, ständig darüber nachzudenken, ob er sich bei einem fallenden Markt aus dem Staub machen sollte, oder sich für schuldig zu halten, wenn die Aktien in seinen Händen an Wert verlieren. Ich würde noch viel weiter gehen als das. Ich würde sagen, dass es von Zeit zu Zeit die Pflicht eines seriösen Anlegers ist, die Wertminderung seiner Bestände mit Gleichmut und ohne Vorwürfe hinzunehmen.

Dieser Auszug stammt aus einem Brief aus dem Jahr 1938 von einem der größten Investoren aller Zeiten. Er verdiente sein Geld in einem der schwierigsten Märkte aller Zeiten – dem der Großen Depression.

Die Rede ist von John Maynard Keynes (1883–1946).

Das mag Sie überraschen. Keynes kennen Sie als einflussreichen Wirtschaftswissenschaftler. Aber was auch immer man von Keynes als Wirtschaftswissenschaftler halten mag, der Mann war ein großer Investor. Er hatte ein ausgeprägtes Verständnis für Märkte.

Keynes verwaltete den King's College Chest Fund in Cambridge. Der Fonds erzielte von 1927 bis 1946 eine durchschnittliche jährliche Rendite von zwölf Prozent, was bemerkenswert ist, wenn man bedenkt, dass es in dieser Zeit nur grauen Himmel und Gewitterwolken zu geben schien – die Große Depression und der Zweite Weltkrieg fielen in diese Zeit. Der britische Aktienmarkt fiel in diesem Zeitraum um 15 Prozent. Hinzu kommt, dass die Renditen des Chest Fund nur Kapitalzuwächse enthielten, da die Hochschule die im Portfolio erwirtschafteten beträchtlichen Erträge ausgab. Ich denke, das ist eine der bemerkenswertesten Erfolgsgeschichten in den Annalen der Finanzwelt.

Wie er das gemacht hat, ist das Thema dieses Abschnitts.

Welche Krise?
Die unglaubliche Performance von Keynes' Chest Fund

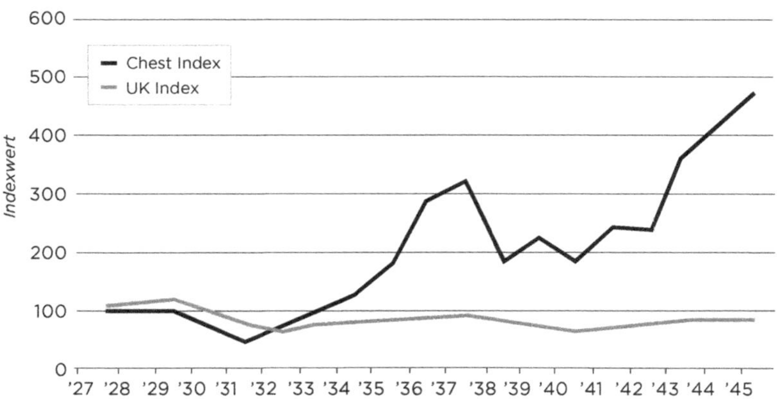

Keynes erwirtschaftete sich als Investor auch ein persönliches Vermögen. Als er starb, hinterließ er einen Nachlass im heutigen Wert von rund 30 Millionen Dollar, was seine Zeitgenossen überraschte. Justyn Walsh, Autor von „Keynes and the Market", weist darauf hin, dass Keynes seine letzten sechs Jahre als unbezahlter Berater des Finanzministeriums zubrachte. Er überlebte seine Eltern, die ihm kein Erbe hinterließen. Und Keynes war ein großer Förderer der Künste, der viele Projekte aus eigener Tasche finanzierte. Ein so üppiger Nachlass versetzte die Londoner Gesellschaft in Aufruhr.

„Es wurde eine gewisse Überraschung über das große Vermögen geäußert, das Lord Keynes hinterlassen hat", schrieb die *Financial Times*. „Doch Lord Keynes war einer der wenigen Ökonomen mit der praktischen Fähigkeit, Geld zu verdienen."

Keynes begann als gewöhnlicher Spekulant und Händler, der versuchte, Trends zu antizipieren und Zyklen vorherzusagen. Der große Crash von 1929 beförderte ihn zurück zum Ausgangspunkt.

Keynes wurde in der Tat durch den großen Crash fast vernichtet. Sein persönliches Nettovermögen sank um mehr als 80 Prozent. Dann machte er eine große Wandlung durch. Er kam zu dem Schluss, dass der Handel am Markt „abnorme Voraussicht" und „phänomenales Geschick" erforderte, wenn er funktionieren sollte. „Ich bin mir darüber im Klaren", schrieb der neue Keynes in einem Memorandum, „dass die Idee von umfassenden Umschichtungen [in und aus dem Markt in verschiedenen Phasen des Konjunkturzyklus] aus verschiedenen Gründen nicht praktikabel und nicht wünschenswert ist."

Nach dem Crash wurde aus dem Spekulanten ein Investor. Seine neuen Ideen über das Investieren begannen die Ideen der Ikonen des Value-Investing, Ben Graham und Warren Buffett, vorwegzunehmen. Interessanterweise schmerzte der Absturz auch Graham und motivierte ihn dazu, tiefgreifend über den Prozess des Investierens nachzudenken. Die beiden großen Denker des Geldes kamen in ihren Überlegungen fast zum gleichen Ergebnis.

Keynes konzentrierte sich nun weniger auf die Vorhersage des Marktes. Stattdessen beschäftigte er sich mit einzelnen Wertpapieren und versuchte, deren „ultimative Werte", wie er sie nannte, herauszufinden. Er fasste seine neue Philosophie in einer Notiz an einen Kollegen zusammen: „Mein Ziel ist es, Wertpapiere zu kaufen, bei denen ich von den Vermögenswerten und der endgültigen Ertragskraft überzeugt bin und bei denen der Marktpreis im Verhältnis dazu günstig erscheint."

Er wurde auch geduldiger. Anhand eines Beispiels beschrieb Keynes, dass es langfristig einfacher und sicherer sei, einen 75-Cent-Dollar zu kaufen und abzuwarten, als einen 75-Cent-Dollar zu kaufen und ihn zu verkaufen, weil er zu einem 50-Cent-Dollar wurde – und zu hoffen, dass man ihn als 40-Cent-Dollar zurückkaufen kann. Keynes lernte, mehr auf seine eigene Recherche und Meinung zu vertrauen und sich nicht von den Marktpreisen abschrecken zu lassen. Als der Markt fiel, bemerkte Keynes: „Ich ziehe daraus nicht den Schluss, dass ein verantwortungsbewusster Investor jede Woche einen panischen Blick auf seine Wertpapierliste werfen sollte, um ein weiteres Opfer zu finden, das er den Bären zum Fraß vorwerfen kann."

Keynes entwickelte auch eine ausgeprägte konträre Einstellung. Einer seiner größten persönlichen Coups gelang ihm 1933. Die Weltwirtschaftskrise war da. Die Reden von Franklin Delano Roosevelt strotzten nur so vor unternehmensfeindlicher Rhetorik. Der Markt sank. Amerikas Versorgungsunternehmen waren, wie Keynes feststellte, extrem billig in einem „derzeit irrational unzeitgemäßen Markt". Er kaufte die unter Druck geratenen Vorzugsaktien. Innerhalb des nächsten Jahres sollte sich sein persönliches Vermögen fast verdreifachen.

Keynes war Berater einer Versicherungsgesellschaft und Verwalter des Chest Fund. In einer Notiz erläuterte er sein Verständnis von der eigenwilligen, konträren Natur des Investierens. Es ist „der einzige Lebens- und Tätigkeitsbereich, in dem der Sieg, die Sicherheit und der Erfolg immer der Minderheit und niemals der Mehrheit zufallen. Wenn Sie jemanden finden, der Ihnen zustimmt, ändern Sie Ihre Meinung. Wenn ich den Vorstand meiner Versicherung davon überzeugen kann, eine Aktie zu kaufen, ist das, so meine Erfahrung, der richtige Zeitpunkt für den Verkauf."

Er lernte auch, an seinen Aktien „durch dick und dünn" festzuhalten, um die Magie des Zinseszinseffekts wirken zu lassen (und das auch noch steuerfrei, indem er die Kapitalertragsteuer vermied). „‚Be quiet' ist unser bestes Motto", schrieb er, womit er meinte, den kurzfristigen Lärm zu ignorieren und die längerfristigen Kräfte sich durchsetzen zu lassen. Das bedeutete auch, dass er nur dann kaufte, wenn er einen inneren Wert fand, der weit über den Aktienkursen lag.

Keynes kam auch zu dem Schluss, dass man zu viele Aktien besitzen kann. Es ist besser, weniger Aktien und mehr der besten Geschäftsideen zu besitzen, als sich zu verzetteln. Ausschüsse und andere kritisierten Keynes wiederholt dafür, dass er große Wetten auf eine kleine Anzahl von Unternehmen abschloss. In einer typisch geistreichen Antwort verteidigte Keynes seine Ansichten. In diesem Fall warfen ihm seine Kritiker vor, zu viel auf Elder Dempster gesetzt zu haben: „Es tut mir leid, dass ich zu viel auf Elder Dempster gewettet habe. Ich litt unter der chronischen Wahnvorstellung, dass eine gute Aktie sicherer ist als zehn schlechte."

Er lehnte – wie Buffett und andere große Investoren – die Idee ab, dass man seine besten Wetten verwässern sollte, indem man eine lange Liste von Aktien hält. Während Keynes' Laufbahn konnte es vorkommen, dass die Hälfte seines Portfolios in nur einer Handvoll Namen angelegt war, obwohl er die Risiken, die er einging, gern mischte. Auch wenn nur fünf Namen die Hälfte seines Portfolios ausmachten, waren zum Beispiel nicht alle Gold-Aktien. „Für seinen Glauben an die Portfoliokonzentration", schreibt Walsh, „wurde Keynes mit einer Anlageperformance belohnt, die weitaus besser – wenn auch volatiler – als die des breiten Marktes war."

Mitten in der Depression verlor Keynes einen Freund, Sidney Russell Cooke, der sich das Leben nahm, nachdem er schwere Verluste auf dem Markt erlitten hatte. Keynes schrieb, vielleicht in Anbetracht dieser Erfahrung, dass die Anleger Verluste mit „so viel Gleichmut und Geduld“ wie möglich hinnehmen sollten. Die Anleger müssen akzeptieren, dass die Aktienkurse über längere Zeiträume von den zugrunde liegenden Werten abweichen können.

Keynes’ Anlageergebnisse verbesserten sich merklich, nachdem er diese Ideen übernommen hatte. Während er in den 1920er-Jahren in der Regel hinter dem Markt zurückblieb, verzeichnete er nach dem Crash eine hervorragende Performance. Walsh datiert den Beginn von Keynes’ Übernahme dessen, was wir als eine Art Warren-Buffett-Ansatz bezeichnen könnten, auf das Jahr 1931. Von diesem Zeitpunkt bis 1945 verzehnfachte sich der Wert des Chest Fund innerhalb von 15 Jahren, während der Gesamtmarkt keine Rendite erzielte. Das ist eine wirklich großartige Leistung in einem sehr schwierigen Umfeld.

Keynes, der vielleicht über Börsentabellen grübelt

Ein neuerer Artikel ist „Keynes the Stock Market Investor“ von David Chambers und Elroy Dimson. Er enthält weitere interessante Details darüber, wie sich sein Anlagestil verändert hat. Chambers und Dimson stellen fest: „Als junger Mann war Keynes äußerst selbstbewusst, was seine Fähigkeiten anging, und er handelte in der ersten Zeit, in der er das Stiftungsvermögen des Colleges verwaltete, bis in die frühen 1930er-Jahre hinein sehr aktiv zum Nachteil der Performance.“

In den frühen 1930er-Jahren änderte er seinen Ansatz. Mit Ausnahme des Jahres 1938 sollte er nie wieder hinter dem Markt zurückbleiben. Diese Veränderung zeigte sich auf verschiedene Weise. Erstens handelte er weniger häufig. Er wurde geduldiger und konzentrierte sich stärker auf das Langfristige.

Hier ist der Umsatz seines Portfolios nach Jahrzehnten:

1921–1929	55 %
1930–1939	30 %
1940–1946	14 %

Der Umsatz war nur ein Aspekt von Keynes' Veränderung. Ein anderer war seine Reaktion bei Marktrückgängen. Von 1929 bis 1930 verkaufte Keynes ein Fünftel seiner Bestände und wechselte zu Anleihen. Aber als der Markt in den Jahren 1937 bis 1938 fiel, stockte er seine Positionen auf. Er blieb durchgehend zu 90 Prozent investiert.

Dies ist eine bemerkenswerte Veränderung. Darin spiegelt sich wiederum eine geringere Besorgnis über die kurzfristigen Aktienkurse wider. Wie seine Briefe zeigen, konzentrierte er sich eindeutig mehr auf den Wert dessen, was er besaß. Die Autoren des Artikels bemerken dazu: „Im Wesentlichen wechselte er von einem makroökonomischen Markt-Timing-Ansatz zu einem Bottom-up-Stock-Picking."

In einem Memorandum vom Mai 1938 brachte Keynes seine eigene Philosophie am besten auf den Punkt:

1. sorgfältige Auswahl einiger weniger Investitionen (oder einiger weniger Investitionsarten) auf der Grundlage ihrer Billigkeit im Verhältnis zu ihrem wahrscheinlichen tatsächlichen und potenziellen inneren Wert über einen Zeitraum von mehreren Jahren und im Verhältnis zu alternativen Investitionen;
2. ein konsequentes Halten dieser Investitionen in größeren Einheiten durch dick und dünn, vielleicht über mehrere Jahre hinweg,

bis sie entweder ihr Versprechen erfüllt haben oder sich herausgestellt hat, dass ihr Kauf ein Fehler war, und

3. eine ausgewogene Anlageposition, das heißt ein Portfolio, das trotz großer Einzelbestände einer Vielzahl von Risiken ausgesetzt ist und nach Möglichkeit gegenläufige Risiken aufweist.

Hier noch ein letzter Ratschlag aus demselben Memo:

> Im Großen und Ganzen sind Flauten also Erfahrungen, die man mit so viel Gleichmut und Geduld wie möglich durchlebt und übersteht. Sie lassen sich eher dadurch ausnutzen, dass einzelne Wertpapiere bei solchen Gelegenheiten aus ihrer angemessenen Parität mit anderen Wertpapieren herausfallen, als durch Versuche, auf breiter Front in Aktien als Ganzes ein- und auszusteigen. Die Einstellung zu Wertpapieren, die täglich auf dem Markt notiert werden, darf durch diese Tatsache nicht beeinträchtigt werden.

Wenn diese Ideen gut genug für die Große Depression waren, dann sind sie auch gut genug für das, was auch immer als Nächstes kommt.

Floyd Odlum: Das Beste aus schlechten Zeiten machen

Floyd Odlum wird manchmal als der einzige Mann bezeichnet, der in der Großen Depression ein Vermögen gemacht hat. (Das stimmt nicht.)

James Grant, Herausgeber von *Grant's Interest Rate Observer*, nannte Odlum einen „Rettungskünstler par excellence". „Niemand von uns kann die Zukunft kennen", schrieb Grant. „Aber wir können, wie Odlum, das Beste aus einer manchmal unerfreulichen Gegenwart machen."

Grant konnte auch eine gute Anekdote über Odlum auftreiben. Im Sommer 1933, als die ganze Welt in Scherben zu liegen schien, schlenderte Odlum in sein Büro, sah seine mürrischen Partner an und sagte: „Ich glaube, dass es jetzt eine bessere Chance gibt, Geld zu verdienen, als je zuvor."

Odlum stöberte gern in den qualmenden Trümmern der 1930er-Jahre herum. Schlechte Zeiten schaffen wunderbare Preise. Die Geschichte des Mannes mit dem seltsamen Namen Odlum handelt davon, wie er in der Großen Depression reich wurde.

Floyd Bostwick Odlum war ein 1892 geborener Rechtsanwalt und Industrieller. Er begann seine Karriere als Investor im Jahr 1923 mit 39.000 Dollar. Innerhalb weniger Jahre verwandelte er diese Summe durch geschickte Investitionen in stark unterbewertete Aktien und andere Wertpapiere in 700.000 Dollar. Odlum war bereits auf einem guten Weg. Alles in allem hat er diese 39.000 Dollar in etwa 15 Jahren in über 100 Millionen Dollar verwandelt.

Sein großer Erfolg kam nach dem Börsencrash von 1929. Odlum kaufte bankrotte Investmentfonds. Wie Diana Henriques in „The White Sharks of Wall Street" schreibt, „wurde Odlum fast über Nacht zum Multimillionär, indem er in die unterbewerteten Aktien von 22 Investmentgesellschaften investierte, die durch den Crash von 1929 dezimiert worden waren".

Er stellte fest, dass die Unternehmen zu einem Preis gehandelt wurden, der unter dem Wert der Barmittel und Sicherheiten lag, die sie besaßen. Also kaufte er sie, liquidierte sie und nahm dann das Geld und tat es wieder … und wieder. Natürlich brauchte er dafür ein wenig Geld in der Tasche. Und das hatte er.

Odlum hatte entweder Glück oder einen guten Riecher, denn er vermied einen Großteil der Folgen des Börsencrashs von 1929, indem er einige seiner Anlagen vor dem Zusammenbruch verkaufte, sodass ihm rund 14 Millionen Dollar an frischem Geld zur Verfügung standen, um die sich bietenden Chancen zu nutzen. Scheuen Sie sich also nicht, Bargeld zu halten, bis Sie diese besonderen 100-Bagger-Gelegenheiten finden.

Wie Odlums Karriere zeigt, schaffen schlechte Zeiten große Chancen.

Erinnerungen an die Große Depression – von einem Wall-Street-Händler

Der Wall-Street-Händler David Feldman erlebte die Große Depression. Im Jahr 1997, im Alter von 87 Jahren, schrieb er seine Gedanken in einem kleinen Erinnerungsbuch mit dem Titel „Ups and Downs of a Wall Street Trader during the Depth of the Great Depression of the 1930s“ nieder. Interessant ist, dass er es für nötig hielt, seinem Titel „of the 1930s“ („aus den 1930er-Jahren“) hinzuzufügen, um die Depression nicht mit anderen zu verwechseln, die folgen würden.

Es war eine brutale Zeit. Eine kurze Tabelle mit einigen von Feldman willkürlich ausgewählten Aktien zeigt den Schaden:

Aktie	Hoch 1929	Tief 1932
General Electric	403	8½
Otis Elevator	450	9
Republic Steel	146¼	1⅞
Warner Bros. Pictures	64½	½
Johns-Manville	242¾	10
Spiegel-May-Stern	117⅞	⅝

Ein weiterer Autor zum Thema Große Depression, Frederick Lewis Allen, schrieb darüber, wie der Markt „so mit Krediten durchsetzt war … [dass er] zu einem wunderbar ausgeklügelten System zur Zerstörung der Preisstruktur wurde“.

Das haben wir auch 2008 bei der Zwangsliquidation von Hedgefonds und anderen Anlegern gesehen, die mit zu viel Schulden arbeiteten. Die Aktien stürzten ab wie vom Himmel geschossene Vögel. Waren die Preissenkungen in jedem Fall völlig rational? Nein.

Und war General Electric im Jahr 1932 wirklich nur 8,50 Dollar pro Aktie wert? Wie sieht es mit Warner Brothers für 50 Cent aus? Nein.

Nach dem Zusammenbruch haben die Menschen und Unternehmen ihre Ausgaben reduziert. Bei den Unternehmen kam es auch zu einer Konsolidierung. In den 1930er-Jahren, stellt Allen fest, gab es „mehr Eifer für die Konsolidierung von Unternehmen als für deren Expansion oder Gründung". Da die Aktienkurse niedrig waren, hatten kapitalkräftige Investoren im amerikanischen Unternehmenssektor die Möglichkeit, einiges billig zu übernehmen. Warum in neue Ölquellen investieren, wenn man sie an der Börse für weniger als die Hälfte dessen kaufen kann, was es kosten würde, neue zu bohren? Warum neue Fabriken bauen, wenn man einen Konkurrenten für 20 Cent pro Dollar kaufen kann?

Die Zeit nach dem Crash ist eine gute Zeit zum Kaufen – mit einem wichtigen Vorbehalt, wie Feldman betont: „Die Aktienkurse waren *so niedrig, dass, solange ein Unternehmen nicht pleiteging,* praktisch alles, was man kaufen konnte, wenn nicht früher, so doch später wieder steigen würde." (Kursivschrift hinzugefügt)

Man könnte dies als „Feldmans Gesetz der Depressionsinvestitionen" bezeichnen.

Sie können nicht sicher sein, dass die Aktie, die Sie besitzen, nicht von 16 Dollar auf 1,50 Dollar fällt. Tatsächlich besaß ich einige Aktien, die genau das taten. Aber meine Aktien kamen zurück. Warum? Weil ich darauf geachtet habe, Aktien in guter finanzieller Verfassung und mit überschaubarem Schuldenstand zu besitzen. In den Fällen, in denen sie nicht zurückkamen und ich einen großen Verlust hinnehmen musste, lag das immer daran, dass ich in eine schwache Bilanz investiert hatte, die der Krise nicht standhalten konnte.

Feldmans Gesetz ist nicht so einfach anzuwenden, wie es vielleicht klingen mag. Bis Ende 1933 brachen mehr als 5.000 Banken zusammen. Tausende von Unternehmen scheiterten ebenfalls. Auburn Automobile beispielsweise wurde 1929 mit bis zu 514 Dollar pro Aktie gehandelt und fiel 1933 auf fast null. Ich bin mir sicher, dass es für die Anleger im

Jahr 1929 undenkbar war, dass Auburn in drei Jahren bei null stehen würde. Das ist der Lauf der Dinge bei finanziellen Katastrophen.

Die wirtschaftlichen Verheerungen in den 1930er-Jahren sind kaum zu ermessen. Mit Statistiken allein lässt sich nicht alles erfassen, aber das, was uns zur Verfügung steht, ist atemberaubend. Nach Angaben des National Bureau of Economic Research sank die Höhe der ausgezahlten Gehälter zwischen 1929 und 1932 um 40 Prozent. Die Dividende fiel um 56 Prozent. Die Arbeitslosenquote lag 1932 bei etwa 25 Prozent. In Buffalo lag die Arbeitslosigkeit bei 31 Prozent, was in den Industriestädten Amerikas nicht ungewöhnlich war.

Ein Job in einer Baumwollspinnerei in South Carolina konnte bei 11-Stunden-Schichten an fünf Tagen in der Woche 8,25 Dollar pro Woche einbringen. Wer eine solche Stelle bekam, konnte sich glücklich schätzen. Kinder unter 16 Jahren arbeiteten in Textilfabriken für 3,10 Dollar pro Woche.

Natürlich war ein Dollar damals viel mehr wert als heute. Man konnte einen Brief für zwei Cent verschicken und eine Tasse Kaffee für fünf Cent trinken. Der Preis für Benzin betrug nur acht Cent pro Gallone. Das Mittagessen kostete vielleicht einen Dollar. Doch es gab keine Warteschlangen.

Bevor Roosevelt den Goldstandard für die Vereinigten Staaten aufhob, kostete eine Unze Gold nur 20,67 Dollar. Für die gleiche Unze Gold würde man heute etwa 1.400 Dollar bezahlen. „Manche Leute haben die ziemlich naive Vorstellung, dass eine jährliche Inflationsrate von 2,5 Prozent harmlos ist“, schreibt David Feldman. „Eigentlich sind 2,5 Prozent horrend! Aufsummiert über einen Zeitraum von zehn Jahren ergibt dies einen Anstieg der Lebenshaltungskosten um 28 Prozent.“ (Was die realen Renditen betrifft, so waren die 15 Jahre nach 1966 für die Anleger an der Börse schlechter als die 1930er-Jahre, weil die Preisinflation so hoch war. In den 1930er-Jahren fielen die Preise.)

Was lernte Feldman aus all dem? Wie fast alle anderen verlor er durch den Zusammenbruch und seine Folgen viel Geld. „Eine Sache, die mich diese Erfahrung gelehrt hat, ist, dass man beim Investieren nie über verschüttete Milch weinen sollte“, schreibt er. „Nur die Zukunft ist wichtig.“

Im Jahr 2008 wusste ich nicht, ob wir auf eine Depression wie in den 1930er-Jahren zusteuern würden. Ich glaube, wir waren so nahe an einem solchen Abgrund wie seit den 1930er-Jahren nicht mehr. Als Anleger wusste ich jedoch – und schrieb es damals auch –, dass die Bewertungen zu verlockend waren, um den Markt zu verlassen.

Ich habe auch gelernt, dass es von entscheidender Bedeutung ist, etwas Bargeld zu haben. „Bargeld war Trumpf“, schreibt Feldman über die Tiefen der Großen Depression. „Wenn Sie zufällig welches hatten, hatten Sie wirklich das Sagen.“ Bargeld bedeutet, dass Sie Optionen haben und nicht von wankelmütigen Kreditgebern abhängig sind.

Wie der Reisende und Memoirenschreiber Giacomo Casanova im 17. Jahrhundert schrieb: „Mein Unglück hat mir ebenso wie mein Glück bewiesen, dass ... das Gute vom Bösen kommt wie das Böse vom Guten.“ Auch das Jahr 2008 war ein Glücksfall, der es den Anlegern ermöglichte, neue Beteiligungen zu günstigen Konditionen zu erwerben.

Hier zeigt sich wieder einmal die Weisheit der von Odlum gezogenen Lehren: Es ist gut, Bargeld zu haben und sich nicht zu scheuen, zu kaufen, wenn es schlecht aussieht.

John Dix: Schulden vermeiden

Nach dem Börsencrash von 1929 erholte sich der Markt gut. Im April 1930 lag der Markt 41 Prozent über seinem Tiefstand vom 13. November 1929. Viele glaubten, das Schlimmste sei überstanden. Einer von ihnen war Benjamin Graham, der Vater der Wertpapieranalyse, Warren Buffetts Lehrer und selbst ein großer Investor.

Im Jahr 1930 war Graham 36 Jahre alt, beinahe Millionär und hatte bereits große Erfolge auf den Märkten erzielt. Als er sich also mit einem erfolgreichen 93-jährigen Geschäftsmann im Ruhestand namens John Dix traf, war Graham voller „selbstgefälligem Selbstvertrauen“, wie er in seinen Memoiren zugab. Graham fand Dix „überraschend aufmerksam“, da dieser ihn mit allen möglichen Fragen löcherte. Dann fragte Dix, wie viel Geld Graham den Banken schulde. Die Antwort gefiel ihm nicht.

Das lag daran, dass Graham mit seinem Investmentfonds eine Menge Schulden gemacht hatte, um Aktienkäufe zu finanzieren. Als Dix dies hörte, warnte er ihn mit „größtem Ernst“. Dix sagte:

> Mr. Graham, ich möchte, dass Sie etwas tun, das für Sie selbst von größter Bedeutung ist. Steigen Sie morgen in den Zug nach New York, gehen Sie in Ihr Büro, verkaufen Sie Ihre Wertpapiere, begleichen Sie Ihre Schulden und geben Sie das Kapital an Ihre Partner zurück. Wenn ich in diesen Zeiten an Ihrer Stelle wäre, könnte ich nachts keine Minute schlafen, und Sie sollten auch nicht schlafen können. Ich bin viel älter als Sie und habe viel mehr Erfahrung, und Sie sollten besser auf meinen Rat hören.

Graham hat seinen Rat natürlich nicht befolgt. In seinen Memoiren schreibt er sogar, dass er „dem alten Mann gedankt hat, zweifellos ein wenig herablassend“.

Natürlich hatte Dix recht, und das Schlimmste stand Graham noch bevor. „Ich habe mich oft gefragt, wie mein Leben verlaufen wäre, wenn ich seinen Rat befolgt hätte“, sinniert Graham. Graham litt sehr unter dem Jahr 1930, seinem schlechtesten Jahr überhaupt:

	Benjamin Grahams Gemeinschaftskonto	Dow-Jones-Industriewerte
1929	−20 %	−15 %
1930	−50 %	−29 %
1931	−16 %	−48 %
1932	−3 %	−17 %
Für den gesamten Zeitraum	−70 %	−74 %

Nach 1930 liquidierte er die Schulden auf seinem Konto, und danach ging es ihm in einem unbarmherzig schwierigen Markt viel besser. In Anbetracht der Tatsache, dass Grahams Gesellschaft bis 1930 zu 44 Prozent durch Schulden finanziert war, wäre er allein durch das Schritthalten mit dem Markt in den Ruin getrieben worden. Irving Kahn, ein weiterer großer alter Investor und Schüler Grahams, schrieb über Grahams Leidensweg in den 1930er-Jahren: „Den Fonds am Leben zu erhalten war eine große Leistung. Besonders beeindruckend waren die geringen Verluste in den Jahren 1931 und 1932."

Grahams großer Fehler war es, zu viele Schulden zu machen. Deshalb sagte Dix zu ihm, er solle nachts nicht schlafen können. Dix erkannte, wie gefährlich diese Hebelwirkung war. Der Clou an Grahams Geschichte ist jedoch, dass er sich zurückkämpfte und in späteren Jahren gute Renditen am Markt erzielte.

Die Lektion, die er gelernt hat, ist eine Lektion, die wir in jedem Zyklus zu lernen haben, so scheint es.

KAPITEL 15

100-BAGGER: WESENTLICHE GRUNDSÄTZE

Kehren wir zum Ausgangspunkt zurück, zu Charles Akre, dessen Rede „An Investor's Odyssey" diese Phelps'sche Suche in Gang setzte (siehe Kapitel 1). Akre hat schon einige 100-Bagger erzielt, und seine lebenslange Erfahrung mit Investitionen hat ihn das Schlüsselprinzip gelehrt, wie man das 100-Fache seines Geldes verdient.

Als dieses Buch in der Endphase war, traf ich Akre in seinem Büro, das weit weg vom hektischen Treiben an der Wall Street liegt.

Ich fuhr den westlichen Teil der Umgehungsstraße von Washington entlang. Dann fuhr ich nach Westen, weiter nach Virginia hinein. Die städtische Landschaft wich grünen Feldern und Wäldern. Ich fuhr vorbei an Weingütern, Pferdefarmen und Feldsteinzäunen, an kleinen Städten mit Antiquitätenläden, historischen Mühlen und Kirchen.

Schließlich kam ich nach Middleburg, eine malerische Kleinstadt mit etwa 600 Einwohnern. In einer ruhigen Seitenstraße entdeckte ich dann ein hübsch renoviertes Gebäude, das früher eine Kneipe war und jetzt als Büro dient.

Hier hat Charles T. Akre Jr. („Chuck") sein Hauptquartier. Die Atmosphäre ist ruhig und gemütlich. Die Regale sind voll mit Büchern und an den Wänden hängen Kunstwerke zum Thema Pferde. Ich fühlte mich, als wäre ich bei jemandem zu Hause.

Akre, 72, ist seit 1968 im Wertpapiergeschäft tätig. Er ist einer der großen Investoren unserer Zeit. Ich besitze einen gebundenen Band mit seinen Briefen an Partner aus den Jahren 1993 bis 2013 mit dem Titel „The Power of Compounding". Aus einem bei Akre investierten Dollar wurden fast 20 Dollar, während der S&P 500 nur 5,59 Dollar erzielte.

Wie ich bereits erwähnte, war es ein Vortrag, den Akre 2011 hielt, der mich auf Thomas Phelps und sein Buch „100 to 1 in the Stock Market" aufmerksam machte. Das Buch von Phelps ist eines von Akres Lieblingsbüchern. Daher war ich froh, einige Zeit mit ihm und Mitgliedern seines Teams – Tom Saberhagen, Chris Cerrone und Ben Fox – verbringen zu können. Wir gingen zum Mittagessen in das Red Fox Inn & Tavern, das seit 1728 besteht und nur etwa 400 Meter von seinem Büro entfernt liegt.

Akre hatte, wie bereits erwähnt, einige 100-Bagger-Aktien in seinem Portfolio.

Er kaufte 1977 Aktien von Berkshire Hathaway und zahlte dafür 120 Dollar pro Aktie. Jede Aktie ist jetzt das 1.750-Fache von dem wert, was er bezahlt hat. Dazu gibt es eine lustige Geschichte. Auf dem Weg nach draußen gab mir Tom, Portfoliomanager und Partner der Firma, das gebundene Exemplar der Briefe von Akre. Diese Lektüre kann ich einfach nicht weglegen. Ich liebe diese Art von Texten und lese sie, wie andere Leute Romane lesen.

In einem Brief aus dem Jahr 1995 erzählt Akre, wie er als junger Makler eine Aktie von Berkshire kaufte. Im Laufe der Zeit sammelte er etwa 40 Aktien an. Dann beschloss er 1981, in die Immobilienbranche einzusteigen. Er war an einem Projekt zur Umwandlung von Eigentumswohnungen beteiligt und brauchte das Geld. Also verkaufte er alle seine Aktien bis auf eine für 500 Dollar pro Stück, was sich natürlich als ein sehr kostspieliges Unterfangen herausstellte. Diese 39 Aktien – damals 19.500 Dollar wert – hätten heute einen Wert von 8,1 Millionen Dollar.

Der andere 100-Bagger ist American Tower, das 1998 aus American Radio ausgegliedert wurde. Akre zahlte etwa 80 Cent für jede seiner ersten Aktien, die heute 93 Dollar pro Aktie wert sind. Diese Papiere besaß er zum Zeitpunkt unseres Treffens immer noch, und es war seine größte Position, wie aus den Unterlagen hervorging.

Der Ansatz von Akre ist einfach und leicht verständlich. Er nennt ihn seinen dreibeinigen Schemel. Dafür sucht er nach:

- Unternehmen, die in der Vergangenheit einen sehr hohen Wertzuwachs pro Aktie erzielt haben;
- hoch qualifizierten Managern, die in der Vergangenheit die Aktionäre wie Partner behandelt haben; und
- Unternehmen, die ihren freien Cashflow so reinvestieren können, dass sie weiterhin überdurchschnittliche Renditen erzielen.

Wir haben in diesem Buch über all diese Themen gesprochen.

Aber je älter er wird, desto mehr beschränkt er sich auf das Wesentliche, wie er mir sagte. Und das Wesentliche ist dieser dritte Punkt. Dies ist das wichtigste Prinzip zur Identifizierung von 100-Baggern. In einem seiner Briefe formuliert er es so: „Im Laufe der Jahre hat sich unser Denken mehr und mehr auf die Frage der Reinvestition als wichtigstes Element einer erfolgreichen Investitionsidee konzentriert, wenn man bereits ein herausragendes Unternehmen identifiziert hat."

Nehmen wir ein Unternehmen, in das 100 Dollar investiert wurden. Angenommen, das Unternehmen erwirtschaftet in einem Jahr eine Kapitalrendite von 20 Prozent. Das ist eine hohe Rendite und würde Akres Interesse wecken. Eine 20-prozentige Rendite bedeutet einen Gewinn von 20 Dollar. Aber der Schlüssel zu einer wirklich großartigen Idee wäre ein Unternehmen, das diese 20 Dollar nehmen und sie zusammen mit den ursprünglichen 100 Dollar reinvestieren könnte, um immer und immer wieder eine 20-prozentige Rendite zu erzielen.

Nebenbei bemerkt: Sie werden feststellen, dass es keine Dividenden gibt. Wenn ein Unternehmen eine Dividende ausschüttet, hat es entsprechend weniger Kapital, das es reinvestieren kann. Stattdessen haben Sie es in der Tasche – nach Zahlung von Steuern. Im Idealfall suchen Sie sich ein Unternehmen, das diese Gelder zu einem hohen Prozentsatz reinvestieren kann. Am Ende des Tages haben Sie einen größeren Gewinn und zahlen weniger Steuern.

Um auf das Beispiel zurückzukommen: Am Ende des ersten Jahres hätten Sie 120 Dollar. Bald darauf beginnt die Magie zu wirken:

1	120,00 $	6	298,60 $
2	144,00 $	7	358,32 $
3	172,80 $	8	429,98 $
4	207,83 $	9	515,98 $
5	248,83 $	10	619,17 $

Am Ende des fünften Jahres haben Sie Ihr Geld verdoppelt. Nach zehn Jahren haben Sie einen 6-Bagger. Und in etwa 25 Jahren werden Sie das 100-Fache Ihres Geldes haben. Natürlich müssen Sie nicht die ganze Zeit über dabeibleiben. Und es gibt keine Garantie dafür, dass ein Unternehmen ein solches Tempo durchhalten kann. Ich zeige Ihnen nur die Macht des Zinseszinseffekts.

Das Herzstück von Akres Ansatz ist der Zinseszins. Er will ein großartiges Unternehmen finden und dann einfach abwarten – genau wie Phelps.

Ich möchte noch hinzufügen, dass Akre einen zielgerichteten Fonds verwaltet. Seine fünf bis sieben besten Ideen machen oft die Hälfte seines Portfolios aus. Dies haben wir in Kapitel 10 behandelt. Die großen Investoren konzentrieren sich auf ihre besten Ideen.

Beim Mittagessen haben wir die ganze Zeit nur über Unternehmen und Aktien gesprochen. Akre war fröhlich und entspannt; er schaute nie auf sein Telefon. Er hatte viele weise Worte zum Thema Investitionen parat und war auch witzig. Er sprach über Phelps und über 100-Bagger. Er sprach über gelesene Bücher und gelernte Lektionen. Das ist die Art, wie große Investoren reden.

Glauben Sie mir, ich habe einige von ihnen getroffen – von Ackman bis Wanger. (Bill Ackman von Pershing Square ist Ihnen wahrscheinlich bekannt. Ralph Wanger womöglich nicht. Er leitete viele Jahre lang den höchst erfolgreichen Acorn Fund und schrieb ein hervorragendes Buch über Investitionen mit dem Titel „A Zebra in Lion Country").

Vielleicht interessiert Sie noch, worüber wir nicht gesprochen haben:

- Wir haben nicht über die Zentralbank gesprochen.
- Wir haben nicht über den Gesamtmarkt gesprochen.
- Wir haben nicht über den Dollar gesprochen.

Nicht, dass diese Dinge unwichtig wären. Sie sind wichtig. Aber sie sind unberechenbar. Und große Investoren kümmern sich nicht wirklich um sie. Sie konzentrieren sich darauf, großartige Gelegenheiten – so wie es Berkshire Hathaway und American Tower für Akre waren – aufzuspüren. Diese Aktien haben all die großen Sorgen einfach verdrängt.

Die wichtigsten Grundsätze für die Suche nach 100-Baggern

Das wichtigste Prinzip ist das oben genannte. Es ist so wichtig, dass es sich lohnt, es noch einmal zu wiederholen: Sie brauchen ein Unternehmen mit einer hohen Kapitalrendite, das in der Lage ist, zu reinvestieren und diese hohe Kapitalrendite über Jahre hinweg zu erwirtschaften.

Alles andere ist diesem Grundsatz untergeordnet. Nachstehend finden Sie eine Zusammenfassung der anderen Grundsätze.

#1 Man muss sie suchen

Offensichtlich? Vielleicht. Aber es ist sehr wichtig.

Deshalb beginnt Phelps sein Buch mit einer kleinen Parabel über die vier Männer, denen ein Wunsch erfüllt wurde. Der erste bittet um einen Esel, den er auch bekommt. Und der zweite Mann bittet um zehn Esel – und bekommt sie. Die Idee ist, dass man nur einen Esel bekommt, wenn man nur um einen Esel bittet. (Und wenn Sie zehn verlangen, werden Sie nie mehr als zehn bekommen.)

Phelps verwendet auch eine Analogie aus seinen Erfahrungen bei der Elefantenjagd in Äquatorialafrika. (Nicht unbedingt politisch korrekt, ich weiß. Andere Zeit.) „Auf der Suche nach dem größten Wild sollst du nicht in Versuchung kommen, auf etwas Kleines zu schießen."

Regel Nummer 1 für die Suche nach 100-Baggern ist also, dass man sie suchen muss – und das bedeutet, dass man sich nicht die Mühe macht, nach kleinen Fischen zu angeln, wie man so schön sagt. Verschwenden Sie Ihre begrenzte geistige Kapazität nicht auf Aktien, die eine gute Rendite abwerfen oder um 30 oder 50 Prozent steigen könnten.

Sie haben nur eine begrenzte Menge an Zeit und Ressourcen, die Sie für die Aktienrecherche aufwenden können. Konzentrieren Sie Ihre Bemühungen auf das große Spiel: die Elefanten. Die 100-Bagger.

#2 Wachstum, Wachstum und nochmals Wachstum

Es führt kein Weg daran vorbei. Fast alle Unternehmen in der 100-Bagger-Studie waren am Ende deutlich größer als zu Beginn. (Es gibt eine Ausnahme, die ich weiter unten erläutern werde.)

Sie brauchen also Wachstum – und zwar viel davon. Aber nicht nur irgendein Wachstum. Sie wollen ein wertschöpfendes Wachstum. Sie wollen „gutes Wachstum". Wenn ein Unternehmen seinen Umsatz, aber auch die Anzahl der ausstehenden Aktien verdoppelt, ist das nicht gut. Sie wollen sich auf das Wachstum von Umsatz und Gewinn pro Aktie konzentrieren.

Wenn ein Unternehmen viele zusätzliche Umsätze generiert, indem es seine Preise senkt und damit seine Eigenkapitalrendite verringert, ist das nicht unbedingt die Art von Wachstum, die Sie suchen. Sie wollen ein Unternehmen finden, das viel Raum für Expansion hat – das ist die Voraussetzung für Reinvestitionsmöglichkeiten.

Und ja, ich bleibe absichtlich vage bei der Frage, ob Sie Umsatzwachstum oder Gewinnwachstum wollen. Sie würden beides lieben. Es gibt aber auch Beispiele für 100-Bagger-Unternehmen, die zwar ein hohes Umsatzwachstum erzielten, aber in der Hochwachstumsphase keine nennenswerten Gewinne auswiesen. (Comcast und Amazon sind Beispiele, die wir uns angesehen haben.)

Das Ergebnis sind die gemeldeten Zahlen, wie auch immer sie lauten. Die Ertragskraft hingegen spiegelt die Fähigkeit der Aktie wider, bei überdurchschnittlichen Wachstumsraten eine überdurchschnittliche Kapitalrendite zu erzielen. Es handelt sich im Wesentlichen um eine längerfristige Bewertung der Wettbewerbsstärke.

Dies ist eine Unterscheidung, die Phelps in seinem Buch „100 to 1 in the Stock Market" macht. Er schreibt: „Das Versäumnis, zwischen flüchtigen Ertragsschwankungen und grundlegenden Veränderungen der Ertragskraft zu unterscheiden, ist der Grund für viele Übertreibungen [und] viele verpasste Gelegenheiten, an der Börse einen 100-Bagger zu erzielen."

Lassen Sie sich nicht vom Gewinn pro Aktie auf vierteljährlicher Basis täuschen. Selbst ein Jahr ist vielleicht nicht lang genug, um zu einer Beurteilung zu kommen. Es ist wichtiger, über die Ertragskraft nachzudenken. Ein Unternehmen kann einen Gewinnrückgang verzeichnen, aber seine längerfristige Ertragskraft könnte davon unberührt bleiben. Ebenso können die Erträge steigen, aber die zugrunde liegende Ertragskraft kann sich abschwächen. Ein Unternehmen kann zum Beispiel hohe Gewinne erzielen, aber ein hoher Prozentsatz stammt aus einmaligen Quellen.

Wie kann man also den flüchtigen Gewinnrückgang von dem wirklichen Rückschlag unterscheiden? Nun, es gibt keine Alternative dazu, das Unternehmen, in das man investiert hat, zu kennen. Wenn man nicht weiß, was man besitzt, ist es unmöglich, eine kluge Entscheidung zu treffen. Lassen Sie mich dies anhand eines Beispiels erläutern.

Es gibt ein Unternehmen, das mir gefällt: General Finance (GFN). Es hat ein einfaches Geschäftsmodell. Es vermietet Container, wie man sie auf Baustellen sieht, in denen man Dinge lagert.

Darüber hinaus vermietet GFN:

- Frachtcontainer, die von Lkw- und Bahnunternehmen verwendet werden und in denen Schüttgut und Kühlgut gelagert werden kann;
- transportierbare Baucontainer – im Wesentlichen mobile Minibüros oder Essensräume, Erste-Hilfe-Räume und so weiter –, die von Bauunternehmen, Rohstofffirmen und sogar bei öffentlichen Veranstaltungen eingesetzt werden;
- ortsbewegliche Flüssigkeitstankcontainer, die Abwasser, Chemikalien und andere Flüssigkeiten aufnehmen können und in der Öl- und Gasindustrie, bei der Umweltsanierung und Ähnlichem eingesetzt werden, und
- mobile Büros und modulare Gebäude.

Die Wirtschaftlichkeit des Containerleasings ist fantastisch. Die Amortisation beträgt nur wenige Jahre, aber die Anlage hat eine Lebensdauer von 40 Jahren. Wir sprechen also von hohen Kapitalrenditen. Die Branche ist fragmentiert, und es gibt viel Raum für Wachstum durch die Übernahme von kleinen Betrieben. Und mit Ron Valenta haben wir einen talentierten und bewährten Eigentümer-Unternehmer.

Anfang 2015 verlor die Aktie stark an Wert, da sich die Erträge aufgrund eines Rückgangs der Öl- und Gasverkäufe abschwächten. GFN vermietet Container an Öl- und Gaskunden. Aber ist die Ertragskraft von GFN wirklich in irgendeiner Weise beeinträchtigt worden? Wird die langfristige These hier durch eine Abschwächung zunichtegemacht?

Die Antwort ist Nein.

Sie haben noch ihre Container, die sie anderweitig vermieten können. GFN verfügt über rund 37.000 Lagercontainer. Seine Kundenliste ist vielfältig. GFN betreut über 30.000 Kunden in 20 Branchen. Diese Vermögenswerte sind nicht verschwunden.

Sie erwirtschaften immer noch eine Menge Geld. Es gibt noch viele kleine Betriebe, die sie aufkaufen können. Valenta sagte mir in einem Interview:

> Wir verbringen wahrscheinlich genauso viel oder mehr Zeit mit einem Unternehmen, wenn wir es erst einmal erworben haben. Wir haben eine große Produktvielfalt, sodass wir dort Verbesserungen vornehmen können. Wir sehen uns Abrechnungssysteme an. Erfolgt die Abrechnung monatlich oder alle 28 Tage? Haben sie einen Schadensverzicht? Wie gehen sie mit dem Lkw-Verkehr um? Wir analysieren also das Geschäft und was wir damit machen können. ... Wir sind nicht nur ein Akquisiteur. Was wir wirklich gut können, ist, etwas zu übernehmen und es dramatisch zu verbessern. Wir sind ein sehr disziplinierter Käufer. *Aber noch wichtiger ist, dass wir durch das, was wir mit*

> *dem Vermögenswert tun, einen Wert schaffen.* (Hervorhebung hinzugefügt)

Daran hat sich nichts geändert. Das Einzige, was sich geändert hat, ist eine vorübergehende Ertragseinbuße aufgrund eines zyklischen Wechsels im Kundenstamm. Es gibt keine neue Wettbewerbsbedrohung. Es gab keinen Wechsel im Management. Es gibt keine neuen Vorschriften oder andere Faktoren, die dieses Geschäft in nennenswerter Weise verändern könnten.

Das ist die Art, wie ich denke. Wie Sie sehen, können Sie dies nur tun, wenn Sie das Geschäft gut kennen. Verbringen Sie weniger Zeit mit der Lektüre von Wirtschaftsprognosen und Börsenvorhersagen, und verbringen Sie mehr Zeit damit, zu verstehen, was Sie besitzen. Wenn Sie nicht bereit sind, dies zu tun, dann werden Sie keinen 100-Bagger oder etwas Ähnliches erzielen.

#3 Niedrigere Multiplikatoren bevorzugt

Sie wollen keine absurden Preise zahlen.

Nehmen wir an, Sie zahlen das 50-Fache des Gewinns für ein Unternehmen, das im letzten Jahr einen Gewinn von einem Dollar erwirtschaftet hat. Überlegen Sie, was passieren muss, damit es ein 100-Bagger wird. Die Erträge müssen um das Hundertfache steigen *und* das Kurs-Gewinn-Verhältnis muss bei 50 bleiben. Wenn das Kurs-Gewinn-Verhältnis auf 25 fällt, müssen die Gewinne um das 200-Fache steigen.

Erschweren Sie sich das Investieren nicht so sehr.

Wir haben bereits in unserer Fallstudie über Gillette gesehen, wie ein Einbruch des Kurs-Gewinn-Verhältnisses von 20 auf 10 die Rendite, die die Anleger aus dem Gewinnwachstum von Gillette zogen, schmälerte.

Andererseits sollte man aber auch nicht in Mülltonnen wühlen, wenn man 100-Bagger aufspüren will. Großartige Aktien haben eine große

Fangemeinde, und viele von ihnen werden die meiste Zeit in der Nähe ihrer 52-Wochen-Höchststände verbringen, wie Sie es erwarten würden. Es ist selten, dass man ein wirklich großartiges Unternehmen zu spottbilligen Preisen bekommt. Wenn Sie Ihre Zeit damit verbringen, Aktien mit einem Kurs-Gewinn-Verhältnis von 5 oder mit tiefen Abschlägen zum Buchwert oder Ähnlichem zu jagen, sind Sie auf dem Holzweg – zumindest was die 100-Bagger angeht. Natürlich kann man auch dort Glück haben, aber in weniger strengen Settings sind die Ziele lohnender.

Ich sage, niedrigere Multiplikatoren sollten „bevorzugt" werden, weil man für all diese Dinge keine festen Regeln aufstellen kann. Es gibt Zeiten, in denen selbst das 50-Fache des Gewinns ein Schnäppchen ist. Sie müssen den Preis, den Sie zahlen, gegen andere Faktoren abwägen.

Denken Sie daran: Die Zeit ist der Freund eines guten Geschäfts. Und für ein großartiges Unternehmen können Sie auch mehr bezahlen. Ich möchte Ihnen ein weiteres Beispiel nennen: Interactive Brokers (IBKR), der Onlinebroker.

Matthew Goodman (der Analyst, der die Fallstudie über Monster Beverage erstellt hat) hat eine Analyse von IBKR durchgeführt, einer Aktie, die wir in unserem Newsletter empfohlen haben. Er zeigte, wie das Unternehmen neue Technologien auf ein uraltes Geschäft anwendet. Die Plattform ist leistungsfähiger als die der Konkurrenten und die kostengünstigste Option.

Wie Goodman hervorhebt, kann man dies anekdotisch in den Branchennachrichten beobachten:

- Der legendäre Händler Peter Brandt sagte über Interactive Brokers: „Auf einer Handelsplattform und mit einem Konto kann ich die ganze Welt handeln – von den US-amerikanischen bis zu den globalen Futures-Märkten, von den US-amerikanischen bis zu den globalen Börsen, Optionen, Devisen, was auch immer. ... Die Credit Suisse würde mir das gleiche Paket für ein Konto im Wert von 50 Millionen Dollar anbieten. Dasselbe gilt für Goldman und die D-Bank. Kein anderes mir bekanntes Unternehmen bietet diese Möglichkeit für Konten unter fünf bis zehn Millionen Dollar."

- Die Bank of America, JPMorgan und andere geben ihren Hedgefonds-Kunden den Laufpass. Einige, wie E-Trade, schließen globale Handelskonten. Wo gehen diese Kunden alle hin? Zu Interactive Brokers.
- Scottrade hat seine Kunden vor Kurzem zur IBKR-Plattform hinzugefügt. Scottrade ist ein Konkurrent, der im Wesentlichen die weiße Fahne gehisst hat.

Laut Goodman lässt sich all dies auch an den Zahlen ablesen. Er zeigte auf, wie sich das Wachstum der Neukunden bei IBKR tatsächlich beschleunigt hat:

Statistiken zum digitalen Maklergeschäft von Interactive Brokers

	2015	% Veränderung		
	Apr	Vormonat	Vorjahr	Vormonat annualisiert
(in 000's)				
Gesamtsumme der Konten	302,0	2 %	18 %	23 %
Netto-Neuzugänge	5,6	-16 %	40 %	
(in Milliarden)				
Kundeneigenkapital	$ 65,2	7 %	32 %	780 %
Kundenguthaben	$ 33,6	6 %	24 %	68 %
Kundenmargenkredite	$ 8,7	8 %	27 %	97 %

„Diese Informationen sind im Investor-Relations-Bereich der IBKR-Website zu finden", schrieb Goodman. „Ich habe die letzte Spalte ‚Vormonat annualisiert' hinzugefügt." Die wichtigsten Erkenntnisse hier: Während das Wachstum im Jahresvergleich beeindruckend erscheint, ist das Wachstum im Monatsvergleich sogar noch beeindruckender. Und das Eigenkapital der Kunden wächst sogar noch schneller als die Gesamtsumme der Konten. Das ist ein sehr positiver Trend, denn es bedeutet, dass das Unternehmen wohlhabendere Kunden anzieht, die größere Konten eröffnen.

Es handelt sich also um ein schnell wachsendes Geschäft. Die Aktie wurde Ende 2014 zum 25-Fachen des Gewinns gehandelt, wenn Sie das überschüssige Kapital, das sie hatte, abziehen. Das ist kein niedriger Multiplikator. Hat es sich also gelohnt?

Charlie Munger, stellvertretender Vorsitzender von Berkshire Hathaway, sagte:

> Langfristig kann eine Aktie kaum eine bessere Rendite erzielen als das Geschäft, das ihr zugrunde liegt. Wenn das Unternehmen über 40 Jahre eine Kapitalrendite von sechs Prozent erwirtschaftet und Sie die Aktie 40 Jahre lang halten, werden Sie nicht viel mehr als sechs Prozent Rendite erzielen – selbst wenn Sie sie ursprünglich mit einem enormen Abschlag gekauft haben. Wenn ein Unternehmen dagegen über 20 oder 30 Jahre 18 Prozent Kapitalrendite erwirtschaftet, ist das Ergebnis selbst dann gut, wenn Sie einen scheinbar teuren Preis zahlen.

„Dieses Zitat ist ein Eckpfeiler der 100-Bagger-Philosophie", schrieb Goodman. (Und es ist das zweite Mal, dass wir dieses Zitat in diesem Buch anführen.) „Wir suchen nach Unternehmen mit sehr hohen Kapitalrenditen. Das ist eine der wichtigsten Voraussetzungen, die 100-Bagger erfüllen müssen. Und dieses Zitat ist der Beweis dafür. Hier ist eine Tabelle, die Mungers Bemerkung etwas Leben einhaucht."

Sie sehen, wie dramatisch sich eine Rendite von sechs Prozent von einer Rendite von 18 Prozent unterscheidet.

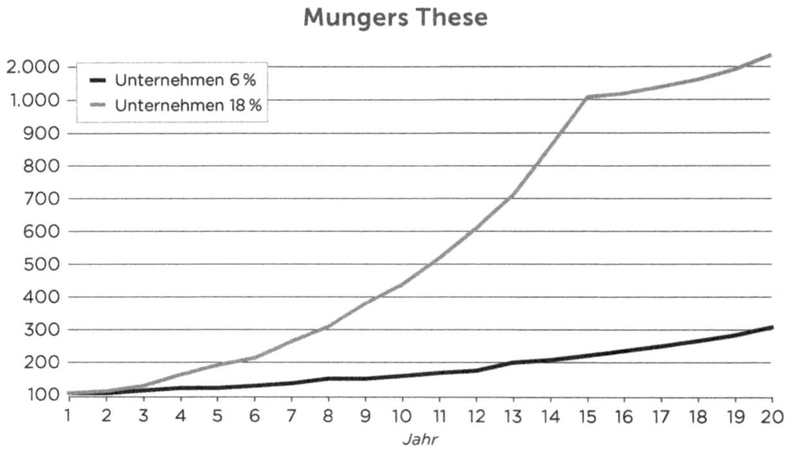

Nach 20 Jahren hat ein Unternehmen, das eine Kapitalrendite von 18 Prozent erzielt, einen fast achtmal so großen Kapitalstock angehäuft. Die Lektion: Verpassen Sie nicht die Chance, großartige Unternehmen zu fairen Preisen zu erwerben. Sie können in dieser Grafik deutlich sehen, warum.

„Eine Möglichkeit hierfür ist die Prüfung des sogenannten PEG-Ratio", schlägt Goodman vor. „Das PEG-Ratio ist einfach das (Kurs-Gewinn-Verhältnis) / (Jährliche EPS-Wachstumsrate). Wenn die Erträge beispielsweise um 20 Prozent steigen, ist ein KGV von 20 gerechtfertigt. Alles, was über 1x hinausgeht, könnte zu teuer werden."

Die Wachstumsraten der IBKR-Maklererträge vor Steuern betrugen im Zeitraum 2010 bis 2014 19 Prozent, 35 Prozent, -8 Prozent, 33 Prozent und 29 Prozent. Der Gewinn von IBKR wuchs 2014 um 29 Prozent, dennoch wurde die Aktie zum 26-Fachen des Gewinns gehandelt, was uns ein PEG von unter 1 beschert – ungewöhnlich für ein so hochwertiges Unternehmen, das auf dem heutigen Markt schnell wächst. Die Tatsache, dass wir es unter 1 bekommen können, ist ein großes Plus.

Auch dies ist ein Beispiel für die Art von Überlegungen, die Sie anstellen sollten. Denken Sie daran: Je höher der von Ihnen gezahlte Multiplikator ist, desto höher muss auch die Gewinnwachstumsrate sein.

Um es noch einmal zu wiederholen: Niedrigere Multiplikatoren werden bevorzugt.

#2 und #3 zusammen: Holen Sie sich das, was ich die Zwillingsmotoren eines 100-Baggers nenne

Wenn man viel Wachstum und einen niedrigen Multiplikator hat, erhält man den Zwillingsmotor der 100-Bagger. Das ist der Punkt, an dem Sie wirklich einen großartigen Auftrieb bekommen, wenn beide Faktoren zu Ihren Gunsten wirken.

Zu Beginn des Buches haben wir das extreme Beispiel von MTY Foods besprochen. Dort hatten wir eine Aktie, die mit dem 3,5-fachen Gewinn startete. Die Erträge stiegen in zehn Jahren um das 12,4-Fache, aber die Aktie war ein 100-Bagger, weil das Kurs-Gewinn-Verhältnis von 3,5 auf 27 stieg. Sie sollten wissen, dass das selten vorkommt, aber es verdeutlicht den Punkt recht gut.

#4 Ökonomische Burggräben sind eine Notwendigkeit

Ein 100-Bagger erfordert über einen langen Zeitraum eine hohe Kapitalrendite. Ein Burggraben ist per definitionem das, was einem Unternehmen diese Rendite ermöglicht. Daher lohnt es sich, einige Zeit damit zu verbringen, darüber nachzudenken, welche Art von Burggraben ein Unternehmen hat.

Diesem Thema ist ein ganzes Kapitel gewidmet, sodass ich die Lektionen hier nicht wiederholen werde. Ich füge nur einige grundlegende Berechnungen über die Bedeutung einer hohen Kapitalrendite und – diesen zweiten Teil dürfen Sie nicht vergessen – die Fähigkeit, jahrelang zu hohen Raten zu reinvestieren, hinzu.

Phelps führt in seinem Buch ein Beispiel an, das es wert ist, hier wiederholt zu werden. Angenommen, ein Unternehmen hat einen Buchwert von zehn Dollar pro Aktie und verdient 15 Prozent an diesem Kapital. Am Ende eines Jahres wird der Buchwert 11,50 Dollar pro Aktie betragen, wenn die Aktie keine Dividende zahlt. Am Ende des zweiten Jahres werden es 13,22 Dollar sein und am Ende des dritten Jahres 15,20 Dollar.

„In fünf Jahren wird sich der Buchwert des Unternehmens verdoppelt haben", schreibt Phelps. „In zehn Jahren wird er sich vervierfacht haben. In 33 Jahren wird er um das Hundertfache gestiegen sein."

Hätte das Unternehmen Dividenden ausgeschüttet, sähe die Geschichte ganz anders aus. Nehmen wir an, es schüttete ein Drittel seines Gewinns aus. Es würde dann 15 Jahre brauchen, sein Kapital zu vervierfachen, nicht zehn. Und in 33 Jahren wäre es um das 23-Fache gestiegen, anstatt ein 100-Bagger zu sein.

„Offensichtlich", so Phelps abschließend, „sind Dividenden ein teurer Luxus für einen Anleger, der maximales Wachstum anstrebt. Wenn Sie unbedingt ein Einkommen haben müssen, erwarten Sie nicht, dass Ihr Finanzarzt die Kapitalgewinne erzielt, die ohne Dividenden möglich gewesen wären. Wenn Sie eine Kuh zum Melken kaufen, planen Sie nicht, mit ihr gegen das Pferd Ihres Nachbarn um die Wette zu laufen."

Die gleiche Sichtweise auf die Dividende haben wir bei Akre gesehen. Dividenden haben jedoch ihre Berechtigung, und sie waren für die Gesamtrendite vieler 100-Bagger wichtig. Wir sollten jedoch ein Unternehmen bevorzugen, das alle seine Gewinne in hohem Maße reinvestieren kann. Wenn es eine Dividende zahlt, muss es weniger Kapital reinvestieren. Und das reduziert die Rendite.

Während Dividenden eine Belastung darstellen, ist geliehenes Geld ein Beschleuniger. Ein Unternehmen, das eine Kapitalrendite von 15 Prozent erwirtschaftet, könnte diese durch die Aufnahme von Schulden auf, sagen wir, 20 Prozent erhöhen. Damit erhöht sich aber auch das Risiko der Aktie.

Es gibt auch andere Möglichkeiten, einen 100-Bagger zu erzielen. Die Entdeckung natürlicher Ressourcen, wie zum Beispiel eines großen neuen Ölfeldes, kann zu einem 100-Bagger führen. Neue Erfindungen und neue Kassenschlager-Medikamente können das Gleiche bewirken. Aber diese sind schwer vorherzusagen. Daher würde ich stattdessen auf hohe Kapitalerträge und die Fähigkeit zur Reinvestition und zur Erwirtschaftung hoher Erträge über Jahre hinweg Wert legen.

Ein Burggraben, selbst ein schmaler, ist eine Notwendigkeit.

#5 Kleine Unternehmen bevorzugt

Was mit Eicheln beginnt, endet mit Eichen. Fangen Sie mit Eichen an, und Sie werden nicht annähernd das gleiche dramatische Wachstum haben. Es mag offensichtlich erscheinen, aber es ist wichtig.

Apple, so großartig das Unternehmen auch war und ist, wird von den aktuellen Kursen aus keine 100-Bagger-Aktie werden. Der Markt bewertet die Aktie mit 750 Milliarden Dollar. Eine hundertfache Rendite von hier aus würde sie auf 75 Billionen Dollar bringen. Das ist mehr als viermal so hoch wie die US-Wirtschaft. Die Aktie könnte noch eine Weile gut laufen, aber das Gesetz der großen Zahlen beginnt irgendwann, gegen einen zu arbeiten.

Andererseits sollten Sie nicht davon ausgehen, dass Sie sich in Micro Caps stürzen und 25-Cent-Aktien kaufen müssen. Der Medianwert der 365 in der Studie untersuchten Namen lag bei etwa 170 Millionen Dollar. Dieser Wert ist nicht inflationsbereinigt. Er zeigt einfach, dass auch 100-Bagger als große Unternehmen starten können. Ein Umsatz von 170 Millionen Dollar ist in jeder Zeit ein beachtliches Geschäft.

Generell empfehle ich, sich auf Unternehmen mit einer Marktkapitalisierung von weniger als einer Milliarde Dollar zu konzentrieren. Das ist nicht unbedingt notwendig (denken Sie daran, dass kleinere Unternehmen „bevorzugt“ werden), aber wenn Sie sich unterhalb einer solchen Größenordnung aufhalten, ist die Suche erfolgreicher, als wenn Sie sich oberhalb dieser Größenordnung aufhalten.

#6 Eigentümer-Unternehmer bevorzugt

Wir haben diesem Gedanken ein ganzes Kapitel gewidmet. Hinter vielen Unternehmen der letzten 50 Jahre steht ein Unternehmer mit Visionen, Hartnäckigkeit und Geschick: Sam Walton bei Walmart, Steve Jobs bei Apple, Jeff Bezos bei Amazon, Warren Buffett bei Berkshire Hathaway. Die Liste ist ziemlich lang, und wir haben einige von ihnen in früheren Kapiteln erwähnt.

Ein großartiger Eigentümer-Unternehmer trägt ebenfalls zu Ihrer Überzeugung bei. Es fällt mir leichter, in schwierigen Zeiten an einer Aktie festzuhalten, wenn ich weiß, dass ein fähiger Eigentümer-Unternehmer am Ruder ist.

Ich möchte Sie auch an etwas erinnern, das Sie nie vergessen sollten: Niemand schafft eine Aktie, damit Sie Geld verdienen können. Jede Aktie steht Ihnen nur deshalb zur Verfügung, weil jemand sie verkaufen wollte.

Wenn man das abstrakt betrachtet, scheint es keinen Grund zu geben, warum man erwarten sollte, mit einer Aktie Geld zu verdienen. Aber Investitionen bei Eigentümer-Unternehmern sind ein guter Grund, davon auszugehen, dass Sie es tun werden. Denn dann wird man zum Partner. Sie investieren Ihr Geld in dieselben Wertpapiere, die auch die Leute besitzen, die das Unternehmen kontrollieren. Was gut für sie ist, ist auch gut für Sie. Und vice versa.

Das ist zwar nicht perfekt, aber oft besser als Investitionen in ein Management, das nicht Eigentümer ist. Es hilft, das uralte Vertretungsproblem zu lösen. Suchen und bevorzugen Sie Eigentümer-Unternehmer.

Dies ist wünschenswert, aber nicht erforderlich. Es gibt auch Unternehmen, bei denen es schwer wäre, einen CEO zu benennen. Gillette war im Zeitraum unserer Studie (1962–2014) ein 100-Bagger. Und doch fällt es mir schwer, den Namen seines CEOs oder eines seiner CEOs zu nennen. Und dann gibt es noch Unternehmen, die ihre Gründer und Eigentümer überdauern und überflügeln.

#7 Sie brauchen Zeit: Verwenden Sie den Kaffeedosen-Ansatz als Unterstützung

Wenn Sie all diese Arbeit getan haben, um eine Aktie zu finden, die ein 100-Bagger werden könnte, müssen Sie ihr Zeit geben. Selbst die schnellsten 100-Bagger in unserer Studie brauchten etwa fünf Jahre, um dieses Ziel zu erreichen. Wahrscheinlich wird die Reise 20 bis 25 Jahre dauern.

Wenn Sie das wissen, müssen Sie einen Weg finden, Ihre eigenen schlimmsten Instinkte zu besiegen – die Ungeduld, den Drang nach „Action", das starke Gefühl, „etwas tun zu müssen". Um diese unheilvolle Tendenz zu bekämpfen, biete ich Ihnen die Kaffeedose als Unterstützung an. Ich bin ein großer Fan des Kaffeedosen-Konzepts, und wir haben ein ganzes Kapitel damit verbracht, diese Idee zu erforschen.

Die Genialität dieser Technik liegt in ihrer Einfachheit. Sie nehmen einen Teil Ihres Geldes und legen ein „Kaffeedosen-Portfolio" an. Sie verpflichten sich, das Geld zehn Jahre lang zu halten. Das war's.

Am Ende der zehn Jahre sehen Sie, was Sie haben. Die Erfahrung mit Kaffeedosen zeigt, dass Sie darin mindestens einen großen Gewinner gefunden haben werden. Die Kaffeedosen-Theorie besagt, dass Sie auf diese Weise besser abschneiden, als wenn Sie versuchen, Ihre Aktien aktiv zu verwalten.

Sie mögen dies als Spielerei abtun. Aber ich bitte Sie dringend, einen Weg zu finden, Ihre Aktien in Ruhe zu lassen. Lassen Sie sie an den Rebstöcken reifen. Pflücken Sie sie nicht zu früh.

#8 Sie brauchen einen wirklich guten Filter

Es gibt eine Menge Trubel da draußen. Besonders schlimm ist es in den Finanzmedien. Sie wollen uns glauben machen, dass jeden Tag etwas Wichtiges passiert. Es wird über jede Wendung auf dem Markt berichtet. Sie berichten über jede Zentralbanksitzung. Sie dokumentieren den endlosen Strom von Wirtschaftsdaten und Berichten. Sie bieten eine Plattform für eine nicht enden wollende Parade von Fachleuten. Jeder will versuchen, den Markt zu bestimmen oder vorherzusagen, wie sich die Zinssätze, der Ölpreis oder was auch immer entwickeln werden.

Meine eigene Studie über 100-Bagger zeigt, was für eine erbärmliche Zeitverschwendung das alles ist. Es ist eine großartige Ablenkung auf der Jagd nach 100-Baggern.

Um dies zu verstehen, muss man zunächst einmal begreifen, dass Aktienkurse aus den unterschiedlichsten Gründen schwanken. Manchmal machen Aktien innerhalb eines Monats große Sprünge nach oben oder unten, während sich das Unternehmen selbst im Laufe der Zeit langsamer verändert.

Hierfür gibt es überall großartige Beispiele. Da es sich gerade anbietet und wir über den 100-Bagger schon berichtet haben, möchte ich einen Snapshot über Monster Beverage teilen, den mein Analyst Matt Goodman an mich weitergeleitet hat.

Es handelt sich um eine Art „Heatmap“, die Ihnen die monatlichen Bewegungen der Monster-Aktie von 2000 bis 2014 zeigt. In der unteren rechten Spalte sehen Sie die jährliche Bewegung.

Werfen Sie einen kurzen Blick auf die Tabelle auf der nächsten Seite und sehen Sie, was Ihnen ins Auge springt.

	JAN	FEB	MÄR	Q1	APR	MAI	JUNI	Q2
2015	7,94%	20,67%	-1,93%	27,73%	-0,93%	-7,17%	5,30%	-3,16%
2014	0,19%	8,98%	-6,15%	2,48%	-3,59%	3,61%	2,38%	2,28%
2013	-9,35%	5,34%	-5,39%	-9,65%	18,14%	-3,21%	11,43%	27,42%
2012	13,44%	9,41%	8,59%	34,77%	4,69%	11,69%	-1,93%	14,67%
2011	8,34%	1,59%	4,66%	15,19%	9,86%	8,31%	12,98%	34,44%
2010	0,16%	8,11%	4,33%	12,97%	1,75%	-11,55%	0,15%	-9,87%
2009	-0,12%	-0,66%	8,17%	7,33%	13,22%	-10,01%	-15,87%	-14,28%
2008	-12,92%	7,62%	-14,94%	-20,28%	0,28%	-11,75%	-7,75%	-18,36%
2007	13,12%	-8,14%	8,23%	12,47%	0,84%	4,19%	7,99%	13,46%
2006	11,37%	6,38%	35,05%	60,00%	2,66%	42,83%	2,99%	51,02%
2005	12,78%	6,64%	37,36%	65,20%	-5,60%	31,64%	13,52%	41,07%
2004	5,66%	32,14%	18,92%	66,04%	-1,14%	89,66%	-4,24%	79,55%
2003	0,00%	-3,70%	3,85%	0,00%	-3,70%	3,85%	0,00%	0,00%
2002	-3,70%	0,00%	3,85%	0,00%	-3,70%	3,85%	0,00%	0,00%
2001	8,33%	-11,54%	-8,70%	-12,50%	-4,76%	0,00%	5,00%	0,00%
2000	3,70%	-7,14%	7,69%	0,00%	0,00%	-3,57%	-3,70%	-7,14%

	JULI	AUG	SEPT	Q3	OKT	NOV	DEZ	Q4	Jahr
2015	3,14%			3,14%					27,58%
2014	-9,95%	38,23%	3,69%	29,06%	10,05%	11,17%	-3,39%	18,20%	59,88%
2013	0,26%	-5,90%	-8,96%	-14,10%	9,53%	3,41%	14,52%	29,70%	28,26%
2012	-6,71%	-11,26%	-8,28%	-24,07%	-17,41%	16,57%	1,52%	-2,26%	14,70%
2011	-5,36%	11,35%	2,32%	7,83%	2,06%	3,48%	-0,07%	5,54%	76,24%
2010	7,16%	7,49%	3,51%	19,23%	9,87%	3,90%	-1,77%	12,14%	36,15%
2009	0,52%	5,29%	12,49%	19,05%	-1,63%	-3,27%	9,84%	4,52%	14,49%
2008	-20,68%	20,21%	10,12%	5,00%	-16,33%	17,54%	12,70%	10,84%	-24,25%
2007	-5,68%	10,75%	26,24%	31,88%	19,97%	-36,18%	2,03%	-21,88%	31,47%
2006	-3,36%	-40,13%	17,94%	-31,76%	-2,22%	-11,46%	19,77%	3,69%	70,96%
2005	9,26%	7,44%	-5,31%	11,15%	7,48%	53,64%	1,44%	67,52%	333,92%
2004	-18,99%	16,41%	1,34%	-4,43%	9,93%	27,11%	7,58%	50,33%	328,30%
2003	18,52%	15,62%	-2,70%	33,33%	16,67%	33,33%	-5,36%	47,22%	96,30%
2002	-3,70%	0,00%	0,00%	-3,70%	3,85%	0,00%	0,00%	3,85%	0,00%
2001	14,29%	0,00%	-8,33%	4,76%	9,09%	4,17%	8,00%	22,73%	12,50%
2000	7,69%	14,29%	6,25%	30,77%	0,00%	-32,35%	4,35%	-29,41%	-14,29%

Es ist unglaublich. Sie sehen Monate, in denen die Aktie 20 Prozent verloren hat, und einige, in denen sie noch mehr verloren hat. Und Sie sehen Monate, in denen die Aktie um 20 Prozent oder mehr gestiegen ist. Zumindest in einigen wenigen Fällen fanden diese Bewegungen direkt hintereinander statt.

Sie wissen, dass sich das Geschäft von Monster in keinem dieser Monate so sehr verändert hat. Wir reden hier von einem Getränkehersteller. Sie können auch in der letzten Spalte sehen, dass die Aktie trotz aller Bewegungen die meiste Zeit nach oben rechts marschiert ist.

Denken Sie jedoch an all die Zeiten, in denen die Aktie um mehr als 20 Prozent einbrach. Wie oft hätten Sie sie sich angesehen, Tag für Tag? Wie wahrscheinlich ist es, dass Sie sie verkauft hätten? Vielleicht hätten Sie nach einem 20-prozentigen Kursrückgang beschlossen, bei der nächsten Gelegenheit auszusteigen. Dann hätten Sie nach einem guten Monat verkauft.

All das intensive Beobachten und Hadern wäre reine Zeitverschwendung gewesen. Der Versuch, sie zu verkaufen, wäre ein Fehler gewesen. Monster war eine fantastische Aktie, und Sie hätten sie in Ruhe lassen sollen.

Eine weitere Versuchung besteht darin, sich zu sehr über die Entwicklung des Aktienmarktes zu sorgen.

Die Leute, die gern das große Bild betrachten, lieben es, Börsenindizes wie den S&P 500 zu analysieren. Sie berufen sich gern auf das CAPE-Verhältnis (Kurs geteilt durch den Durchschnitt der Gewinne der letzten zehn Jahre) und andere Kennzahlen, um die Entwicklung künftiger Renditen zu prognostizieren.

Nur weil ein Börsenindex, wie zum Beispiel der S&P 500, teuer ist, sollten Sie nicht auf Aktien verzichten. Sofern Sie nicht Käufer des Index selbst sind, ist er für die Suche nach guten Aktien heute nicht relevant.

Ich möchte Ihnen ein historisches Beispiel geben: 1966 bis 1982.

Die „Big Picture“-Anhänger bezeichnen diese 17 Jahre gern als totes Geld für Aktien. Der Dow Jones Industrial Average ist im Grunde genommen ins Leere gelaufen. (Diese Performance war schlechter, als es den Anschein hat, weil die Inflation in diesem Zeitraum hoch war.) Daraus könnte man schließen, dass man nicht in Aktien hätte investiert sein sollen.

Aber meine Nachforschungen über Aktien, die eine Rendite von 100 zu 1 erzielten, ergaben Folgendes: Es gab 187 Aktien, die Sie zwischen 1966 und 1982 hätten kaufen können und die Ihr Geld verhundertfacht hätten.

Tatsächlich hätten Sie in diesen 17 Jahren jeden Monat mindestens ein Dutzend Gelegenheiten gehabt, Ihr Geld um das 100-Fache zu vermehren, wenn Sie nur durchgehalten hätten. In manchen Fällen musste man nicht einmal lange warten. Southwest Airlines hat in den zehn Jahren seit 1971 mehr als das 100-Fache an Gewinn erzielt. Leslie Wexners L Brands schaffte dies in etwa acht Jahren ab 1978. Im Jahr 1966 hätten Sie H&R Block kaufen und in weniger als zwei Jahrzehnten aus einer Investition von 10.000 Dollar eine Million Dollar machen können.

Anhand der Indizes können Sie erkennen, in welcher Art von Milieu Sie sich bewegen. Es ist sicherlich schwieriger, auf hochpreisigen Märkten gute Gelegenheiten zu finden. Und es ist einfacher, große Gewinner zu finden, wenn der Markt einen Tiefpunkt erreicht hat (aber vielleicht nicht so einfach, sich dazu zu bringen, sie zu kaufen, da die Angst zu solchen Zeiten groß ist). Diese Fakten sollten niemanden überraschen.

Ich will damit sagen, dass Sie sich nicht so sehr mit Vermutungen über die Entwicklung des Aktienmarktes aufhalten sollten. Suchen Sie weiter nach großartigen Ideen. Wenn man der Geschichte glauben darf, sind sie immer irgendwo da draußen.

Wie gesagt, man braucht einen wirklich guten Filter.

#9 Das Glück hilft

Seien wir ehrlich. Bei alledem ist auch eine Portion Glück im Spiel.

Damals im Jahr 2002 konnte niemand vorhersagen, was aus Apple einmal werden würde. Niemand konnte vorhersehen, dass sie ganz neue Märkte schaffen würden – mit dem iPod, dem iPad, dem iPhone. Es gibt einige 100-Bagger in dieser Studie, bei denen ich einfach die Hände in den Schoß gelegt und mich mit der Tatsache abgefunden habe, dass sie unberechenbar sind.

Auch schlimme Dinge passieren. Man könnte alles richtig machen, und dann kommt eine neue Innovation daher, die einen scheinbar unbezwingbaren Burggraben überwindet. Schauen Sie sich nur an, wie viele Unternehmen in letzter Zeit zerstört oder stark beeinträchtigt wurden – Videoverleihe, Zeitungen, die Musikindustrie, sogar Taxis.

Ich zitiere hier aus Nicholas Reschers eleganter Meditation über den Zufall, „Glück: Die Chancen des Zufalls“:

> Natürlich sind wir aufgrund unseres natürlichen menschlichen Glaubens, dass wir in einer rationalen Welt leben, geneigt zu denken, dass es immer einen ultimativen Grund gibt. ... Das ist völlig natürlich, aber auch völlig sinnlos. Die einzige letztlich vernünftige Haltung ist, sich locker in den Sattel des Lebens zu setzen und sich mit dem Zufall zu arrangieren.

Wie im Leben, so auch bei der Jagd nach dem 100-Bagger. Glück hilft.

#10 Sie sollten ein zögerlicher Verkäufer sein

Wann verkaufen Sie also?

In seinem Buch „Common Stocks and Uncommon Profits“ hat Phil Fisher ein Kapitel mit dem Titel „When to Sell“. Er fasste es folgendermaßen zusammen: „Vielleicht kann man die Gedanken, die hinter diesem Kapitel stehen, in einem einzigen Satz zusammenfassen: Wenn die Arbeit beim Kauf einer Stammaktie richtig gemacht wurde, ist es fast nie an der Zeit, sie zu verkaufen.“

Das ist wahrscheinlich richtig. Es gibt sicherlich viele Beispiele dafür, dass diese Philosophie in der Praxis zu einem Reichtum geführt hat, der weit über das hinausgeht, was zum Zeitpunkt des Kaufs möglich schien.

Beim Thema „Niemals verkaufen" denke ich an das Vermögen der Familie Astor. John Jacob Astor war der Patriarch, und als er 1848 starb, war er der reichste Mann Amerikas. Der Nachlass ging auf seinen Sohn William Astor über. Dieser vergrößerte das Familienvermögen noch weiter.

Es gibt eine Aussage zu einer Steuerangelegenheit, die 1890 vor dem New Yorker Senatsausschuss fiel. Ich liebe diesen Dialog (den ich in meinem ersten Buch „Invest Like a Dealmaker" aufgenommen habe):

Frage: Sie haben gerade gesagt, dass Mr. Astor nie verkauft hat?
Antwort: Ab und zu verkauft er, ja.
Frage: Aber die Regel ist, dass er nicht verkauft?
Antwort: Nun, fast nie. Er hat natürlich verkauft.
Frage: Ist es nicht fast ein Sprichwort in der Gesellschaft, dass die Astors kaufen und nie verkaufen?
Antwort: Sie werden nicht als Menschen gesehen, die eine Immobilie veräußern, nachdem sie sie einmal in Besitz genommen haben.

Wie ich in „Dealmaker" schrieb: „Der Schlüssel zum großen Astor-Vermögen – was ihm Beständigkeit verlieh und es ihm ermöglichte, sich zu solch außergewöhnlichen Höhen aufzuschwingen – war die einfache Tatsache, dass die Astors nur ungern verkauften. Wenn sie einmal etwas Gutes gefunden hatten, blieben sie dabei und ließen die Magie der Aufzinsung wirken."

Ein weiteres Beispiel aus der heutigen Zeit: Ronald Read.

Anna Prior schrieb eine wunderbare Geschichte über ihn für das *Wall Street Journal.*

Die Schlagzeile lautete „Der sparsame Mann, der einen Nachlass von acht Millionen Dollar hinterließ".

Ronald Read war Hausmeister bei J. C. Penney, „nachdem er lange Zeit an einer Tankstelle gearbeitet hatte, die zum Teil seinem Bruder gehörte“. Wie hat er also sein Geld verdient? Er war ein guter Stock-Picker. Aber noch wichtiger ist, dass er geduldig war.

Als er starb, besaß er 95 Aktien. Viele davon hatte er jahrzehntelang gehalten. Er besaß Anteile an einer Vielzahl von Branchen, mied aber die Technologie. Wenn er Dividenden erhielt, verwendete er sie, um weitere Aktien zu kaufen. Ihm gehörten Procter & Gamble, JPMorgan, JM Smucker, Johnson & Johnson und andere Blue Chips. Nicht jede Aktie, die er besaß, war ein Gewinner. Doch die Gewinne der Gewinner übertrafen die Verlierer.

Read hielt seine Aktienzertifikate auch physisch in Händen. Das musste es einfacher machen, seine Aktien zu halten. Sie wurden realer, wie ein Stück Eigentum und nicht nur ein leuchtendes Börsensymbol, das auf Computerbildschirmen existiert.

Die Gebühren machten es schließlich unpraktisch, Zertifikate zu halten, sodass er dazu überging, seine Aktien von dem offiziellen Verwahrer des Aktienbesitzes (der sogenannten Transferstelle) aufbewahren zu lassen, den jedes Unternehmen beschäftigt. Dies ist eine sparsame Option, und die Aufzeichnungen zeigen, dass Read sehr geringe Gebühren gezahlt hat.

Die Geschichte von Ronald Read zeigt Ihnen die Kraft einfacher Anlagekonzepte: niedrige Gebühren, Investitionen in Qualitätsunternehmen, Reinvestition von Dividenden und – für unsere Zwecke am wichtigsten – die Kraft des Durchhaltens.

Man kann also durchaus für „fast nie“ plädieren.

Aber selbst Fisher gibt zu, dass es Gründe für einen Verkauf gibt:

- Sie haben einen Fehler gemacht, das heißt „der faktische Hintergrund des betreffenden Unternehmens ist ungünstiger als ursprünglich angenommen“.
- Die Aktie entspricht nicht mehr Ihren Anlagekriterien.

- Sie wollen zu etwas Besserem wechseln – allerdings sollte ein Anleger hier vorsichtig sein und nur dann wechseln, wenn er sich „seiner Sache sehr sicher ist".

Daran können Sie sehen, dass die Entscheidung, wann man verkaufen sollte, immer noch nicht einfach ist. Es ist gar nicht so leicht zu erkennen, wann man einen Fehler gemacht hat. Man kann sich sicherlich alles Mögliche einreden. Die zweite Möglichkeit ist vielleicht die einfachste, wenn Sie genau definierte Investitionskriterien haben. Schließlich ist auch der Wechsel tückisch. Jede Aktie, die sich bewegt, sieht besser aus als die, die Sie zu verkaufen gedenken. Und es gibt immer Aktien, die in Bewegung sind.

Sie werden feststellen, dass keiner dieser Gründe etwas mit dem Aktienkurs zu tun hat.

Auch Thomas Phelps ist in seinem Buch „100 to 1 in the Stock Market" ein großer Verfechter des richtigen Kaufens und Haltens. Aber „heißt das, dass man nie etwas verkaufen sollte?", fragt er. Die Antwort ist Nein.

Phelps' Verkaufsberatung kann man ebenfalls in einem Satz zusammenfassen: „Nehmen Sie niemals, wenn Sie es vermeiden können, eine Investitionsmaßnahme aus einem Nicht-Investitionsgrund vor."

Zu diesen „Nicht-Investitionsgründen" gehören unter anderem die folgenden:

1. Meine Aktien stehen „zu hoch".
2. Ich brauche die realisierten Kapitalgewinne, um realisierte Kapitalverluste steuerlich auszugleichen.
3. Meine Aktien bewegen sich nicht. Andere aber schon.

Phelps glaubt, dass man verkaufen sollte, wenn man einen Fehler gemacht hat. Und wie bei allen großen Anlegern definiert er einen Fehler nicht als eine Aktie, die einfach nur im Preis gefallen ist. (In einem

Bullenmarkt kann ein Fehler sogar bedeuten, dass man Gewinne mitnimmt. Das ist ein Fehler, denn es ist eine verpasste Chance, größere Gewinne zu erzielen. Und Sie zahlen als Strafe Kapitalertragssteuer.)

Ich weiß, dass viele Leute sogenannte „Stop-Losses" verwenden. Dies bedeutet, Sie verkaufen eine Aktie, sobald sie um einen bestimmten Betrag gefallen ist. Stop-Losses sind beliebt, weil sie eine schwierige Entscheidung – vielleicht die schwierigste bei allen Investitionen – automatisieren. Sie müssen nicht darüber nachdenken. Die Aktie hat Ihren Stop-Loss erreicht und Sie sind raus.

Es sollte klar sein, dass dies auch Ihre Möglichkeiten einschränkt, einen 100-Bagger zu erzielen.

Sie wären schon lange vor einem 100:1-Ergebnis ausgestoppt worden.

Wie wir gesehen haben, wurde Monster Beverage innerhalb von zehn Jahren zu einem 100-Bagger-Unternehmen. Erinnern Sie sich an die Heatmap? Ich habe mindestens zehn verschiedene Gelegenheiten gezählt, bei denen der Kurs in diesem Zeitraum um mehr als 25 Prozent gefallen ist. In drei Monaten verlor er mehr als 40 Prozent seines Wertes. Hätten Sie sich jedoch auf das Unternehmen – und nicht auf den Aktienkurs – konzentriert, hätten Sie nie verkauft. Wenn Sie 10.000 Dollar in diese Aktie investiert hätten, hätten Sie nach zehn Jahren eine Million Dollar gehabt.

Ich kenne viele solcher Beispiele. Es stimmt, man kann Glück haben und einen Doppel- oder Dreifachtreffer landen, wenn man das richtige Timing erwischt. Aber dabei werden sicherlich viele Ihrer Ideen ausgestoppt werden. Und was nützt die ganze Recherche, die nötig ist, um eine Idee zu entwickeln, wenn Sie sich den Verkaufspreis von Ihrem Nachbarn diktieren lassen?

Zweitens könnten Sie sich sagen: „Nun, ich kann sie ja später zurückkaufen." Aber mal ehrlich, werden Sie sie zurückkaufen? Ich denke, das ist leichter gesagt als getan. Investieren ist ein mentales Unterfangen.

Außerdem könnten Sie auf Zeiten verweisen, in denen die Aktienkurse Blasen bildeten. 1998 oder 1999 wurde Coke zum 50-Fachen des Gewinns gehandelt. Damals war es ein Verkauf. Aber hätte sich Coke nach unseren 100-Bagger-Prinzipien für einen Kauf qualifiziert? Das glaube ich nicht. Selbst nach diesen Maßstäben war es ein Verkauf.

Natürlich bedeutet eine Investition nach dem Prinzip „Kaufen und Halten“, dass Sie manchmal einen unangenehmen Verlust erleiden. Aber das ist der Grund, warum Sie ein Portfolio von Aktien besitzen. Für mich ist die Anlage in Aktien nur deshalb interessant, weil man mit einer einzigen Aktie so viel verdienen kann. Diesen Vorteil zu schmälern, weil man Angst vor Verlusten hat, ist so, als würde man viel Geld für ein Auto ausgeben, es aber nie aus der Garage holen.

Ich investiere in Aktien, wohl wissend, dass ich bei jeder Position viel verlieren kann. Ich weiß aber auch, dass ich insgesamt ein hervorragendes Ergebnis erzielen werde.

Ich zitiere hier noch einmal den weisen alten Fuchs Mr. Phelps. Er schreibt: „Wir sollten auf den Grundsatz zurückkommen, dass jede Regel oder Formel, die zu einem Ersatz für das Denken wird, anstatt eine Hilfe für das Denken zu sein, gefährlich ist und verworfen werden sollte.“

(Ein Professor schrieb mir, dass dies eine „sich selbst aufhebende Regel“ sei. Ich nehme an, dass dem so ist. Tja, das Leben ist voller Widersprüche.)

Stop-Losses sind ein Ersatz für das Denken. Was ich oben dargelegt habe, sind Hilfen zum Nachdenken über das Problem.

Wenn es einen allgemeinen Grundsatz gibt, dann diesen: Wenn Sie Ihre Arbeit richtig gemacht und eine Aktie nur nach sorgfältiger Prüfung gekauft haben, sollten Sie nur ungern verkaufen. Ich schließe diesen Abschnitt über den richtigen Zeitpunkt zum Verkauf mit einem meiner Lieblingszitate von Martin Whitman von Third Avenue Funds: „Ich bin seit über 50 Jahren in diesem Geschäft tätig. Ich habe viel Erfahrung damit, Aktien drei Jahre lang zu halten; sie verdoppelten sich, und ich verkaufte sie an jemand anderen, für den sie sich in den nächsten sechs Monaten verdreifachten. Man verdient mehr Geld, wenn man auf seinem Hintern sitzt."

Wenn Sie auf der Jagd nach 100-Baggern sind, müssen Sie lernen, auf Ihrem Hintern zu sitzen. Richtig kaufen und abwarten.

Coda: Es gibt keine Zauberformel

Inzwischen haben Sie herausgefunden, dass es keine Zauberformel für 100-Bagger gibt. Es gibt keine einfache Möglichkeit, sie zu erkennen. Dennoch habe ich in diesem letzten Kapitel die wesentlichen Grundsätze dargelegt. Bewahren Sie es griffbereit auf und holen Sie es bei Ihrer Suche nach den 100-Baggern immer einmal wieder hervor.

Ich wünsche Ihnen viel Glück und viele 100-Bagger bei Ihren eigenen Investitionen. Und ich hoffe, dass dieses kleine Buch in irgendeiner Weise zu Ihrem Erfolg beiträgt.

ANHANG

X DIE 100-BAGGER (1962–2014)

	Datum	Gesamt-rendite	Jahre bis 100-Bagger
CAMPBELL SOUP CO	31.10.1962	150	34,5
DEERE & CO	31.10.1962	449	35,0
HEWLETT-PACKARD CO	31.10.1962	498	30,7
HORMEL FOODS CORP	31.10.1962	2.330	26,7
HOST HOTELS & RESORTS INC	31.10.1962	844	22,4
MAY DEPARTMENT STORES CO	31.10.1962	135	35,7
NORTHROP GRUMMAN CORP	31.10.1962	907	31,4
ROLLINS INC	31.10.1962	3.515	23,4
SEAGRAM CO LTD	31.10.1962	171	33,3
TJX COMPANIES INC	31.10.1962	6.946	28,5
GENERAL MILLS INC	30.11.1962	869	28,7
LOEWS CORP	30.11.1962	3.978	18,3

	Datum	Gesamt-rendite	Jahre bis 100-Bagger
SHERWIN-WILLIAMS CO	30.11.1962	894	41,6
ABBOTT LABORATORIES	31.12.1962	1.965	27,7
ALCAN INC	31.12.1962	126	45,0
ALLETE INC	31.12.1962	259	41,3
ALTRIA GROUP INC	31.12.1962	15.120	24,0
AMP INC	31.12.1962	198	30,3
ANHEUSER-BUSCH COS INC	31.12.1962	997	27,0
BAXTER INTERNATIONAL INC	31.12.1962	656	33,3
BEAM INC	31.12.1962	391	33,5
BRISTOL-MYERS SQUIBB CO	31.12.1962	616	33,5
CATERPILLAR INC	31.12.1962	261	42,3
CHEVRON CORP	31.12.1962	413	37,0
COCA-COLA CO	31.12.1962	868	29,3
COLGATE-PALMOLIVE CO	31.12.1962	814	34,8
COMERICA INC	31.12.1962	365	33,3
COOPER INDUSTRIES PLC	31.12.1962	537	28,7
CORESTATES FINANCIAL CORP	31.12.1962	209	34,5
CRANE CO	31.12.1962	1.158	27,0
CUMMINS INC	31.12.1962	222	48,3
CVS HEALTH CORP	31.12.1962	2.869	22,2
DISNEY (WALT) CO	31.12.1962	3.276	23,7
DOW CHEMICAL	31.12.1962	208	37,0
DPL INC	31.12.1962	137	44,5
EATON CORP PLC	31.12.1962	573	34,7
ECOLAB INC	31.12.1962	2.074	33,3
EDISON INTERNATIONAL	31.12.1962	183	43,3
EMERSON ELECTRIC CO	31.12.1962	458	34,0
ENTERGY CORP	31.12.1962	108	45,5
EXXON MOBIL CORP	31.12.1962	637	34,5
FIRST CHICAGO NBD CORP	31.12.1962	210	34,3

	Datum	Gesamt-rendite	Jahre bis 100-Bagger
FIRSTAR CORP-OLD	31.12.1962	251	33,8
GENERAL ELECTRIC CO	31.12.1962	210	35,0
GILLETTE CO	31.12.1962	221	31,7
GRACE (W R) & CO	31.12.1962	209	49,0
GREAT PLAINS ENERGY INC	31.12.1962	105	52,5
HALLIBURTON CO	31.12.1962	290	35,0
HILLSHIRE BRANDS CO	31.12.1962	942	28,8
HILTON WORLDWIDE HOLDINGS	31.12.1962	763	21,2
IDACORP INC	31.12.1962	117	52,0
INGERSOLL-RAND PLC	31.12.1962	236	42,3
INTEGRYS ENERGY GROUP INC	31.12.1962	268	42,5
INTL FLAVORS & FRAGRANCES	31.12.1962	773	28,5
ITT CORP	31.12.1962	270	41,8
JPMORGAN CHASE & CO	31.12.1962	128	51,0
KELLOGG CO	31.12.1962	469	29,0
KROGER CO	31.12.1962	1.222	28,5
MDU RESOURCES GROUP INC	31.12.1962	221	38,8
MERCK & CO	31.12.1962	826	28,8
MOBIL CORP	31.12.1962	222	33,5
NEWMARKET CORP	31.12.1962	5.077	22,8
OCCIDENTAL PETROLEUM CORP	31.12.1962	464	41,8
OGE ENERGY CORP	31.12.1962	216	47,8
PEPSICO INC	31.12.1962	1.050	28,5
PERKINELMER INC	31.12.1962	233	37,8
PFIZER INC	31.12.1962	508	33,5
PHARMACIA CORP	31.12.1962	116	35,5
PNC FINANCIAL SVCS GROUP INC	31.12.1962	397	34,8
PROCTER & GAMBLE CO	31.12.1962	399	34,7
QUAKER OATS CO	31.12.1962	208	35,0
RAYTHEON CO	31.12.1962	616	29,2

	Datum	Gesamt-rendite	Jahre bis 100-Bagger
ROHM AND HAAS CO	31.12.1962	126	44,8
ROYAL DUTCH PETROLEUM NV	31.12.1962	456	30,3
SCHERING-PLOUGH	31.12.1962	672	28,5
STANLEY & DECKER INC	31.12.1962	590	33,8
SUNDSTRAND CORP	31.12.1962	188	33,8
TEXAS INSTRUMENTS INC	31.12.1962	428	34,5
TIMES MIRROR CO -SER A	31.12.1962	206	34,3
UNITED TECHNOLOGIES CORP	31.12.1962	687	35,8
UST INC	31.12.1962	2.293	26,0
VULCAN MATERIALS CO	31.12.1962	979	25,3
WARNER-LAMBERT CO	31.12.1962	370	34,5
WELLS FARGO & CO	31.12.1962	952	34,3
WHIRLPOOL CORP	31.12.1962	480	35,3
WISCONSIN ENERGY CORP	31.12.1962	357	43,0
WRIGLEY (WM) JR CO	31.12.1962	760	30,0
WYETH	31.12.1962	215	33,8
XCEL ENERGY INC	31.12.1962	123	51,8
KIMBERLY-CLARK CORP	31.10.1963	498	31,2
3M CO	31.12.1963	199	46,2
AIR PRODUCTS & CHEMICALS INC	31.12.1963	579	33,2
BECTON DICKINSON & CO	31.12.1963	501	34,0
JOHNSON & JOHNSON	31.12.1963	1.459	28,8
PPG INDUSTRIES INC	31.12.1963	701	33,5
HEINZ (H J) CO	31.10.1964	639	25,3
MEADWESTVACO CORP	31.10.1964	123	49,2
ASHLAND INC	31.12.1964	182	48,0
DUN & BRADSTREET CORP	31.12.1964	684	34,3
SUNOCO INC	31.12.1964	102	41,5
UNILEVER NV	31.12.1964	856	27,3
BERKSHIRE HATHAWAY	30.09.1965	18.261	19,0

	Datum	Gesamt-rendite	Jahre bis 100-Bagger
ONEOK INC	30.11.1965	473	39,1
ALLIANT ENERGY CORP	31.12.1965	169	45,3
EQT CORP	31.12.1965	713	34,0
KINDER MORGAN INC	31.12.1965	739	29,3
MCDONALD'S CORP	31.12.1965	3.983	18,7
SEMPRA ENERGY	31.12.1965	138	47,0
WESTAR ENERGY INC	31.12.1965	106	48,3
BLOCK H & R INC	31.10.1966	2.873	19,5
HOLLYFRONTIER CORP	31.10.1966	12.279	21,2
ARCHER-DANIELS-MIDLAND CO	31.12.1966	678	25,3
AUTOMATIC DATA PROCESSING	31.12.1966	2.728	21,5
BARD (C.R.) INC	31.12.1966	445	37,2
DOVER CORP	31.12.1966	1.148	26,3
FIRST HORIZON NATIONAL CORP	31.12.1966	125	30,5
GENUINE PARTS CO	31.12.1966	737	29,2
HELMERICH & PAYNE	31.12.1966	648	31,0
KENNAMETAL INC	31.12.1966	119	41,5
MARSH & MCLENNAN COS	31.12.1966	500	31,0
NORTHERN TRUST CORP	31.12.1966	418	31,3
VF CORP	31.12.1966	2.298	26,0
HARCOURT GENERAL INC	31.10.1967	615	18,3
LOWE'S COMPANIES INC	31.10.1967	1.958	26,5
AVERY DENNISON CORP	30.11.1967	191	31,3
SUNAMERICA INC	30.11.1967	2.733	23,3
AMERICAN EXPRESS CO	31.12.1967	317	32,3
AMERICAN STORES CO	31.12.1967	332	26,1
AMETEK INC	31.12.1967	1.476	31,2
BEMIS CO INC	31.12.1967	558	28,5
BRUNSWICK CORP	31.12.1967	171	37,2
GREAT LAKES CHEMICAL CORP	31.12.1967	276	21,0

	Datum	Gesamt-rendite	Jahre bis 100-Bagger
HARSCO CORP	31.12.1967	122	37,0
HUBBELL INC -CL B	31.12.1967	235	40,7
MASCO CORP	31.12.1967	248	27,3
NUCOR CORP	31.12.1967	1.813	24,5
PLDT-PHILIPPINE LNG DIST TEL	31.12.1967	2.669	22,5
RUBBERMAID INC	31.12.1967	159	24,2
U S BANCORP	31.12.1967	986	29,0
WILLIAMS COS INC	31.12.1967	252	32,5
MEDTRONIC PLC	31.10.1968	969	24,7
PALL CORP	31.10.1968	2.301	15,5
BESTFOODS	31.12.1968	146	27,8
BOEING CO	31.12.1968	987	19,8
BURLINGTON NORTHERN SANTA FE	31.12.1968	419	27,0
CARLISLE COS INC	31.12.1968	989	26,0
CSX CORP	31.12.1968	391	36,0
GRAINGER (W W) INC	31.12.1968	934	28,2
HONEYWELL INTERNATIONAL INC	31.12.1968	177	41,8
ILLINOIS TOOL WORKS	31.12.1968	848	28,0
MURPHY OIL CORP	31.12.1968	281	33,0
NATIONAL FUEL GAS CO	31.12.1968	388	30,5
NORFOLK SOUTHERN CORP	31.12.1968	321	35,5
PPL CORP	31.12.1968	147	36,5
ROCKWELL AUTOMATION	31.12.1968	1.004	26,5
SANTA FE PACIFIC CORP	31.12.1968	126	32,5
SONOCO PRODUCTS CO	31.12.1968	335	27,5
MCCORMICK & CO INC	30.11.1969	502	33,3
AMSOUTH BANCORPORATION	31.12.1969	150	31,5
LACLEDE GROUP INC	31.12.1969	228	39,2
WAL-MART STORES INC	31.10.1970	12.382	12,5
QUESTAR CORP	31.12.1970	554	33,0

	Datum	Gesamt-rendite	Jahre bis 100-Bagger
SYSCO CORP	31.12.1970	1.249	21,5
TYCO INTERNATIONAL PLC	30.11.1971	1.126	22,3
BCE INC	31.12.1971	353	28,5
GENERAL DYNAMICS CORP	31.12.1971	1.188	23,3
GRAHAM HOLDINGS CO	31.12.1971	370	21,7
LOCKHEED MARTIN CORP	31.12.1971	1.323	21,2
MEREDITH CORP	31.12.1971	439	21,7
PITNEY BOWES INC	31.12.1971	251	22,0
SOUTHWEST AIRLINES	31.12.1971	5.478	9,5
BROWN-FORMAN -CL B	31.10.1972	1.235	22,3
DONALDSON CO INC	31.10.1972	643	26,3
LITTON INDUSTRIES INC	31.10.1972	152	22,7
NORDSTROM INC	31.10.1972	1.117	16,7
PVH CORP	31.10.1972	460	19,3
SMUCKER (JM) CO	31.10.1972	505	27,0
TARGET CORP	31.10.1972	1.047	22,3
VALSPAR CORP	31.10.1972	2.805	16,7
VORNADO REALTY TRUST	31.10.1972	1.686	18,9
FAMILY DOLLAR STORES	30.11.1972	3.987	10,2
HILL-ROM HOLDINGS INC	30.11.1972	243	23,5
HONDA MOTOR CO LTD	30.11.1972	108	33,8
LENNAR CORP	30.11.1972	965	22,8
AETNA INC	31.12.1972	222	31,0
AGL RESOURCES INC	31.12.1972	316	29,3
ALBERTO-CULVER CO	31.12.1972	730	21,5
ALLTEL CORP	31.12.1972	200	24,3
AMERICAN GENERAL CORP	31.12.1972	186	23,5
BALL CORP	31.12.1972	843	28,2
BANK OF HAWAII CORP	31.12.1972	300	28,3
BANK OF NEW YORK MELLON CORP	31.12.1972	205	23,3

	Datum	Gesamt-rendite	Jahre bis 100-Bagger
BANK ONE CORP	31.12.1972	119	23,2
BP PLC	31.12.1972	214	22,5
CABOT CORP	31.12.1972	334	23,5
CIGNA CORP	31.12.1972	185	38,5
CLOROX CO/DE	31.12.1972	536	23,0
COMMERCE BANCSHARES INC	31.12.1972	266	27,2
CONAGRA FOODS INC	31.12.1972	990	15,2
CONSOLIDATED EDISON INC	31.12.1972	670	18,8
CURTISS-WRIGHT CORP	31.12.1972	445	27,5
DOMINION RESOURCES INC	31.12.1972	296	31,0
DTE ENERGY CO	31.12.1972	223	36,2
DUKE ENERGY CORP	31.12.1972	216	32,3
ELECTRONIC DATA SYSTEMS CORP	31.12.1972	127	17,0
EVERSOURCE ENERGY	31.12.1972	131	38,5
EXELON CORP	31.12.1972	140	30,3
FLEETBOSTON FINANCIAL CORP	31.12.1972	153	23,0
FLOWERS FOODS INC	31.12.1972	1.706	22,2
FMC CORP	31.12.1972	402	31,2
FOREST LABORATORIES -CL A	31.12.1972	7.874	11,5
HARRIS CORP	31.12.1972	274	31,0
HASBRO INC	31.12.1972	3.725	9,5
HERSHEY CO	31.12.1972	973	21,0
INTEL CORP	31.12.1972	2.969	20,0
JOHNSON CONTROLS INC	31.12.1972	991	22,3
KANSAS CITY SOUTHERN	31.12.1972	16.931	18,2
LINCOLN NATIONAL CORP	31.12.1972	111	32,0
MCGRAW HILL FINANCIAL	31.12.1972	795	23,0
MCKESSON CORP	31.12.1972	1.040	21,3
NEXTERA ENERGY INC	31.12.1972	268	32,0
NSTAR	31.12.1972	203	31,0

	Datum	Gesamt-rendite	Jahre bis 100-Bagger
PARKER-HANNIFIN CORP	31.12.1972	321	30,0
PROGRESS ENERGY INC	31.12.1972	153	35,7
PUBLIC SERVICE ENTRP GRP INC	31.12.1972	189	31,0
SAFECO CORP	31.12.1972	134	30,7
SCANA CORP	31.12.1972	199	33,3
SOUTHERN CO	31.12.1972	329	27,5
STATE STREET CORP	31.12.1972	1.490	17,3
UGI CORP	31.12.1972	395	30,3
VARIAN MEDICAL SYSTEMS INC	31.12.1972	727	26,3
WALGREENS BOOTS ALLIANCE INC	31.12.1972	2.161	16,9
WASTE MANAGEMENT INC-OLD	31.12.1972	189	12,5
WGL HOLDINGS INC	31.12.1972	234	32,0
ANALOG DEVICES	31.10.1973	1.220	19,7
WILEY (JOHN) & SONS -CL A	31.10.1973	929	22,0
BARNETT BANKS INC	31.12.1973	122	22,0
EL PASO CGP CO	31.12.1973	222	24,7
EQUIFAX INC	31.12.1973	1.029	20,7
LANCASTER COLONY CORP	31.12.1973	1.084	18,2
PACCAR INC	31.12.1973	1.104	23,2
ALLEGHANY CORP	31.12.1974	711	18,7
CANADIAN PACIFIC RAILWAY LTD	31.12.1974	446	38,0
CHUBB CORP	31.12.1974	265	31,3
LEGGETT & PLATT INC	31.12.1974	924	18,2
M & T BANK CORP	31.12.1974	827	19,8
PEPSIAMERICAS INC	31.12.1974	126	30,5
EDWARDS (A G) INC	30.11.1975	2.417	8,7
AMERICAN WATER WORKS INC	31.12.1975	156	23,8
CBS CORP	31.12.1975	630	14,7
DANAHER CORP	31.12.1975	3.054	17,5
GOLDEN WEST FINANCIAL CORP	31.12.1975	471	22,5

	Datum	Gesamt-rendite	Jahre bis 100-Bagger
MCI COMMUNICATIONS	31.12.1975	316	13,3
NOBLE ENERGY INC	31.12.1975	185	32,0
UNION PACIFIC CORP	31.12.1975	338	38,0
BRITISH AMER TOBACCO PLC	31.12.1976	981	25,2
CHURCH & DWIGHT INC	31.12.1976	447	28,3
SOUTHWESTERN ENERGY CO	31.12.1977	160	28,5
GAP INC	31.10.1978	1.666	11,0
L BRANDS INC	31.10.1978	2.105	7,3
FEDEX CORP	30.11.1978	154	35,5
AQUA AMERICA INC	31.12.1979	137	31,5
CHRYSLER CORP	31.12.1979	113.000	16,5
CONSTELLATION BRANDS	30.11.1980	788	20,5
APPLE INC	31.12.1980	560	25,3
APPLIED MATERIALS INC	31.10.1981	231	16,5
HOME DEPOT INC	31.10.1981	3.172	9,7
RPM INTERNATIONAL INC	30.11.1981	105	32,8
CA INC	31.12.1981	160	13,8
COMCAST CORP	31.12.1981	218	17,5
DOLLAR GENERAL CORP	31.12.1981	196	15,8
ENBRIDGE INC	31.12.1981	223	28,5
FRANKLIN ELECTRIC CO INC	31.12.1981	147	30,3
FRANKLIN RESOURCES INC	31.12.1981	11.363	4,2
GRACO INC	31.12.1981	462	22,5
INTL GAME TECHNOLOGY	31.12.1981	185	18,3
KLA-TENCOR CORP	31.12.1981	141	18,0
MYLAN NV	31.12.1981	803	11,5
PENTAIR PLC	31.12.1981	125	31,3
PRECISION CASTPARTS CORP	31.12.1981	653	22,8
ROBERT HALF INTL INC	31.12.1981	528	15,7
SEI INVESTMENTS CO	31.12.1981	256	19,8

	Datum	Gesamt-rendite	Jahre bis 100-Bagger
SIGMA-ALDRICH CORP	31.12.1981	171	31,5
STRYKER CORP	31.12.1981	634	18,3
THERMO FISHER SCIENTIFIC INC	31.12.1981	116	31,5
TYSON FOODS INC -CL A	31.12.1981	176	31,2
EATON VANCE CORP	31.10.1982	955	15,7
NORDSON CORP	31.10.1982	140	28,7
NIKE INC	30.11.1982	628	19,8
ROGERS COMMUNICATIONS -CL B	30.11.1982	127	22,6
AFLAC INC	31.12.1982	562	16,0
BBVA COMPASS BANCSHARES INC	31.12.1982	209	21,8
BROOKFIELD ASSET MANAGEMENT	31.12.1982	151	31,5
ENBRIDGE INC	31.12.1982	254	28,5
SOUTHTRUST CORP	31.12.1982	155	21,3
ST JUDE MEDICAL INC	31.12.1982	399	17,0
TORCHMARK CORP	31.12.1982	149	30,8
BIOMET INC	30.11.1983	227	17,5
PAYCHEX INC	30.11.1983	573	14,0
AMGEN INC	31.12.1983	1.632	10,7
CARDINAL HEALTH INC	31.12.1983	119	29,2
IMMUNEX CORP	31.12.1983	128	15,3
RAYMOND JAMES FINANCIAL CORP	31.12.1983	297	21,0
TOTAL SYSTEM SERVICES INC	31.12.1983	175	17,7
WILLIAMS-SONOMA INC	31.12.1983	229	18,8
EXPEDITORS INTL WASH INC	31.12.1984	337	16,5
RPC INC	31.12.1984	152	24,3
AUTODESK INC	31.10.1985	103	28,7
BEST BUY CO INC	31.12.1985	271	13,7
JEFFERIES GROUP LLC	31.12.1985	137	17,0
NOVO NORDISK A/S	31.12.1985	289	22,5
PROGRESSIVE CORP-OHIO	31.12.1985	118	28,0

	Datum	Gesamt-rendite	Jahre bis 100-Bagger
UNITEDHEALTH GROUP INC	31.12.1985	970	12,8
UNIVERSAL HEALTH SVCS INC	31.12.1985	222	23,5
ADOBE SYSTEMS INC	30.11.1986	391	13,5
ORACLE CORP	30.11.1986	880	10,3
AIRGAS INC	31.12.1986	128	26,2
FISERV INC	31.12.1986	128	27,3
HARLEY-DAVIDSON INC	31.12.1986	351	12,3
HEARTLAND EXPRESS INC	31.12.1986	126	26,2
LINEAR TECHNOLOGY CORP	31.12.1986	139	13,5
MICROSOFT CORP	31.12.1986	680	10,8
PRICE (T. ROWE) GROUP	31.12.1986	225	18,7
TEVA PHARMACEUTICALS	31.12.1986	325	17,0
EMC CORP/MA	31.12.1987	468	7,7
FASTENAL CO	31.12.1987	382	17,0
HENRY (JACK) & ASSOCIATES	31.12.1987	1.099	8,3
SCHWAB (CHARLES) CORP	31.12.1987	299	11,0
DELL INC	31.10.1988	270	7,2
ROSS STORES INC	31.10.1988	395	19,5
ALTERA CORP	31.12.1988	129	11,5
CERNER CORP	31.12.1988	649	15,0
MAXIM INTEGRATED PRODUCTS	31.12.1988	120	11,8
POLARIS INDUSTRIES INC	31.12.1988	540	22,5
MAGNA INTERNATIONAL INC	31.10.1989	181	22,4
ELECTRONIC ARTS INC	31.12.1989	104	14,0
CISCO SYSTEMS INC	31.10.1990	353	7,3
AMPHENOL CORP	31.12.1991	130	21,3
CANADIAN NATURAL RESOURCES	31.12.1991	187	14,5
QUALCOMM INC	31.12.1991	160	7,3
TOROMONT INDUSTRIES LTD	31.12.1991	105	23,8
VECTOR GROUP LTD	31.12.1991	370	8,5

	Datum	Gesamt-rendite	Jahre bis 100-Bagger
ROPER INDUSTRIES INC/DE	31.10.1992	117	21,4
BIOGEN IDEC INC	31.12.1992	958	5,5
EXPRESS SCRIPTS HOLDING CO	31.12.1992	425	13,5
GILEAD SCIENCES INC	31.12.1992	355	18,3
NVR INC	31.12.1992	232	9,7
REGENERON PHARMACEUTICALS	31.12.1992	137	18,7
STARBUCKS CORP	31.12.1992	127	21,3
TIME WARNER INC	31.12.1992	488	6,0
CELGENE CORP	31.12.1993	477	11,3
MONSTER BEVERAGE CORP	31.12.1993	2.523	9,5
SVB FINANCIAL GROUP	31.12.1993	174	25,2
VALEANT PHARMACEUTICALS INTL	31.12.1994	815	6,5
ALEXION PHARMACEUTICALS INC	31.10.1996	123	17,7
BP PRUDHOE BAY ROYALTY TRUST	31.12.1996	141	11,7
KEURIG GREEN MOUNTAIN INC	31.12.1996	722	10,7
AMAZON.COM INC	31.12.1997	201	13,3
BALLY TECHNOLOGIES INC	31.12.1998	132	13,3
TRACTOR SUPPLY CO	31.12.1998	154	12,2
PRICELINE GROUP INC	31.12.1999	145	12,5
ILLUMINA INC	31.12.2001	163	11,0
QUESTCOR PHARMACEUTICALS INC	31.12.2005	215	5,0
NEXSTAR BROADCASTING GROUP	31.12.2006	105	5,0
PHARMACYCLICS INC	31.12.2006	168	5,0